普通高等学校应用型教材·国际贸易

国际贸易实务

（第五版）

INTERNATIONAL
TRADE PRACTICE

主 编 陈 平

中国人民大学出版社
·北京·

出版说明

应用型本科教育对于满足中国经济社会发展对高层次应用型人才的需要以及推进中国高等教育大众化进程起到了积极的促进作用。人们越来越清醒地认识到，实践教学是培养学生实践能力和创新能力的重要环节，也是提高学生的职业素养和就业竞争力的重要途径。许多非研究型院校师生反映，市场上现有的国际贸易教材大多重理论轻实践，难以满足应用型本科院校的人才培养需要。他们认为，教材内容不仅要包含本领域的基本理论问题，让学生对基本概念、基本原理有完整的掌握，同时还要包含本领域的实践问题，让学生掌握一定的实务操作方法，以应对未来工作的挑战。本着这一要求，中国人民大学出版社组织浙江大学、西北大学、安徽大学、西安翻译学院、北京第二外国语大学、天津财经大学、广东外语外贸大学、大连海事大学、广东海洋大学、沈阳师范大学等高校的一线教师和专家、学者，设计推出了这套“普通高等学校应用型教材·国际贸易”。本套教材突出了以下几点：

第一，教材内容深入浅出、详略得当、结构合理、难度适中，数据翔实可靠，引用案例新颖，力求体现当前国际贸易领域的最新发展。

第二，根据应用型本科的人才培养目标，教材强化了各项业务的操作规程和实践做法，通过对案例的分析和点评让学生对实务操作有一个真切的体验。

第三，篇幅适中，学生可以通过网络获取学习资料、练习题等相关内容，从而减轻了负担。

我国应用型本科教育理念还未完全确立，对应用型本科的教育思路、教学规律、专业建设、教学方法、人才培养模式等关键问题尚未透彻理解和深刻把握，在建设应用型本科院校及专业的路径和方法方面还处于摸索当中，因此在本套教材的编写方面，中国人民大学出版社并没有提出过于严格的要求，只是在教材的定位、篇幅、编写体例上提出了一些原则性的建议，具体的编写工作则实行主编负责制，由作者全权处理各教材的编写工作，并对各自编写的内容负责。

本套教材的出版凝结了所有参编教师、专家和学者的辛劳与智慧，体现了他们对应用型本科人才培养的探索和追求，在此一并表示感谢！

真诚地期待广大教师、学生和其他读者的批评及意见。

中国人民大学出版社

第五版前言

中国是世界第一大货物贸易国。截至2024年10月，我国已成为150多个国家和地区的主要贸易伙伴，正以新质生产力强劲推动高质量发展。高质量发展是全面建设社会主义现代化国家的首要任务。没有坚实的物质技术基础，就不可能全面建成社会主义现代化强国。必须完整、准确、全面贯彻新发展理念，坚持社会主义市场经济改革方向，坚持高水平对外开放，加快构建以国内大循环为主体、国内国际双循环相互促进的新发展格局。开放是中国式现代化的鲜明标识。必须坚持对外开放基本国策，坚持以开放促改革，依托我国超大规模市场优势，在扩大国际合作中提升开放能力，建设更高水平开放型经济新体制。加快实施自由贸易区战略，是适应经济全球化新趋势的客观要求，是全面深化改革、构建开放型经济新体制的必然选择，也是我国积极运筹对外关系、实现对外战略目标的重要手段。

《区域全面经济伙伴关系协定》(RCEP) 的签署及实施是我国继加入世界贸易组织之后又一重大开放成果，有助于对标国际高水平经贸规则，建设更高水平开放型经济新体制。RCEP自贸区总人口、生产总值、贸易总额均占全球约30%，是世界人口最多、经贸规模最大、最具发展潜力的自贸区，对进一步推进中国式现代化的发展具有重要的现实意义。我国十四亿多人口整体迈进现代化社会，规模超过现有发达国家人口的总和，艰巨性和复杂性前所未有，发展途径和推进方式也必然具有自己的特点。推进中国式现代化，必须坚持中国共产党领导，以习近平新时代中国特色社会主义思想为指导，实现高质量发展，实现全体人民共同富裕，促进人与自然和谐共生，推动构建人类命运共同体，创造人类文明新形态。

云计算、大数据、人工智能等数字技术逐渐广泛运用于跨境贸易、海外仓等外贸新业态，赋予外贸新质生产力新的表现内涵。外贸新质生产力的发展，正引领新一轮贸易方式创新变革。为贯彻落实党的二十大关于"推动货物贸易优化升级，创新服务贸易发展机制，发展数字贸易，加快建设贸易强国"的决策部署，适应教学需要和外贸岗位需求，必须坚持问题导向。问题是时代的声音，回答并指导解决问题是理论的根本任务。本书保持贯穿进出口业务主线、突出贸易条款运用、注重实践操作变化的特色，以案例教学为基础，突出案例分析、案例讨论在教学中的重要地位，立足《国际贸易术语解释通则2020》(Incoterms 2020)，融合《跟单信用证统一惯例》(UCP 600)、《托收统一规则》(URC 522)、《关于审核 UCP 600 下单据的国际标准银行实务》(ISBP 821) 以及《联合国国际货物销售合同公约》(CISG)、《联合国全程或者部分海上国际货物运输合同公约》(又称《鹿特丹规则》)、国际商会《不可抗力及艰难情形条款 2020》和有关法律法规及司法解释中的重要知识点，并与国际贸易合同各条款有机联系，构建教学的重要内容。结合国家法律法规修订的最新内容，在框架结构保持不变的基础上，作者对内容做了部分修订和拓展：根据 ISBP 821 涉及的进出口业务单证内容进行修正、补充完善；补充了 RCEP 对相关单据的要求；在保持本书基本特色的基础上，立足 Incoterms 2020，融合 UCP 600、ISBP 821、CISG 等以及有关法律法规及司法解释，对书中部分实务内容进行了更为详细、更加细致的阐述和补充；同时适时修订与补充了部分习题、案例。本书修订工作由陈平（南昌大学科学技术学院）总纂定稿。

本书第五版在修订过程中除参考了参考文献中列出的文献之外，还参考了最新修订的教材、专著、文章以及有关官方网站资料，并得到了中国人民大学出版社的大力支持和热情帮助，在此一并表示感谢。

修订后尚存疏漏、不妥之处，敬请广大读者批评指正。

陈 平

第一版前言

随着国际分工格局的日益变化，我国的贸易规模不断扩大，逐渐成为对世界经济具有重大影响的贸易大国。在国际化发展战略的引领下，企业积极参与国际经济交流与合作，开拓国际市场，合理利用和配置国内外有效资源，对外贸人才则更加注重一专多能，强调知识融合和应用能力。因此，在适应企业发展的实际需要、加强理论与实际的联系以及突出实践性教学环节等方面，当前国际形势对高等院校的教学工作提出了新的要求。

国际贸易业务活动涉及的知识面广，中间环节多，具有贸易活动的系统性、业务环节的协作性、合同履行的象征性、实际操作的复杂性等特征。国际贸易实务课程的主要任务是系统介绍和具体说明国际货物买卖和实际操作的程序、做法以及有关的法律法规和国际贸易惯例。本书的编写定位于专业技能入门基础课，通过常见的通俗案例，用简单易懂的语言和简明的图表，展示国际贸易业务活动中的基本概念、重要知识点，突出基本知识点的运用，每章内容都包含较多启发性思考，以期激发学生的学习兴趣。在内容编排上，本书吸取已有经典教材的优点，围绕国际贸易合同的条款、洽谈及履行，突出对基本概念、基础知识的系统讲解，注重本课程内容和后续各专业课程内容之间的关系，贯穿"突出贸易条款运用，夯实专业基础"的教学理念，为后续各课程的学习打下基础。本书是在多年进出口业务和教学实践的基础上，密切联系实际工作中出现的问题，借鉴大量国内外最新教材和许多专家的研究成果编撰而成的。

本书由陈平（南昌大学科学技术学院）主编及总纂定稿。具体分工如下：导论及第一、三、四、六、七、九章由陈平编写，第五章由陈明敏（南昌大学科学技术学院）编写，第二章由宋慧琳（南昌大学科学技术学院）编写，第八章由梅童（南昌大学科学技术学院）编写。本书在编写过程中所参考的资料除在参考文献中列出的一部分外，还包括大量国内外专著、教材和文章，无法一一列出，在此表示衷心的感谢。由于编者水平和能力有限，如有疏漏和错误之处，敬请广大读者批评指正。

陈　平

目录

导论

目标要求

了解国际贸易实务的研究对象，熟悉国际贸易实务的特点，掌握国际贸易实务课程体系以及学习方法，了解 RCEP 的有关内容。

案例导入

A 国公司从 B 国公司进口一批圣诞饰品，预定在圣诞节到来前投放市场。合同规定 B 国公司应在 9 月 15 日以前装船出运，但 B 国公司由于货源组织出了问题，10 月底才装船出运。待货到 A 国指定港口，错过了市场销售旺季，A 国公司拒收货物并要求撤销合同，双方为此产生贸易纠纷并诉诸法律。这种情况下，A 国公司是有权作出上述决定的，因为按照《联合国国际货物销售合同公约》，B 国公司的行为导致对方遭受了损失，实质上是剥夺了 A 国公司根据合同规定按期获得货物的权利，属于根本性违约，而根本性违约的后果是违约方必须赔偿对方的损失并承担相应的法律责任。违约不仅影响外贸企业的信誉和形象，而且会对企业所属国家造成极大的损害。因此，外贸人员一定要熟悉并掌握国际贸易程序和规则，树立诚信为本的经营观念。

关键概念

国际贸易规范（International Trade Norms），国际贸易流程（International Trade Process），国际贸易术语（International Trade Terms），出口商（Exporter），进口商（Importer），国际贸易惯例（International Trade Customs），国际货物销售合同（Contracts for International Sale of Goods），《区域全面经济伙伴关系协定》（RCEP）。

知识要点

国际贸易规范，国际贸易术语，国际贸易惯例与国际贸易法律的关系，国际贸易实务课程的学习方法。

一、国际贸易实务的研究对象

国际贸易实务课程的中心课题主要是在国际货物的具体交换过程中，面对各国贸易习惯和法律的差异，如何协调进出口贸易双方的利害关系，使贸易双方在平等互利、公平合理的基础上达成交易，完成约定的进出口任务。

（一）国际贸易规范

国际货物贸易必须遵照国际货物买卖的有关法律与惯例进行，合同商定和履行的各环节都离不开国际货物买卖的有关法律和惯例。

1. 国际条约

国际条约是指两个或两个以上主权国家为确定彼此的政治、经济、贸易、文化、军事等方面的关系、权利和义务而缔结的诸如公约、协定和议定书等各种协议的总称。

国际商事中的主要国际条约包括：

①《联合国国际货物销售合同公约》。

②《联合国全程或者部分海上国际货物运输合同公约》（又称《鹿特丹规则》）。

③《国际保理公约》。

④《联合国独立担保与备用信用证公约》。

⑤《铁路货物运输国际公约》。

⑥《政府间陆港协定》。

⑦《联合国国际货物多式联运公约》。

⑧《联合国国际汇票和国际本票公约》。

⑨《承认及执行外国仲裁裁决公约》。

⑩《关于争端解决规则与程序的谅解》。

⑪《国际海上人命安全公约》（SOLAS）。

⑫《保护工业产权巴黎公约》。

⑬《商标国际注册马德里协定》。

目前国际上常用的贸易规范有通商航海条约、贸易协定和贸易议定书、支付协定、国际商品协定等，其中《联合国国际货物销售合同公约》（1988 年 1 月 1 日生效，以下简称《公约》）已成为我国进出口货物贸易所依据的重要国际公约。我国批准适用《公约》时做了两项保留，认为《公约》对我国而言：一是仅适用缔约国之间的有关当事人签订的贸易合同；二是涉外合同的订立、修改、终止等均应采用书面形式。2013 年 2

月，我国政府正式通知联合国秘书长，撤回对《公约》所做“不受公约第十一条及与第十一条内容有关的规定的约束”的声明。《公约》第十一条的内容为：“销售合同无须以书面订立或书面证明，在形式方面也不受任何其他条件的限制。销售合同可以用包括人证在内的任何方法证明。”《中华人民共和国民法典》（第三编“合同”）与《公约》对合同形式的规定及适用趋于统一。

2. 区域贸易协定

区域贸易协定是指两个或两个以上的国家，或者不同关税地区之间，为了消除成员间的各种贸易壁垒，规范彼此间的贸易合作关系而缔结的条约。

①RCEP。

RCEP 由东盟于 2012 年发起，历经 8 年、31 轮正式谈判后达成，是亚洲经济一体化建设 20 多年来最重要的成果，是一个现代、全面、高质量、互惠的大型区域贸易协定。RCEP 自贸区的建成意味着全球约三分之一的经济体量将形成一体化大市场，它通过采用区域累积的原产地规则，深化区域内产业链价值链发展；利用新技术推动海关便利化，促进新型跨境物流发展；采用负面清单推进投资自由化，提升投资政策透明度。这些举措都将促进区域内经贸规则的优化和整合。RCEP 自贸区的建成是我国在习近平新时代中国特色社会主义思想指引下实施自由贸易区战略取得的重大进展，将为我国在新时期构建开放型经济新体制，形成以国内大循环为主体、国内国际双循环相互促进的新发展格局提供巨大助力。

RCEP 在本地区使用区域累积的原产地规则，即在确定产品的原产资格时，把该产品生产过程中所涉及的若干个国家视为一个统一的经济区域，并将在该经济区域内对该产品进行生产、加工时所产生的价值成分视为最终生产国的经济价值成分进行累积。因此产品原产地的价值成分可在 15 个缔约方构成的区域内进行累积，来自 RCEP 任何一方的价值成分都会被考虑在内，这将显著提高协定优惠税率的利用率。按照 RCEP 第三章第四条第一款，除该协定另有规定外，符合第三章第二条（原产货物）规定的原产地要求且在另一缔约方用作生产另一货物或材料的材料，应当视为原产于对制成品或材料进行加工或处理的缔约方。

例如，中国生产某产品，按产品特定规则，实质性改变标准可为“子目改变或区域价值成分 40”，区域价值成分 40 表明区域增值标准达到 40%及以上可获得原产资格（简称 RVC40）。假设区域内各国的出口商或生产商都使用 RVC40 标准，中国出口该产品的单价为 10 000 元 FOB 上海，该价格包括从区域内 A 国进口的中间品价值 2 000 元，从 B 国进口的中间品价值 1 000 元，从 C 国进口的中间品价值 3 000 元，从 D 国（暂不属 RCEP 成员）进口的中间品价值 3 000 元，中国产地增值 1 000 元。其中 A、B 两国中间品价值分别有 500 元来自 RCEP 区域外，其余为本国增值，A、B 两国出口中间品均有原产材料资格，C 国出口中间品有 2 000 元来自 RCEP 区域外，不具有原产材料资格。按照 RCEP 第三章第五条区域价值成分的计算方法，C、D 两国中间品价值属非原产价值，合计 6 000 元；中国生产该产品区域增值为 2 000 元（A 国中间品价值）加 1 000 元（B 国中间品价值）加 1 000 元（中国产地增值），合计 4 000 元，达到 40%的区域增值标准，具有原产资格。

同时，RCEP 进一步丰富了原产地证明书的类型，在传统原产地证明书之外，还认可经核准出口商或者货物的出口商或生产商的原产地声明，标志着原产地声明制度将由官方授权的签证机构签发模式转变为由企业信用担保的自主声明模式，可以大大节省政府的行政管理成本和企业的经营成本，进一步提高货物的通关效率。

②《全面与进步跨太平洋伙伴关系协定》（CPTPP）。

③《数字经济伙伴关系协定》（DEPA）。

④《中欧地理标志协定》。

3. 国内法

国内法是指由特定的国家创制的并适用于本国主权所及范围的法律法规。由于国际条约和国际惯例并不能处理国际贸易各领域的一切问题，因此，国内法在国际贸易活动中仍占有重要地位。

目前我国国内法中涉及国际贸易的法律主要有：

①《中华人民共和国民法典》（第三编“合同”）。

②《中华人民共和国海商法》。

③《中华人民共和国票据法（2004 修正）》。

④《中华人民共和国对外贸易法（2022 修正）》。

修改删去第九条关于对外贸易经营者备案登记的规定，企业自动获得进出口权（仍需办理海关登记获取报关权限）。

⑤《中华人民共和国海关法（2021 修正）》。

⑥《中华人民共和国进出口商品检验法（2021 修正）》。

⑦《中华人民共和国仲裁法（2017 修正）》。

⑧《中华人民共和国商标法（2019 修正）》。

⑨《中华人民共和国保险法（2015 修正）》。

⑩《中华人民共和国出口管制法》。

⑪《中华人民共和国关税法》。

我国国内法涉及国际贸易的还有《最高人民法院关于适用〈中华人民共和国民法典〉合同编通则若干问题的解释》《最高人民法院关于审理涉外民商事案件适用国际条约和国际惯例若干问题的解释》《最高人民法院关于审理买卖合同纠纷案件适用法律问题的解释（2020 修正）》《最高人民法院关于审理信用证纠纷案件若干问题的规定（2020 修正）》《最高人民法院关于审理票据纠纷案件若干问题的规定（2020 修正）》《最高人民法院关于审理海上货运代理纠纷案件若干问题的规定（2020 修正）》《最高人民法院关于审理无正本提单交付货物案件适用法律若干问题的规定（2020 修正）》等相关司法解释。

4. 国际贸易惯例

国际贸易惯例一般是指在国际贸易中经反复长期实践形成，并经国际组织解释和编纂的一些行为规范或习惯做法。

在当前国际贸易中影响很大且被广泛使用的国际贸易惯例有国际商会制定的《国际贸易术语解释通则2020》（Incoterms 2020，简称《2020通则》）、《跟单信用证统一惯例》（UCP 600），《关于审核UCP 600下单据的国际标准银行实务》（ISBP 821）、《国际备用信用证惯例》（ISP 98）、《托收统一规则》（URC 522）、《见索即付保函统一规则》（URDG 758）、《关于URDG 758下的见索即付保函国际标准实务》（ISDGP）等。ISDGP是URDG 758的配套文件。国际贸易惯例是国际贸易规范的重要渊源之一，不仅可以弥补国际条约、国内法的不足，而且一旦当事人在合同中援引国际贸易惯例，该惯例即拥有法定效力。例如，在合同中援引《2020通则》，表述方式为CIF New York Incoterms 2020，贸易术语后指明的地点以及通则年份都是不可遗漏的重要组成部分。

国际贸易惯例和法律有着本质的不同，国际贸易惯例本身不是法律，它对合同当事人不具有强制性，而是以当事人的意思自治为基础，但一旦买卖双方在合同中约定采用某种惯例，该惯例就具有强制性，买卖双方都应受其约束。如果合同中有与国际惯例相抵触的条款，那么本着法律优先于惯例的原则，应以合同条款为准。

在国际贸易实践中，适用国际贸易惯例时要注意以下几点：

①国际贸易惯例不能与有关法律和社会公共利益相冲突，在运用时应对国际贸易惯例成立的事实进行必要的审查。

②国际贸易惯例不宜与合同明确规定的条款相冲突。

③当事人未明确主张适用国际贸易惯例时，法官或仲裁员有权主动适用有关的国际贸易惯例。如果同一争议可以适用几个不同的国际贸易惯例，则应考虑适用与具体交易有密切联系的国际贸易惯例。

启发思考

当国际业务中出现法律适用不明确的情形时，国际贸易惯例可以发挥什么作用？

（二）国际贸易术语

国际贸易术语是在长期的贸易实践中逐渐形成的有关货物交付过程中买卖双方的一般义务、风险转移与费用承担方面的划分规则，是买卖双方拟定贸易合同条款选用国际贸易术语解释通则时必须涉及的核心内容，不同版本的国际贸易术语解释通则对相同贸易术语的解释可能不同。因此，买卖双方在贸易合同中不仅应当明确规定选用的贸易术语，而且需要标明国际贸易术语解释通则的具体版本，比如Incoterms 2020。每种贸易术语都有特定的含义，不同的贸易术语不仅表示买卖双方各自承担不同的风险、费用和责任，而且会影响成交商品的价格。在国际买卖合同中，双方必须明确采用何种贸易术语。为了合理地选用对自身有利的贸易术语和正确地履行合同与处理履约过程中的争议，国际贸易从业人员必须深入了解国际上通用贸易术语的含义和有关贸易术语的惯例，同时必须明白《2020通则》不涉及成交商品财产、权利、所有权转移。这些只有被列入已签订的贸易合同才成为该合同的组成部分。因此，国际贸易术语就成为本书必须阐述的一项主要内容。

（三）合同条款

合同条款是交易双方当事人在交接货物、收付货款和解决争议等方面的权利和义务的具体体现，也是双方履行合同的依据和调整双方经济关系的法律依据。按照各国法律规定，在不违反法律规定的前提下，买卖双方可协商确定符合双方意愿的条款，这就必然会导致合同内容的多样性。在国际货物买卖中，合同中除了要订明采用何种贸易术语来成交外，还应就成交商品的名称、品质、数量、包装、价格、运输、保险、支付、检验、索赔、不可抗力和仲裁等方面作出明确、具体的规定。《中华人民共和国民法典》第五百九十六条规定：买卖合同的内容一般包括标的物的名称、数量、质量、价款、履行期限、履行地点和方式、包装方式、检验标准和方法、结算方式、合同使用的文字及其效力等条款。因此，研究合同中各项条款的法律含义及所体现的权利和义务关系，构成国际贸易实务的基本内容。同时，合同条款也是外贸人员必须熟练掌握的核心内容。

启发思考

国际货物贸易合同涵盖哪些主要条款？

（四）合同的商定和履行

合同的商定和履行是国际货物贸易的实现过程，它既包括订立合同的过程，又包括履行合同的过程。合同的商定是买卖双方通过网络、函电或面谈就各项交易条件达成一致意见后签订合同的过程。一般订立合同的过程可能包括询盘、发盘、还盘和接受等环节，其中发盘和接受是合同成立的不可缺少的基本环节和必经的法律步骤。履约过程涉及的环节很多，程序复杂，情况多变，稍有不慎某些环节就会出现问题，或出现另一方违约的问题，这些都会影响合同的履行，甚至可能引起法律纠纷。因此，国际贸易从业人员不仅要掌握合同成立的法律步骤和履行合同的业务程序，还要了解如何处理国际贸易业务中的争议问题，并掌握违约的救济方法，保障合同当事人的合法权益。

二、国际贸易实务的特点

国际贸易实务是一门专门研究国际商品交换的具体过程的学科，是一门具有涉外活动特点、实践性很强的综合性应用学科。它涉及国际贸易理论与政策、国际贸易法律与惯例、国际金融、国际运输与保险等学科的基本原理与基本知识的运用。

国际贸易具有许多不同于国内贸易的特点，其交易环境、交易条件、贸易过程及所涉及的问题都远比国内贸易复杂。具体表现在以下几个方面：

（1）交易双方处在不同国家和地区，洽商交易和履约的过程涉及不同的制度、政策措施、法律和惯例，文化背景互有差异，价值观念也往往有别，情况错综复杂，稍有疏忽就可能影响双方经济利益的顺利实现。

（2）国际贸易的中间环节多、涉及面广，当事人除交易进口商和出口商外，还可能包括商检、运输、保险、金融、车站、港口和海关等部门以及各种中间商和代理商。无论哪一个环节出现问题，都会影响整笔交易的正常进行，并有可能引起法律纠纷。

(3) 国际市场广阔，交易双方相距遥远，但成交量通常比较大，而且交易的商品往往要经过长途运输。货物在远距离运输过程中可能遇到各种自然灾害、意外事故和其他外来风险。加之国际贸易界的从业机构和人员情况复杂，故易产生欺诈活动，从而加大了国际贸易的风险。

(4) 国际贸易易受政策、经济形势和其他客观条件变化的影响。尤其是在当前国际局势动荡不定、国际市场竞争激烈和贸易摩擦频发以及国际市场汇率经常变动和货价瞬息万变的情况下，国际贸易的不稳定性更为明显，从事国际贸易的难度也更大。

启发思考

列举国际贸易与国内贸易的两三个不同点并举例说明。

上述特点表明，国际贸易线长面广、环节多、难度大、变化快。这就要求国际贸易从业人员不仅必须掌握国际贸易的基本原理、知识、技能与方法，还必须具备分析处理实际问题和善于应战与随机应变的能力，以确保社会经济效益的顺利实现。

三、国际贸易实务学习的必要性

首先，中国推动共建丝绸之路经济带和21世纪海上丝绸之路，为完善全球经济治理拓展了新实践。随着中国经济实力的增强，越来越多的中国企业走出国门，成为共建“一带一路”的主力军。因此，中国将需要大批熟知和通晓国际贸易规则、惯例和操作方式的涉外经贸人才。这些人才不仅要学习和掌握国际贸易实务基础知识和进出口业务技能，而且要提高分析处理实际问题和随机应变的能力，从而更好地适应工作岗位的需要。其次，中国始终以不断扩大高水平对外开放来提升全球的互联互通水平。中国提出要从商品和要素流动型开放转向规则等制度型开放，建设更高水平的开放型经济新体制，推动共建“一带一路”高质量发展，构建面向全球的高标准自由贸易区网络；深化多双边和区域经济合作，推动落实已生效RCEP，推动签署中欧投资协定，加快中日韩自贸协定谈判进程，积极考虑加入CPTPP，为经济全球化创造更多新的发展机遇。当前，在科学技术迅猛发展的势头下，“互联网＋通道”的跨境电商中欧班列开始出现，特别是在“双循环”的新发展格局中，这条“网上丝绸之路”打通了生产、分配、流通、消费等各个环节，促进了服务要素跨境流动。

当前国际贸易已经演变为经济、法律、金融、会计、市场营销、电子商务、国际物流等学科的融合体，突破了传统意义上的国际贸易领域，而国际贸易实务是一门具有涉外活动特点、实践性很强的综合性应用学科，既涉及国际贸易理论、财务管理、外贸英语、国际结算、进出口业务、国际商法等方面的理论知识，又涉及商检、运输、保险、金融、车站、港口和海关等不同的部门，涵盖了商品学、国际贸易地理学、税务学、市场营销学等不同的学科。云计算、大数据、人工智能等数字技术逐步广泛运用于跨境贸易、海外仓等外贸新业态，赋予外贸新质生产力新的表现内涵。外贸新业态、新模式依托数字技术激发外贸新动能，外贸新质生产力的发展，正引领新一轮贸易方式创新变革。国际贸易实务主要以商品进出口贸易为研究对象，以我国外贸方针政策为指导，阐明商品进出口业务的基本理论、基本知识和基本技能。读者学习和掌握国际贸易的一些惯例和普遍实行的原则，并了解数字化新外贸，即以全链路跨境贸易平台为核心，衔接生产商、供应商、批发商、分销商、零售商、消费者、物流企业、金融机构、信息机构及政府监管部门的生态系统及其具备的数字化、平台化、普惠化、个性化、生态化、服务全球化等特征，熟悉具体跨境平台企业如阿里巴巴国际站、全球速卖通、敦煌网等，可以为今后学习各专业课程以及适应外贸岗位工作打下坚实的基础。

四、国际贸易实务学习的重要提示

要学习和掌握与国际贸易实务相关的理论和技能知识，应坚持一个核心、三个理念、四个原则。

（一）以现实案例教学为核心

国际贸易的发展日新月异，传统操作方式不断被突破，新的国际贸易规则与国际贸易惯例也不断被修订和更新，并且随着时代的进步，国际贸易实务的内容不断完善并被注入新的内涵。这就要求教师在教学过程中紧扣时代脉搏，将现实案例作为教学核心，突出案例分析、案例讨论在教学中的重要地位，以贸易术语运用为主线，并将案例与贸易合同条款有机联系起来。学生可以通过专业报纸、期刊或网站寻找典型案例，了解最新的经贸动态，并对其进行分析讨论、归纳总结，以充分、深刻理解授课内容，同时对贸易实践有进一步的认识，进而提高分析问题的能力。

（二）树立三个学习理念

1. 培养责任感——学习的基础

国际贸易工作是一种涉外经济工作，业务员既同财物接触，又同外商接触，身上既肩负着监护国家和单位财产的职责，又体现本国的国格。国际贸易业务员所从事的外贸业务与国内零售和批发业务有所不同，是按照国际上的习惯做法进行的，单笔交易金额较大，少则几十万元，多则几百万元、上千万元。业务涉及的中间环节多且复杂，任何一个国际贸易业务员都负有重大的责任。按照《外贸业务职业技能等级标准》（征求意见稿），一个合格的国际贸易业务员需要具备良好的职业道德和素养，遵纪守法，诚实守信，敬业爱岗，严守保密制度，实事求是，工作认真，精研业务，尽职尽责，具有团队和创新精神；具备专业基础知识，如外贸单证实务、外贸跟单实务、外贸英语函电、国际市场营销、报关实务、国际货代、电子商务基础与应用等；具有计划能力、组织能力、运营能力、应变与适应能力、学习能力、谈判能力和公共关系能力，有较强的创新能力、策划能力，能够通过各种管理手段，合理有效地组织货物的进出口活动，掌握现代企业管理基本方法等通用能力。

启发思考

为什么学习国际贸易实务要培养责任感？

2. 提高技能——学习的动力

国际贸易业务员具备基本的业务能力是开展工作的前提。面对复杂多变的实际业务，国际贸易业务员要以系统的国际贸易实务知识为指导。熟记合同条款是业务的开始，今后能否灵活变通使用这些条款，使其在各种条件下为具体商品的贸易服务，取决于国际贸易业务员对合同条款的熟悉程度。一个合格的国际贸易业务员还要有一定的行文能力，熟练掌握撰写函电或商业文章等基本功。这一切都需要在学习和实践中不断加以总结、概括、更新和完善。

3. 加强知识运用——学习的目的

国际贸易工作是以人际沟通为主线，涉及协调、管理等方面的综合性涉外工作，在复杂多变的贸易环境中开展业务，对从业人员的综合素质要求很高。因此，业务员对知识的运用至关重要，具体反映在对客户的了解、与客户的交往以及提高工作效率方面。要使国际贸易工作顺利进行，建立良好的客户关系是基础。工作效率是公司精神面貌的表现之一，反映了公司员工的精神状态和工作节奏，是由工作态度、业务熟练程度、工作方式决定的。在正常情况下，国际贸易业务员的工作效率差别主要由于工作方式不同，而改进工作方式则要求对知识的融会贯通和综合运用。

（三）坚持四个学习原则

1. 理论学习与实践学习相结合

国际贸易实务的专业基础知识是教学中的理论部分，学生只有在掌握专业基础知识的基础上，才能更好地提高实践能力，但教师要注意该课程的实用性特点，考虑理论学习所占的时间比重。在学习本课程时，学生应以国际贸易基本原理和国家对外方针政策为指导，对在国际贸易、中国对外贸易概论等先行课程中所学到的基础理论和基本政策加以具体运用；同时要考虑到国际经贸形势是复杂多变的，国际贸易政策也层出不穷，应及时通过网络、报纸、期刊、电视等渠道获取最新信息和资料，了解和学习国际经贸领域最新进展和前沿内容，力求做到理论与实践、政策与实务有效地结合起来，不断提高分析与解决实际问题的能力。

2. 国际惯例学习与法律学习相结合

国际商会等国际组织制定的有关国际贸易的各种规则，涵盖了本书绝大部分章节的内容。代表性的规则有 Incoterms 2020、UCP 600、ISBP 821、URC 522 等。这些规则已成为国际贸易业务员应遵守的行为准则，因此必须强化国际惯例的基础性地位，结合我国国情来研究国际上一些通行的惯例和普遍实行的原则，并学会灵活运用国际上一些行之有效的贸易方式和习惯做法，在贸易做法上加速同国际市场接轨；同时要注意到国际贸易法律的课程内容同国际贸易实务的课程内容关系密切，因为国际货物买卖合同必须经过一定的法律程序才能成立。国际货物买卖合同是对合同双方当事人都有约束力的法律文件。履行合同是一种法律行为，处理履约当中的争议实际上就是在解决法律纠纷问题。在不同法系的国家，具体的裁决结果可能不一样。这就要求学生从惯例和法律两个侧面来学习本课程的内容。

3. 英语学习与其他相关课程学习相结合

现代商业发展越来越需要建立可持续的合作伙伴关系，彼此尊重和保持交流是维护合作伙伴关系的重要手段。外贸业务人员可参照《国际商会促进商务谈判准则》，注重国际商务礼仪的学习和运用，不仅要掌握一定的专业知识，而且必须会用英语与外商交流、谈判及写传真和书信。如果专业英语知识掌握得不好，就很难胜任工作，甚至会影响业务的顺利进行。此外，还要注意本课程和其他课程的紧密联系，在学习过程中应该综合运用各课程知识。比如：学习商品的品质、数量和包装时就应去了解商品学科的知识；学习商品的价格时就应去了解价格学、国际金融学及货币银行学的知识；学习国际货物运输、保险时就应去了解运输学及保险学的知识；学习争议、违约、索赔、不可抗力等时就应去了解有关法律知识；等等。

? 启发思考

学习其他课程与学习国际贸易实务课程关系密切吗？

4. 团队学习与独立学习相结合

国际贸易实务是一门实践性很强的应用学科。在教学过程中，教师应根据本课程的内容、特点，通过项目导向、任务驱动的知识综合运用实训教学模式，根据事物之间的规律性联系，按由已知导向新知的顺序，将进出口业务环节分解成若干个项目，由学生组成团队承担相应的任务，自主协作，灵活运用所掌握的专业知识来完成任务。同时，学生既要重视案例、实例分析和平时的练习，突出进出口业务的系统性、连贯性，强化进出口业务知识的综合运用，又要加强实践，提高灵活性，锻炼独立学习的能力。

本章小结

国际贸易实务主要涉及国际贸易规范、国际贸易术语、合同条款、合同的商定与履行等方面的内容，主要以商品进出口贸易为研究对象，以我国外贸方针政策为指导，阐明商品进出口业务的基本理论、基本知识和基本技能，是一门具有涉外活动特点、实践性很强的综合性应用学科。国际贸易线长面广、环节多、难度大、变化快。学习和掌握国际贸易实务基础知识和进出口业务技能，可以为今后学习各专业课程打下坚实的基础，以便将来更好地适应工作岗位的需要。要学习和掌握与国际贸易实务相关的理论和技能知识，应坚持一个核心、三个理念、四个原则。

复习思考

1. 国际贸易实务有哪些特点？

2. 简述 RCEP。

3. 简述国际贸易法律与国际贸易惯例的关系。

4. 我国进出口贸易也要遵循《联合国国际货物销售合同公约》和国际公认的其他准则吗？为什么？

5. 简述一般货物出口的基本业务流程。

6. 简述数字化新外贸及其特征。

7. 如何有效学习国际贸易实务课程并掌握有关技能？

延伸学习

2 分钟，读懂“和”的境界

第一章 国际贸易术语

目标要求

熟悉国际贸易术语的含义、作用以及有关贸易术语的国际惯例，理解《2020 通则》中常见贸易术语的含义及区别，熟练掌握六种常见贸易术语（FOB、CIF、CFR、FCA、CPT、CIP）的用法。

案例导入

江西 A 公司与马来西亚 B 公司以贸易术语 FOB Shanghai 签订童装出口合同，合同总金额为 10 万美元，付款方式为 D/P at Sight。合同约定：B 公司在接到 A 公司货物备妥待装船通知后 30 天内派船到港装货。A 公司按合同约定备妥货物后向 B 公司发出尽快派船装货通知，30 天后 B 公司仍未派船，A 公司随即提出撤销合同并保留索赔权利。两个月后，B 公司通知 A 公司船到港口装货，A 公司拒绝装货并提出损失赔偿要求，B 公司以未订到船只为由拒绝赔偿，双方将争议提交仲裁。由此可见，贸易术语的运用过程存在风险。

关键概念

国际贸易术语（International Trade Terms），FOB（Free on Board），CFR（Cost and Freight），CIF（Cost，Insurance and Freight），FCA（Free Carrier），CIP（Carriage and Insurance Paid to），DPU（Delivered at Place Unloaded ），装运合同（Shipment Contract），象征性交货（Symbolic Delivery）。

知识要点

有关贸易术语的国际惯例《2020 通则》中贸易术语的含义及区别，六种常见贸易术语的运用。

第一节 国际贸易术语概述

一、国际贸易术语的含义

国际贸易术语（International Trade Terms）简称贸易术语，是随着国际贸易的发展和长期的实践而形成的，是用简短的概念或字母表示买卖双方之间的责任、费用和风险划分的专门用语。

从性质来说，贸易术语具有双重性，即一方面表示交货条件，另一方面表示成交价格的构成因素。从第一个方面来看，贸易术语说明了买卖双方在货物交易过程中有关责任、费用和风险的划分。如 FOB，它的英文全称为 Free on Board (... Named Port of Shipment)，即“船上交货（……指定装运港）”。它表示装运港船上交货条件，即买方要负责派船到约定的装运港接运货物，并承担货物装上船后的一切责任、费用和风险，卖方则负责按时把约定的货物交到买方指定的船上，并承担货物装上船之前的一切责任、费用和风险。从第二个方面来看，贸易术语明确了成交价格的构成。如 CIF，它的英文全称为“Cost，Insurance and Freight (... Named Port of Destination)”，即“成本、保险费加运费（……指定目的港）”，它表示成交价格除包括购货成本、国内费用、预期利润等因素外，还包括从装运港到目的港的运费和保险费。

二、国际贸易术语的作用

贸易术语对国际贸易的发展起着重要作用，使国际贸易中复杂的价格构成条理化、规范化、标准化，极大地促进了国际贸易的发展，简化了交易手续，节省了磋商的时间和费用，明确了买卖双方的责任、权利和义务，满足了对货物运输安全问题的关注、根据货物性质和运输灵活安排保险的需要、银行在特定货物销售融资中对已装船提单的要求。

启发思考

贸易术语对国际贸易的发展有哪些作用？

三、有关贸易术语的国际惯例

（一）国际贸易惯例的演变及未来发展

国际贸易惯例的产生和发展是与国际贸易活动的需要联系在一起的，是贸易商为满足实际需要而自发形成的一些习惯做法和规则。

国际贸易惯例的产生具有悠久的历史，最早可追溯到中世纪。大约在公元 13 世纪，地中海沿岸各国间的商业往来已经非常频繁。当时从事贸易的商人团体为维护自身的利益，根据业务实践制定了一些习惯做法和规则，形成了适用于各个商业发达港口和市集地区的具有国际性的商业习惯法。进入 20 世纪以后，随着各国国内法的发展，以及随之产生的各国实体法之间的法律规定差异，从事国际贸易的当事人都要求适用本国的法律来调整贸易双方的权利与义务关系，因而导致了尖锐的法律冲突。虽然可以按照国际私法的规范来调整这种法律冲突，但是国际私法的规范并不直接调整当事人的权利和义务关系，适用国际私法规范的结果仍然是以规范所指向的国家的国内法来调整。因此，这无疑给开展国际贸易业务带来了极大的不便，严重妨碍了国际贸易的顺利发展。

正是基于这种需要，国际商会于 1936 年制定了《国际贸易术语解释通则》。该通则经过 1953 年、1967 年、1976 年、1980 年、1990 年、2000 年、2010 年以及 2020 年的补充和修改，现已成为当前国际上应用最广、最具影响力的国际贸易惯例。现行的《2020 通则》是国际商会根据当代科学技术和运输方式等方面的发展变化，在《国际贸易术语解释通则 2010》（Incoterms 2010，简称《2010 通则》）的基础上修订产生的，自 2020 年 1 月 1 日起生效。基于现实贸易实务的需要，《2010 通则》与《2020 通则》在一定时期内并行适用，应引起重视。

上述国际贸易惯例的历史沿革表明，国际贸易惯例在国际贸易发展中的各个历史时期以及在国际贸易法律统一化过程中都起到了重要作用。可以预料，随着国际贸易的深入发展，国际贸易惯例的影响将会更加显著。

（二）国际贸易惯例的概念

国际贸易惯例（International Trade Customs）是指国际商业组织根据在国际贸易实践中逐渐形成的一般贸易习惯做法而制定的成文规则。这些成文规则遵循当事人意思自治的原则，在国际上被普遍接受和广泛使用，从而被公认为国际贸易惯例。国际贸易惯例是国际贸易法律的重要渊源之一，在国际贸易中具有非常特殊的地位。国际贸易惯例所具有的非主权性、任意选择性以及直接来自国际贸易的实践性等属性，大大地增强了国际贸易惯例在国际贸易中的普遍适用性。国际贸易惯例不是强制性规则，而是任意性规则。只有在各方当事人一致同意采用某一惯例时，该惯例对当事人才具有约束力。但值得注意的是，国际贸易惯例不能单独适用，而且在适用时不能与合同明示条款相抵触，通常将惯例名称直接订入合同条款。

（三）国际贸易惯例的特点

（1）国际贸易惯例是在长期的国际贸易实践中自发形成的，它的成文一般也是由商业自治团体自发编纂而成的，这使它有别于依靠国家立法机关制定的国内法以及依靠各国之间的相互谈判、妥协而达成的国际条约。

（2）国际贸易惯例是为某一地区、某一行业的人们所普遍遵守和接受的，偶然的实践不能成为国际贸易惯例，这是国际贸易惯例的客观特征。

（3）国际贸易惯例必须能使人们产生必须遵守此惯例的义务感和责任感，这是国际贸易惯例的主观特征。

(4) 国际贸易惯例具有任意性，没有强制适用力。只有在当事人明示或者默示同意采用时，国际贸易惯例才对当事人具有法律效力。如果当事人明示或者默示加以排除，则不能将国际贸易惯例强加给当事人。

(四) 国际贸易惯例的法律效力

(1) 国际贸易惯例对国际法、国内法和贸易合同未涉及的问题具有补充和规范的作用，并成为贸易争议诉讼审判和仲裁裁决的重要法律依据。

(2) 国际贸易惯例对国际法、国内法和贸易合同所涉及但又未明确的概念和术语具有定义和阐释的法律效力。

(3) 一旦合同表明引用某个惯例或接受某个惯例的管辖、约束或解释，则该惯例就成为合同的一部分，其所有条文与合同条款的法律效力相同。

启发思考

国际贸易惯例与相关法律的关系如何？适用时应注意哪些问题？

(五) 有关贸易术语的主要国际贸易惯例

1.《1932 年华沙-牛津规则》(Warsaw-Oxford Rules 1932)

这个规则以英国的贸易习惯和判例为基础，对 CIF 合同的性质，买卖双方所承担的责任、费用和风险做了规定和说明。

2.《1990 年美国对外贸易定义修订本》(Revised American Foreign Trade Definitions 1990)

该惯例由美国九大商业团体共同制定，主要对六种贸易术语，即原产地交货 (Ex Point of Origin)，装运港船上交货 (Free on Board，FOB)，装运港船边交货 (Free Alongside Ship，FAS)，成本加运费 (Cost and Freight，CFR)，成本、保险费加运费 (Cost, Insurance and Freight，CIF)，以及目的港码头交货 (Ex Dock) 做了规定和解释。

由于该惯例在 FOB 术语的解释上与其他国际贸易惯例有所不同，因此，我国外贸企业在与美洲企业进行贸易时应特别注意。

3. 《国际贸易术语解释通则 2000》

在《国际贸易术语解释通则 2000》(Incoterms 2000，简称《2000 通则》) 中，国际商会按卖方承担的责任、费用和风险由小到大将贸易术语分为 E、F、C、D 四组。四组贸易术语的特点分别是：

(1) E 组贸易术语的特点是卖方在其处所 (如工厂、仓库) 将货物置于买方的控制之下即完成交货，卖方承担的责任、费用、风险最小。

(2) F 组贸易术语的特点是由买方签订运输合同并指定承运人，卖方将货物交给买方指定的承运人或装上运输工具即完成交货。F 组术语属于主运费未付的术语。

(3) C 组贸易术语的特点是卖方负责签订运输合同，支付正常的运费，承担交货前货物损坏或灭失的风险，在装运港将货物装上船 (CFR、CIF) 或将货物交至承运人 (CPT、CIP) 即完成交货。C 组术语属于主运费已付的术语。

（4）D组贸易术语的特点是卖方自负费用和自担风险将货物运至指定目的地，并将货物置于买方的控制之下，即完成交货。

4.《国际贸易术语解释通则 2010》

在《2010 通则》中，贸易术语被整合成 11 种，且按照运输方式被划分为两类：

（1）适用于任何运输方式的七种（EXW，FCA，CPT，CIP，DAT，DAP，DDP）。

（2）适用于水上运输方式的四种（FAS，FOB，CFR，CIF）。

5.《国际贸易术语解释通则 2020》

在《2020 通则》中，对贸易术语的分组情况如表 1－1 所示。

表 1－1 《2020 通则》对贸易术语的分类

E组（起运）	EXW（Ex Works）	工厂交货
F组（主运费未付）	FCA（Free Carrier）	货交承运人
	FAS（Free Alongside Ship）	装运港船边交货
	FOB（Free on Board）	装运港船上交货
C组（主运费已付）	CPT（Carriage Paid to）	运费付至
	CIP（Carriage and Insurance Paid to）	运费和保险费付至
	CFR（Cost and Freight）	成本加运费
	CIF（Cost，Insurance and Freight）	成本、保险费加运费
D组（到达）	DAP（Delivered at Place）	目的地交货
	DPU（Delivered at Place Unloaded）	目的地卸货后交货
	DDP（Delivered Duty Paid）	完税后交货

《2020 通则》在其引言中强调，贸易术语解释通则本身不是一份销售合同，也不是其他合同的组成部分，如果在这些合同中引入《2020 通则》中的条款，则该通则仅适用于管辖销售合同的某些特定内容。在进行国际贸易时，如果在合同履行中使用《2020 通则》，则应在合同中明确表明；选用的贸易术语要结合合同条款约定的内容，也要适合货物的性质和运输方式。针对贸易术语的变通，《2020 通则》并未禁止，但进行了风险提示，要求在合同中尽可能对地点或港口作出详细说明。买卖双方按规定需提供的单据，可以按照双方约定采用纸质或电子形式，如果没有约定，则按照惯常的做法操作。

在实务中《国际贸易术语解释通则》具有明显的技术性和实务性特征，已成为国际贸易领域公认的最重要国际贸易术语惯例。

启发思考

《2020 通则》对应用术语有何说明性提示？

第二节 常见贸易术语解释

一、FOB术语

（一）FOB术语的含义

FOB的英文全称是 Free on Board（...Named Port of Shipment），即船上交货（……指定装运港），习惯上称之为装运港船上交货。FOB是最常用的贸易术语之一，根据《2020通则》的解释，该术语仅适用于海运或内河运输。

（二）买卖双方的主要义务

1. 卖方义务

（1）在合同规定的装运港和期限内，将货物装上买方指定的船只并必须就已完成交货或者买方指定的承运人或其他人未在约定期限内提货的情况给予买方充分通知；

（2）承担货物在装运港装上船为止的一切费用和风险；

（3）负责办理出口手续，提供出口许可证，支付出口税费；

（4）负责提供商业发票、清洁的已装船提单以及合同规定的其他单据。

2. 买方义务

（1）负责租船订舱，支付运费并必须就与运输相关的安全要求、船舶名称、装货点以及在约定期限内所选择的交货时间（如有）给予卖方充分通知；

（2）承担货物在装运港装上船后的一切费用和风险；

（3）按照合同规定支付货款，并收取符合合同规定的货物和单据；

（4）取得进口许可证或其他官方文件，办理进口报关手续，以及必要时经另一国的过境手续，并支付上述有关费用。

（三）使用FOB术语时应注意的问题

1. 船货衔接问题

按照FOB术语成交的合同属于装运合同。在这类合同中卖方的一项基本义务是按照规定的时间和地点完成交货。然而，由于在FOB术语下是由买方负责租船订舱，因此，存在船货衔接问题。如果买方未能按时派船，包括未经卖方同意提前或延迟派船，那么卖方均有权拒交货物，而且由此产生的各种费用，如空舱费（Dead Freight）、滞期费（Demurrage）及仓储费（Warehouse Fee）等，均由买方负担；如果买方指派的船只未能按时到港或接运货物，或者买方未能就派船问题给予卖方适当的通知，那么只要货物已被特定化为合同项下的货物，自规定的交货期届满起，买方就要承担货物灭失或损坏的风险。如果买方指派的船只按时到达装运港而卖方未能备妥货物，由此产生的上述费用和风险则由卖方承担。实践中，难以做到货物与船只同时到港，更多情况下是货物先到而船只后到，所以这一时间差导致卖方必须仍然承担等船期间货物在码头的仓储费，从而增加了额外开支。有时双方按 FOB 价格成交，买方委托卖方租船订舱，卖方也可以酌情接受，但租船订舱属于代办性质，相应风险和费用仍由买方承担。如果租不到船，卖方不承担责任，买方也无权撤销合同或者索赔。

2. 少数国家对 FOB 术语的不同解释

《1990 年美国对外贸易定义修订本》（简称《定义修订本》）对 FOB 的解释与《2020 通则》的解释存在较大差异，主要表现在以下三个方面：

（1）《定义修订本》对 FOB 的解释有六种，在这六种解释中，有的把 FOB 用于装运港船上交货，有的用于各种运输工具上交货。因此，FOB 的适用范围非常广。

（2）按照《定义修订本》的解释，若在装运港船上交货，则必须在 FOB 和装运港之间加上“Vessel”字样，如“FOB Vessel San Francisco”，否则美国出口方仅负责在旧金山的任何地方交货。

（3）按《定义修订本》的解释，卖方只是在买方请求并由买方负担费用的情况下，协助买方取得由原产地及/或装运地国家签发的货物出口或进口所需的各种证明。

因此，我国企业在与美国、加拿大及拉丁美洲国家企业的交易中采用 FOB 术语来成交时，必须加以注意。

此外，在实务中应该注意：运用 FOB 术语时，买方通常会指定货代接收卖方货物，出具货物收据（不具备提单作为物权凭证的特征）给卖方，并与船公司联系，让其安排装运，在提单发货人栏填制买方公司名称和地址，使得货物装上船后卖方失去货权。因承运人向买方负责，所以卖方可能无法获得所需要的海运提单；货物到达目的港后，买方无需正本提单即可提取货物，卖方面临无单放货、失去物权的风险。

特别要注意，FOB 术语运用于集装箱运输业务时，卖方按照买方指定承运人或货代指示将货物送进港口的集装箱堆场时就失去了对货物的控制权，此后货物由买方指定承运人或货代实际控制。卖方实际失去对货物的控制在时间上要早于风险转移及完成交货，即使买卖双方都购买了相应的保险，也无法覆盖货物从进入集装箱堆场到安全装船这一区间的风险，因为买方不具有保险利益，卖方不是保险单合法持有人。如卖方购买的是陆路运输货物保险，则该保险在货物到达集装箱堆场时即失效，所以一旦在此区间发生风险，则双方都无法向保险公司索赔。

（四）FOB 术语的变形

贸易术语的变形是指在贸易合同中确定了与选用贸易术语的适用规则不同的规定。在《2020 通则》中 FOB 术语默认货物装上船的费用由卖方负担，双方当事人如希望修改在该贸易术语下装货费用的分摊方式，也应表明是否同时改变交货和风险转移至买方的地点。《2020 通则》虽然不禁止贸易术语的变形使用，但必须注意相应风险的存在性。

? 启发思考

在 FOB 价格条件下成交，由买方指定境外货代租船订舱，可能产生哪些风险？

案例 1-1

我方某公司以FOB条件出口一批服装。合同履行时买方来函委托我方代为租船，约定有关费用由买方负担。我方考虑到合作关系，为方便合同履行，同意代为租船。但时至装运期，由于指定装运港船期预订困难，我方无法租到合适的船只，且买方不同意改变装运港，因此，到装运期满时货仍未装船。因销售季节即将结束，买方来函以我方未按期租船履行交货义务为由撤销合同。试问：我方应如何处理？

分析

我方应拒绝买方撤销合同的无理要求。

(1) 按FOB条件成交的合同，应由买方负责租船订舱。卖方可以接受买方的委托代为租船订舱，但卖方不承担租不到船的责任。

(2) 就本案例来讲，在卖方代为租船没有租到、买方又不同意改变装运港的情形下，卖方不承担因自己未租到船而延误装运的责任，买方也不能因此要求撤销合同。

二、 CIF术语

(一) CIF术语的含义

CIF的英文全称是Cost，Insurance and Freight（... Named Port of Destination），即成本、保险费加运费（……指定目的港）。CIF也是最常用的贸易术语之一，根据《2020通则》的解释，该术语仅适用于海运或内河运输。如果船舶运输不符合实际需要，比如在滚装运输或集装箱运输的情况下，则使用CIP术语更为合适。

(二) 买卖双方的主要义务

1. 卖方义务

(1) 负责办理出口手续，取得出口许可证或其他核准书，支付出口税费；

(2) 负责租船订舱，支付运费；

(3) 负责办理货物运输保险，支付保险费；

(4) 负责在合同规定的期限内，按港口习惯在指定装运港将符合合同规定的货物装到船上，并向买方发出已完成交货的通知，向买方发出任何所需通知以便买方收取货物；

(5) 承担货物在装运港装上船为止的一切费用和风险；

(6) 负责提供合同规定的商业发票或具有同等作用的电子单证，以及合同要求的其他有关单证。

2. 买方义务

(1) 自担风险、自付费用取得进口许可证或其他核准书，并办理货物的进口手续；

(2) 承担货物在装运港装上船后的一切费用和风险；

(3) 接受卖方提供的各种约定单证，并按合同规定支付货款；

(4) 无论何时根据约定，当买方有权决定发货时间及/或指定目的地的收货点时，都必须给予卖方充分通知。

（三）使用 CIF 术语时应注意的问题

1. 租船订舱问题

按照《2020 通则》的解释，卖方必须签订或取得运输合同，将货物自交货地的约定交货点（如有）运送至指定目的港，或位于该港内的任何交货点（如已约定）。运输合同必须按照惯常条款订立，由卖方承担费用，经由通常航线，用通常用于运输该类货物的船舶运送货物。同时，卖方必须遵守货物运至目的港期间的任何与运输有关的安全要求。对于买方提出的限制船舶的国籍、船型、船龄、船级以及指定装载某班轮公司的船只等项要求，卖方均有权拒绝接受，但在卖方能够办到又不增加额外费用的情况下也可考虑接受。

2. 办理保险的责任

一般在签订买卖合同时，应明确规定险别、保险金额等内容，卖方应按照合同规定办理，但在未作出具体规定时，按《2020 通则》的解释，卖方必须自付费用取得货物保险。该保险必须符合《伦敦保险协会海洋运输货物保险条款（C）》或任何适用货物运输方式的类似条款，这样才可按最低保险级别投保，但买卖双方仍可以约定较高的保险级别。如果买方有要求，并由买方负担费用，卖方可加保战争险、罢工险、暴乱和民变险。最低保险金额为合同规定的价款加 10%，即按 CIF 的发票金额加 10%，并采用合同货币来投保。

3. 象征性交货（单据买卖）

CIF 就是一种典型的象征性交货。具体来讲，CIF 术语是指卖方按期在约定地点完成装运，并向买方提交合同规定的全套合格单据，包括提单、保险单、商业发票在内的有关单据（名称、内容和份数相符的单据），就算完成交货，无须保证到货。只要卖方提交了合同规定的全套合格单据，那么即使货物在途中损坏或灭失，买方也必须付款。由此可见，CIF 术语是卖方凭单交货、买方凭单付款，属于单据买卖。如果货物在途中损坏、灭失或者货物到目的港后买方发现质量不符合要求，买方则可根据具体情况分别向相关责任人（船方、保险公司或卖方）提出索赔。

4. CIF 不是到岸价

按 CIF 条件成交时，卖方是在装运港交货，货物装上船后风险即由买方承担。货物在装船后自装运港到目的港的运费、保险费以外的费用也由买方负担。除此之外，买方还要自担风险和自负费用取得进口许可证和其他官方文件，办理进口手续并按合同规定支付货款。在到岸价条件下卖方承担的风险和费用是货物到达目的港之前，交货的地点也应该是在目的港，属于目的港实际交货。

5. 习惯做法

在实际业务中，CIF 也常被用于陆运和空运，如 CIF 伦敦（陆运）、CIF 纽约（空运）。

（四）CIF 术语的变形

根据《2020 通则》，在 CIF 术语中卖方根据运输合同承担在目的港指定地点与卸货有关的费用，同时卖方不得要求买方补偿该费用。双方当事人如希望修改该贸易术语下卸货费用的分摊方式，也应表明是否同时改变交货和风险转移至买方的地点。《2020 通则》虽然不禁止贸易术语的变形使用，但必须注意相应风险的存在性。

启发思考

有人习惯称 FOB 为“离岸价”而称 CIF 为“到岸价”，请问这种说法是否正确？

案例 1-2

上海某出口企业按 CIF 条件向国外 A 公司出口一批草帽。合同规定由我方企业向中国人民财产保险股份有限公司投保一切险，并采用信用证方式支付。我方企业在规定的期限、指定的港口装船完毕，船公司签发了提单，然后中国银行议付了款项。第二天，出口企业接到客户来电称：装货的海轮在海上失火，草帽全部烧毁，要求我方企业出面向中国人民财产保险股份有限公司索赔，否则要求我方企业退回全部货款。请问国外 A 公司的索赔要求合理吗？

分析

国外 A 公司的索赔要求不合理。

(1) 按照相关国际惯例，CIF 合同项下的风险划分界限是：货物在装运港装上船之前，风险由卖方承担，在装上船之后，风险由买方承担。在本案中，卖方按合同规定将货物装上船，已完成了交货，在货物装上船的瞬间，风险就已转移到买方一边，卖方对货物的损失不应承担任何责任。

(2) 按照国际惯例和相关法律，以 CIF 贸易术语成交的合同属于象征性交货，即卖方只要按合同规定将货物装上船并提交了合同规定的全套单据，就履行了交货义务，而无须保证货物实际到达买方手里。买方不能以货物已被烧毁为由要求我方企业退回全部货款。

(3) 在本案中买方应凭保险单自行向中国人民财产保险股份有限公司索赔。

三、 CFR 术语

（一）CFR 术语的含义

CFR 的英文全称是 Cost and Freight（... Named Port of Destination），即成本加运费（……指定目的港）。在采用 CFR 术语时，货物在装运港装上指定船只，卖方即完成交货，并支付货物运至指定目的港所需的运费和必要的费用，但交货后货物灭失或损坏的风险以及由各种事件造成的任何额外费用，则转移给买方以及由买方承担。

（二）买卖双方的主要义务

1. 卖方义务

(1) 提供合同规定的货物，负责租船订舱和支付运费，按时在装运港装船，并于装船后向买方发出已完成交货的通知，向买方发出任何所需通知以便买方收取货物；

（2）办理出口清关手续，并承担到货物在装运港装上船为止的一切费用和风险；

（3）按合同规定提供正式有效的提单、发票及其他有关凭证。

2. 买方义务

（1）承担从货物在装运港装上船时起的货物灭失或损坏风险以及由货物装船后发生事件所产生的额外费用；

（2）在合同规定的目的港受领货物，并办理进口清关手续和缴纳进口税费；

（3）受领卖方提供的各种约定的单证，并按合同规定支付货款；

（4）无论何时根据约定，当买方有权决定发货时间及/或指定目的地的收货点时，都必须给予卖方充分通知。

（三）使用 CFR 术语时应注意的问题

按 CFR 术语订立合同，需特别注意的是装船通知问题。因为在 CFR 术语下卖方负责安排在装运港将货物装上船，而买方必须自行在目的港办理货物运输保险，以就货物装上船后可能遭受灭失或损坏的风险获得保障。因此，在货物装上船前，即在风险转移至买方前，买方必须及时向保险公司办妥保险，这是 CFR 合同中一个至关重要的问题。

在实际业务中，我方出口企业应事先与国外买方就如何发出装船通知商定具体做法；如果事先未曾商定，则应根据双方已经形成的习惯做法，或根据订约后、装船前买方提出的具体请求（包括在信用证中对装船通知的规定），及时向买方发出装船通知。

根据《2020 通则》，在 CFR 术语中卖方根据运输合同承担在目的港指定地点与卸货有关的费用，同时卖方不得要求买方补偿该费用。双方当事人如希望修改在该贸易术语下卸货费用的分摊方式，也应表明是否同时改变交货和风险转移至买方的地点。《2020 通则》虽然不禁止贸易术语的变形使用，但必须注意相应风险的存在性。

启发思考

CFR 术语的变形是否应明确表明改变风险划分？为什么？

案例 1－3

我国 A 公司与国外 B 客户签约成交出口服装 5 万美元，合同注明成交价格术语为 CFR，买方办理保险。A 公司于 9 月 14 日早上 10 时装船完毕，受载货轮于当日下午起航。因 9 月 15 日、16 日是假日，A 公司未及时向买方发出装船通知。17 日上班后 A 公司收到 B 客户急电称：货轮于 9 月 16 日下午 4 时遇险沉没，货物已灭失，要求 A 公司赔偿全部损失。试分析 B 客户提出此要求是否合理。

分析

B 客户提出此要求合理。按 CFR 术语订立合同，卖方负责安排在装运港将货物装上船，买方必须自行在目的港办理货物运输保险，以就货物装上船后可能遭受的灭失或损坏风险取得保障，但《2020 通则》在 CFR A10 中规定，卖方必须向买方发出已按照 A2 完成交货的通知，以及卖方必须向买方发出买方收取货物任何所需的通知以便买方收取货物。根据有关货物买卖合同的适用法律，卖方需对因遗漏或不及时向买方发出装船通知而使买方未能及时办妥货运保险所造成的后果承担违约责任。

四、 FCA 术语

(一) FCA 术语的含义

FCA 的英文全称是 Free Carrier (... Named Place)，即货交承运人（……指定装运地)，它是指卖方只要将货物在指定的地点交给买方指定的承运人，就完成了交货。

FCA 是在 FOB 的基础上发展起来的，适用于各种运输方式，在内陆城市采用集装箱运输和多式联运时更适合采用该术语，以便就地交货、交单结汇。因此，也有人称 FCA 为“复合运输 FOB 条件”。

承运人是指在运输合同中承担铁路、公路、航空、海洋、内河运输或多式运输的实际承运人（Actual Carrier)，或承担安排上述运输义务的订约承运人（Contracting Carrier)，如货运代理商（Freight Forwarder)。后者不一定自己负责运输，但他承担承运人的责任。但若买方指定承运人以外的人领取货物，则当卖方将货物交给此人时，即视为卖方已履行了交货义务。

(二) 买卖双方的主要义务

1. 卖方义务

(1) 在合同规定的时间、地点，将合同规定的货物置于买方指定的承运人控制下并必须就已完成交货或者买方指定的承运人或其他人未在约定期限内提货的情况给予买方充分通知；

(2) 承担将货物交给承运人控制之前的一切费用和风险；

(3) 自担风险、自付费用取得出口许可证或其他官方文件，并办理出口所需的海关手续；

(4) 提交商业发票或具有同等作用的电子信息，并自费提供通常的交货凭证。

2. 买方义务

(1) 签订从指定地点承运货物的合同，支付有关的运费，并将承运人名称及有关情况及时通知卖方；

(2) 根据买卖合同的规定受领货物并支付货款；

(3) 承担受领货物之后所发生的一切费用和风险；

(4) 自担风险、自付费用取得进口许可证或其他官方文件，并办理进口所需的海关手续；

(5) 必须通知卖方：指定的承运人或其他人的名称，该通知应留出充分时间，以便卖方能完成交货；在约定期限内所选择的由指定的承运人或其他人收取货物的时间（如有）；指定的承运人或其他人使用的运输方式，包括任何与运输有关的安全要求以及指定交货地的交货点。

（三）使用 FCA 术语时应注意的问题

1. 交货地点和风险转移问题

由于 FCA 适用于各种运输方式，因此交货点需按不同的运输方式和不同的指定交货地而定。FCA 仅指定交货地在卖方所在地或其他地方，而不具体说明在该交货地的详细交货点。合同如果未指明详细交货点，卖方有权选择“最适合卖方目的”的地点作为交货点，风险和费用从货物被运送到该地点开始转移至买方。

在 FCA 条件下卖方完成交货的情形可概括为：

（1）如果合同所规定的指定交货地为卖方所在处所，则当货物被装上由买方指定的承运人的收货运输工具时，卖方即完成了交货；

（2）在其他情况下，当货物在买方指定的交货地，在卖方的送货运输工具上（卖方无须承担卸货义务）被交由买方指定的承运人处置时，卖方即完成了交货。

2. 运输安排问题

FCA 合同的买方必须自付费用订立自指定地点运输货物的合同。但是，如果买方提出请求，或如果按照商业惯例，在与承运人订立运输合同时（如在铁路或航空运输的情况下）需要卖方提供协助，卖方可代为安排运输，但有关费用和风险由买方承担。

3. 已装船批注提单需求问题

由于 FCA 适用于单一或多种运输方式，因而可能存在需要已装船批注提单的情况（通常由于银行托收或信用证的要求），《2020 通则》首次提供了可选机制。如果买卖双方在合同中如此约定，则买方必须指示承运人出具已装船批注提单给卖方，卖方必须通过银行将该提单提供给买方便于提货，或者买卖双方约定卖方将提交给买方一份仅声明货物已收妥待运而非装船的提单。要特别注意的是，即使采用上述可选机制，卖方也不对买方承担运输合同条款下的义务。

? 启发思考

与 FOB 术语相比，使用 FCA 术语对卖方而言有什么好处？卖方是否可以和使用 FOB 术语一样获得已装船批注提单？

五、CPT 术语

（一）CPT 术语的含义

CPT 的英文全称是 Carriage Paid to（... Named Place of Destination），即运费付至（……指定目的地），是指卖方支付货物运至指定目的地的运费。

（二）买卖双方的主要义务

1. 卖方义务

（1）自付费用签订运输合同，在合同规定的时间及地点将合同货物置于承运人的控制下并向买方发出已完成交货的通知，向买方发出任何所需通知以便买方收取货物；

（2）自担风险、自付费用取得出口许可证或其他官方文件，办理出口报关手续；

（3）负责提供商业发票和在指定目的地提货所需的运输单据或具有同等作用的电子信息。

2. 买方义务

（1）自担风险、自付费用取得进口许可证或其他官方文件，办理货物进口和必要时从他国过境所需的海关手续；

（2）负责向卖方提供有关安全要求和装运前检验的单据或信息，便于卖方办理出口清关手续；

（3）收取卖方按合同规定交付的货物，接受交货单据并支付货款；

（4）无论何时根据约定，当买方有权决定发货时间及/或指定目的地的收货点时，买方都必须给予卖方充分通知。

（三）使用CPT术语时应注意的问题

1. 风险划分的界限问题

按照《2020通则》的解释，货物自交货点至目的地的运输途中的风险由买方承担，卖方只承担货物交给承运人控制之前的风险。如果买卖双方没有约定具体的交货点，则默认的是当卖方在某个完全由其选择且买方不能控制的地点将货物交付第一承运人时，风险即发生转移。在多式联运情况下，卖方承担的风险自货物交给第一承运人控制时即转移给买方。

2. 责任和费用的划分问题

在采用CPT术语时，买卖双方要在合同中规定装运期和目的地，并尽可能精确约定目的地的具体地点，以便卖方选定承运人，自费订立运输合同，将货物运往指定目的地的具体地点。同时卖方必须遵守运至目的地过程中任何与运输有关的安全要求。卖方将货物交给承运人后，应向买方发出货已交付的通知，以便买方及时办理保险和在目的地受领货物。

六、 CIP术语

（一）CIP术语的含义

CIP的英文全称是Carriage and Insurance Paid to（... Named Place of Destination），即运费和保险费付至（……指定目的地）。

（二）买卖双方的主要义务

1. 卖方义务

（1）订立将货物运往指定目的地的运输合同并支付有关运费。

（2）在合同规定的时间、地点，将合同规定的货物置于承运人的控制下并向买方发出已完成交货的通知，向买方发出任何所需通知以便买方收取货物。

（3）承担将货物交给承运人控制之前的风险。

（4）按照买卖合同的约定，自付费用投保货物运输险。

（5）自担风险、自付费用取得出口许可证或其他官方文件，并办理货物出口所需的一切海关手续，支付相关税费。

（6）提交商业发票和在指定目的地提货所需的通常的运输单据或具有同等作用的电子信息，并且自费向买方提供保险单据。

2. 买方义务

（1）接受卖方提供的有关单据，受领货物，并按合同规定支付货款。

（2）承担自货物在约定地点交给承运人控制之后的风险。

（3）自担风险、自负费用取得进口许可证或其他官方文件，并且办理货物进口所需的一切海关手续，支付相关税费。

（4）无论何时根据约定，当买方有权决定发货时间及/或指定目的地的收货点时，买方都必须给予卖方充分通知。

经比较可知，在 CIP 术语下，买卖双方承担的责任、费用、风险基本上与 CPT 术语相同，不同点在于，在 CIP 术语下，卖方负责办理保险并支付保险费，所以卖方应提交的单据也比在 CPT 术语下增加了保险单据。

（三）使用 CIP 术语时应注意的问题

1. 风险和保险问题

按照《2020 通则》的解释，货物自交货点至目的地的运输途中的风险由买方承担，卖方只承担在货物交给承运人控制之前的风险。如果买卖双方没有约定具体的交货点，则默认的立场是当卖方在某个完全由其选择且买方不能控制的地点将货物交付第一承运人时，风险即发生转移。在一般情况下，卖方应按双方约定的险别投保。如果未约定险别，《2020 通则》规定，卖方必须自付费用办理货物保险。该保险只要符合《伦敦保险协会海洋运输货物保险条款（A）》或任何适用货物运输方式的类似条款，即可按最高保险级别投保，但买卖双方仍可以约定较低的保险级别。保险金额一般为合同价格的110%，并采用合同货币来投保，卖方一般无义务加保战争险、罢工险。但是在买方要求并由买方承担额外费用的情况下，卖方也可以办理。

2. 责任和费用的划分问题

在采用 CIP 术语时，买卖双方要在合同中规定装运期和目的地，并尽可能精确约定目的地的具体地点，以便卖方选定承运人，自费订立运输合同，将货物运往指定目的地的具体地点。如果卖方在运输合同项下承担了在指定目的地的相关卸货费用，那么除非另有约定，卖方无权另行向买方追索该费用。同时卖方必须遵守运至目的地过程中任何与运输有关的安全要求。

3. 合理确定价格

与 FCA 相比，在 CIP 条件下卖方要承担较多的责任和费用。例如：办理从交货点至目的地的运输，承担有关运费；办理货运保险，支付保险费。卖方在核算成本和价格时，应考虑运输距离、保险险别、各种运输方式和各类保险的收费情况，预计运价和保费的变动趋势等。

启发思考

CIP合同与CIF合同都属于装运地合同吗？两者在办理保险的险别方面有何不同？

第三节　其他贸易术语解释与贸易术语选用

一、其他贸易术语的解释

除了上述六种常用的贸易术语之外，《2020通则》还规定和解释了其他五种贸易术语，在某种情况下，它们能够满足贸易双方的特定要求，因此买卖双方可根据业务需要灵活选用。

（一）EXW术语

EXW的英文全称是Ex Works（... Named Place），即工厂交货（……指定地点）。在采用EXW术语时，卖方按合同规定的时间将符合合同要求的货物在指定地点交由买方处置，即完成交货，风险于交货后转移给买方。买方负责将货物从受领地点运到最终目的地，并承担其间的全部责任、费用和风险，包括进出口两次清关的手续和有关费用；卖方提供商业发票及合同要求的各项单证，无须将货物装上运输工具。EXW是《2020通则》中卖方承担的责任、费用和风险最小的一种贸易术语。该术语适用于一种或多种运输方式。

在实务中，卖方必须向买方发出买方提取货物所需的任何通知。买方可能会晚于买卖双方约定的时间在规定地点受领货物，或者买方有权在约定的期限内确定具体的交货地点和时间却迟迟没有给予卖方充分的通知。在此情况下，如果卖方采取措施使货物特定化，如将货物单独堆放在堆场或仓库，用指示牌加以标识，并通知买方到某堆场或仓库取货，则风险自约定的期限届满之日起转移至买方。

案例1-4

A出口公司与国外B公司签订了一份以EXW为条件的散装粮食合同，合同约定10月底国外B公司派代理到A公司所在地仓库提货，但直到合同约定提货期届满，国外B公司代理也未前来提货。之后仓库管理人员疏于管理，仓库失火导致该合同项下特定标识并单独存放的散装粮食绝大部分受损。此后，国外B公司代理前来提货，A出口公司声称，由于国外B公司代理未按时提货属于违约行为，货物风险已提前发生转移，A出口公司对货物灭失不承担任何责任。上述损失应由谁承担？

分析

依据《2020 通则》有关“风险转移”的规定，买方承担自规定交货时起货物灭失或损坏的一切风险。若买方未能按给予卖方通知的时间受领货物，则买方须从约定的交货期限届满之时起，承担货物灭失或损坏的一切风险，但以该项货物已被清楚地确定为合同项下的货物为前提条件。本例中仓库失火导致散装粮食灭失，A 出口公司已经按照合同约定将该批散装粮食特定标识并单独存放，属货物特定化处置，因此，该批散装粮食损失应由国外 B 公司承担。实际业务中卖方装载货物可能更为便利，如果买方要求卖方在发货时负责将货物装上收货车辆并负责一切装货费用和风险，则应在合同中明确规定。

启发思考

国际贸易实务中卖方应如何避免 EXW 术语下风险？

（二）FAS 术语

FAS 的英文全称是 Free Alongside Ship（... Named Port of Shipment），即船边交货（……指定装运港）。FAS 术语只适用于海运和内河运输。在采用 FAS 术语成交时，卖方按合同规定的时间在指定的装运港将货物交至买方指派的船边，即完成交货，双方费用和风险的划分均以船边为界。按《2020 通则》的要求，卖方必须在买方指定装运港的装货点，将货物置于买方指定的船舶旁边来完成交货。如果买方未指定具体的装货点，则卖方可以在指定装运港选择最符合其目的的装货点。

使用 FAS 术语时应注意的问题包括：

（1）在同北美国家企业的交易中使用 FAS 术语时，应在 FAS 后面加上“Vessel”字样，以明确表示“船边交货”。

（2）从装运港到目的港的运输合同由买方负责订立，买方要及时将船名和要求装货的具体时间、地点通知卖方，以便卖方按时做好备货出运工作。卖方也应将货物交至船边的情况及时通知买方，以利于买方办理装船事项。如果买方指派的船只未按时到港接收货物，或者比规定的时间提前停止装货，或者买方未能及时发出派船通知，那么只要货物已被清楚地划出或以其他方式确定为合同项下的货物，由此产生的风险和损失就均由买方承担。

（3）卖方必须就已完成交货或者买方指定的承运人或其他人未在约定期限内提货的情况给予买方充分通知。买方必须就任何与运输相关的安全要求、船舶名称、装货点以及约定期限内所选择的交货时间（如有）给予卖方充分通知。

（三）DAP 术语

DAP 是 Delivered at Place（... Named Place of Destination）的缩写，即目的地交货（……指定目的地）。该术语适用于一种或多种运输方式。

DAP是指当卖方在指定目的地将还在运抵的运输工具上的可供卸载的货物交由买方处置时，即为交货。术语中所说的“运抵的运输工具”不仅包括卡车和火车，还包括船舶和飞机；目的地还包括港口。按照对该术语的解释，卖方应承担将货物运至指定目的地的一切风险和费用（进口费用除外），无须卸货，即为完成交货。DAP要求卖方办理货物出口和过境清关手续，协助买方获取进口所需的所有与进口清关手续相关的单据或信息。卖方必须遵守运至目的地过程中任何与运输有关的安全要求，同时必须向买方发出买方收取货物所需的任何通知。另外，无论何时根据约定，当买方有权决定约定期限内的交货时间及指定目的地的交货点时，买方都必须给予卖方充分通知。

卖方承担在特定地点交货前的风险，买卖双方应尽可能明确指定目的地的交货点，卖方签订的运输合同应尽可能与所选择的目的地的交货点吻合。另外，如果卖方按照运输合同在目的地发生了卸货费用，那么除非双方另有约定，否则卖方无权向买方追索。

（四）DPU术语

DPU的英文全称是Delivered at Place Unloaded（... Named Place of Destination），即目的地卸货后交货（……指定目的地）。该术语适用于一种或多种运输方式。

DPU是指在合同约定期限内卖方在指定目的地交货点将货物从抵达的运输工具上卸下，交由买方处置时即完成交货。卖方承担将货物送至指定目的地交货点并将其卸下的一切风险和费用。如果未约定指定目的地的交货点，卖方可以选择最符合其目的的交货点。DPU术语要求卖方办理货物出口和过境清关手续，协助买方获取进口所需的与进口清关手续相关的任何单据或信息。卖方必须遵守运至目的地过程中任何与运输有关的安全要求，同时必须向买方发出买方收取货物所需的任何通知。另外，无论何时根据约定，当买方有权决定约定期限内的交货时间及指定目的地的交货点时，买方都必须给予卖方充分通知。

案例1-5

出口商A公司与新加坡进口商B公司签订出口针织品的合同，约定贸易条件为DPU新加坡指定交货点。货物装运后到达新加坡港口，在卸货过程中遭遇暴风雨袭击，部分货物受损，为此新加坡进口商B公司要求出口商A公司赔偿此部分损失。出口商A公司认为货物已抵达目的港并卸货，风险已经转移至新加坡进口商B公司，不应由自己承担损失责任。试分析。

分析

新加坡进口商B公司的要求合理。合同已约定指定交货点，按照《2020通则》对贸易术语DPU的解释，卖方负责办理运输、保险、出口报关等，承担将货物送至指定目的地交货点并将其卸下的一切风险。货物虽然到达新加坡港口并卸货，但并没有运至指定交货点完成交货。所以，出口商A公司应承担货损赔偿责任。

（五）DDP术语

DDP的英文全称是Delivered Duty Paid（... Named Place of Destination），即完税后交货（……指定目的地）。DDP术语适用于各种运输方式。在采用此术语成交时，卖方承担的责任最大，卖方必须承担将货物运至目的地的一切费用和风险。其中包括办理货物出口与进口以及必要时从他国过境需要的一切海关手续并支付所需费用，在目的地应交纳的进口税费包括海关手续费、关税和其他费用等。卖方必须遵守运至目的地过程中任何与运输有关的安全要求，同时必须向买方发出买方收取货物所需的任何通知。另外，无论何时根据约定，当买方有权决定约定期限内的交货时间及/或指定目的地的交货点时，买方都必须给予卖方充分通知。

（六）各种贸易术语的主要责任、费用和风险比较

各种贸易术语的主要责任、费用和风险的对比见表1-2。

表1-2 《2020通则》规定的11种贸易术语对比

贸易术语	交货地点	风险转移界限	出口报关的责任、费用承担者	进口报关的责任、费用承担者	适用的运输方式
EXW	出口国指定交货地点	货交买方处置时起	买方	买方	任何运输方式
FCA	出口国内陆、港口	货装上运输工具或货交承运人处置时起	卖方	买方	任何运输方式
FAS	装运港口	货交船边（置于码头或驳船上）	卖方	买方	海运和内河运输
FOB	装运港口	货装上船时起	卖方	买方	海运和内河运输
CFR	装运港口	货装上船时起	卖方	买方	海运和内河运输
CIF	装运港口	货装上船时起	卖方	买方	海运和内河运输
CPT	出口国内陆、港口	货交承运人处置时起	卖方	买方	任何运输方式
CIP	出口国内陆、港口	货交承运人处置时起	卖方	买方	任何运输方式
DAP	目的地	货载运输工具上交买方处置时起	卖方	买方	任何运输方式
DPU	目的地	货从运输工具上卸载并交买方处置时起	卖方	买方	任何运输方式
DDP	进口国国内	货交买方处置时起	卖方	卖方	任何运输方式

启发思考

在11种贸易术语中，哪一种术语下卖方的责任最小？哪一种术语下卖方的责任最大？

二、国际贸易术语的选用

在国际贸易业务中，选用贸易术语时应考虑贸易术语与合同各条款的密切关系，注意合同条款与选用的贸易术语的一致性，不得相互矛盾，并充分考虑以下因素：

（1）运输方式与货源情况。

（2）运费变动因素。

（3）运输过程中的风险及风险转移点。

（4）办理进出口清关手续有无困难。

在合同中采用国际商会建议的贸易术语表达格式，“[所选定的贸易术语] [指定的港口、地点] Incoterms 2020”，从而避免相关纠纷。

本章小结

贸易术语是用于表述买卖双方之间的责任、费用和风险划分的专门用语。FOB是船上交货（……指定装运港），习惯上称为装运港船上交货。FOB是最常用的国际贸易术语之一。CFR是成本加运费（……指定目的港）。在采用CFR术语时，货物在装运港装上船，卖方即完成交货，卖方须支付货物运至指定目的港所需的运费和必要的费用，但交货后货物灭失或损坏的风险以及由各种事件产生的任何额外费用，则转移给买方以及由买方承担。CIF是成本、保险费加运费（……指定目的港），交货后货物灭失或损坏的风险以及由各种事件产生的任何额外费用，转移给买方以及由买方承担。根据《2020通则》的解释，这三种术语和FAS术语仅适用于海运或内河运输。《2020通则》中的其他贸易术语有EXW、FCA、CPT、CIP、DAP、DPU、DDP。在CIF、CPT、CIP术语下卖方必须遵守货物运至目的港（目的地）期间任何与运输有关的安全要求。在FCA术语下卖方可以提交已装船批注提单，在FCA、DAP、DPU、DDP术语下使用卖方或买方自己的运输工具运输。CIF和CIP术语对卖方有强制性办理保险的要求，其中在CIF术语下按最低保险级别投保，在CIP术语下按最高保险级别投保，但买卖双方仍可以约定较高或较低的保险级别。

复习思考

1. 简述贸易术语的含义和作用。
2. 试述FOB、CIF和CFR这三种贸易术语之间的异同。
3. 如何理解CIF是一种象征性交货？

4. FCA 术语适用于任何运输方式，卖方可否获得已装船批注提单？

5. DAP 与 DPU 这两种贸易术语有何区别？

6. 买卖双方签订合同按 CIF 成交，卖方与保险公司约定按合同金额的 100%投保是否可以？

7. 在进出口贸易中应该如何选用贸易术语？

案例分析

1. 江西某进出口公司（以下称为“我方公司”）向马来西亚某贸易有限公司出口香料 30 公吨，合同价格为每公吨 2 600 美元 FOB 上海，装运期为 5 月，采用集装箱运输。5 月 16 日买方发来到船装运通知，我方公司业务员于 5 月 17 日将货物运至上海码头仓库储存，不料当夜仓库突然发生火灾致使货物全部灭失，导致我方公司损失惨重。试问：

（1）我方公司若采用 FCA 术语成交，是否需要承担案中的损失？为什么？

（2）我方公司若采用 FCA 术语成交，有哪些好处？

2. 江西 A 公司与新加坡 B 公司 4 月 10 日签订售货合同，约定 B 公司购买 A 公司存放在保税仓库的羽绒服装 2 万件，总金额为 622 200 美元，贸易术语为“EX NANCHANG BONDED WAREHOUSE”（南昌保税仓库交货），付款方式为 B 公司 4 月 30 日之前开立即期信用证，议付单据为受益人（A 公司）出具的正本交货单、正本发票、货物数量/重量证明。买方（B 公司）遵照合同约定开立了信用证，卖方（A 公司）通过信用证收到全部货款。但当买方凭卖方提供的提货单证去货物存放仓库提货时，仓库却对提货单证不予认可，未予办理提货。此后买方因与卖方协商未果，遂向贸易仲裁机构提请仲裁：主张卖方未履行买卖合同项下的交货义务，请求解除合同并要求卖方返还已经支付的货款及承担其他损失。卖方在仲裁抗辩中称其是受 C 公司（案外人）的委托从外国进口货物并转卖给买方，因此，应当由 C 公司承担法律责任。根据合同约定，卖方已经向买方交付以买方为收货人的提货单证，即卖方已经履行了售货合同下卖方的义务，仓库不让买方提货与卖方无关。试问：卖方是否已经履行了交货义务？

3. 上海 A 公司与荷兰 B 公司以 CIF 条件达成一笔交易，合同约定以信用证方式结算。卖方（A 公司）在收到买方（B 公司）开来的信用证后，及时办理完装运手续，并制作好一整套结汇单据。卖方在准备到银行办理议付手续时收到买方来电，得知载货船舶在航运过程中遭遇意外事故，大部分货物受损。据此，买方表示将等到具体货物情况确定后，才同意银行向卖方支付货款。请问：

（1）卖方可否及时收回货款？为什么？

（2）买方应如何处理此事？

4. 出口商凯达贸易公司与进口商韩国 SEMA 进出口有限公司商定以 FCA NANCHANG 成交 5 万码布匹，韩国 SEMA 开立的信用证要求提交上海港已装船批注提单。货物交给承运人运抵上海港完成装货后，凯达贸易公司按要求提交了已装船批注提单。

数日后货物到达目的港，卸货时韩国 SEMA 发现有部分包装箱破裂，遂以包装损坏影响商品质量为由要求凯达贸易公司降价处理。试分析韩国 SEMA 的要求是否合理。

延伸学习

"一带一路"

第二章 交易磋商与国际货物买卖合同的订立

目标要求

了解交易磋商的过程，掌握发盘、接受与合同成立的条件，掌握合同的形式、主要内容和合同的订立方法。

案例导入

某年4月我国外贸公司A与英国外商B磋商进口工程机械设备。经往来电传磋商，双方已就合同的基本条款达成初步协议，我方最后表示接受的电传中写有“以签署确认书为准”的字样。外商拟就合同后，要我方确认，但我方认为个别条款需要修改。此时该设备的市场价格有下跌趋势，于是我方并未及时答复。外商又多次来电催证，我方答复拒绝开证。根据《联合国国际货物销售合同公约》的规定，构成一项有效接受的条件之一是同意发盘所提出的交易条件，若提出有条件的接受，则该接受不是一项有效接受。在本案中我方表示接受的电传中有“以签署确认书为准”字样，属于有条件的接受，后来一直没有签署确认书，故未构成有效接受，即合同未成立，因此，我方有权拒绝对方要求我方开立信用证的要求。

关键概念

询盘（Inquiry），发盘（Offer），还盘（Counter-offer），接受（Acceptance），撤销（Revocation），撤回（Withdraw），销售确认书（Sales Confirmation），合同（Contract）。

知识要点

交易磋商的必要环节，国际货物买卖合同成立的条件，合同的签订。

第一节 交易磋商

交易磋商是贸易双方为买卖某种商品，通过面谈、信函、传真或电子数据交换等方式就交易的有关条件进行协商，以期达成交易的商务谈判。交易磋商环节是判断合同是否成立的标志，是合同的根据，合同是交易磋商的结果。为了促进商务谈判，基于最好的交易是在既重视合作又给予对方尊重和信任的商业伙伴间达成的这一理念，可参照《国际商会促进商务谈判准则》来操作。

此外，交易磋商从内容方面而言，涉及拟签订的买卖合同的各种条款，其中包括品名、品质、数量、包装、价格、装运、保险、支付以及商检、索赔、仲裁和不可抗力等；从程序方面而言，涉及重要的法律和惯例。因此，熟悉和掌握交易磋商的准备工作、交易磋商的内容与形式以及程序是外贸实务运作的基础。

一、交易磋商的准备工作

1. 市场调研

在开展国际商务谈判之前，必须先进行调查研究，通过各种途径广泛收集市场资料，加强对国外市场供销状况、价格动态、政策法令措施和贸易习惯等方面的调查研究，以便从优选择适当的目标市场并合理确定市场布局。

2. 选择交易对象

为了正确地选择和利用客户，需要建立和健全客户档案，以便对不同类型的客户进行分类和排序，做到心中有数，并采取区别对待的措施。要正确对待和妥善处理大小客户关系和新老客户关系，充分利用和调动专营进出口商、中间代理商和实销户推销我方出口商品的积极性。在向国外订货时，要做到货比三家，并区别不同情况从优选择，以维护我方的利益。

3. 拟订商务谈判方案

商务谈判方案，是指为了完成某种或某类商品的进出口任务而确定的经营意图、需要达到的最高或最低目标，以及为实现该目标所应采取的策略、步骤和做法等，它是对外谈判时遵循的依据。对大宗商品或重点商品所拟订的经营方案，一般比较详细具体。对于需要谈判的问题，谈判人员应分清主次，合理安排谈判问题的先后顺序，明确每一个主要问题应当掌握的分寸和尺度，并明确当谈判中出现某些变化时应采取的对策和应变措施，力争谈判取得最佳的效果。对一般商品的进出口，则只要拟订简单的价格方案即可。

4. 选配参加谈判的人员

在谈判过程中，买卖双方在确定各种交易条件以及订立合同条款时，往往因利害关系不同而存在分歧和争论，这就要求参加商务谈判的人员熟悉我国对外经贸方面的方针政策和具体措施，掌握在谈判过程中可能涉及的各种商务知识，了解国际贸易、国际技术转让和国际运输等方面的法律、惯例，同时要具有较高的政治、心理素质和策略水平，善于机动灵活地处理谈判过程中出现的各种问题。值得注意的是，谈判的基本任务是获得信任和长期利益，所以谈判人员要具有足够的耐心。

二、交易磋商的内容与形式

交易磋商的内容涉及要签订的买卖合同的各项条款，包括品名、品质、数量、包装、价格、装运、保险、支付以及商检、索赔、仲裁和不可抗力等。从理论上讲，就以上条款逐一达成一致意见，才能充分体现“契约自由”的原则。然而，在实际业务中，并非每次磋商都需要把这些条款一一列出，逐条商讨。这是因为，在普通的商品交易中，一般都使用固定格式合同，而上述条款中的商检、索赔、仲裁、不可抗力等通常作为一般交易条件（General Terms and Conditions，即对每笔交易都适用的一套交易条件）写入合同，只要对方没有异议，就不必逐条重新协商。

交易磋商的形式可分为口头磋商与书面磋商两种。虽然它们在做法上有所不同，但在国际贸易中，按照《联合国国际货物销售合同公约》（以下简称《公约》）的规定，其法律效力是相同的。

口头磋商（Desk Negotiation）是指买卖双方通过商品交易会、洽谈会、商务出访等形式，面对面地直接进行谈判，或通过国际长途电话洽商。这种形式便于双方了解对方的诚意和态度，并根据进展及时调整策略，适用于谈判内容复杂、涉及问题较多的交易。

书面磋商（Letter Negotiation）是指通过信函、电报、电传、传真、电子数据交换（Electronic Data Interchange，EDI）等通信方式进行业务洽商。随着信息技术的不断发展，书面磋商也越来越简便易行，已逐渐成为日常业务的通行做法。

启发思考

在实际业务中，交易磋商主要是就哪些条款进行协商？

三、交易磋商的程序

在进出口业务中，交易磋商的程序有四个基本环节：询盘（Inquiry）、发盘（Offer）、还盘（Counter-offer）和接受（Acceptance）。其中发盘和接受是构成有效合同必不可少的两个基本环节或法律步骤，也是合同成立的必要条件。

（一）询盘

询盘是准备购买或出售商品的人向潜在的卖方或买方探询交易的可能性以及询问有关交易条件的业务行为。询盘既可由买方发出，也可由卖方发出，内容涉及某种商品的品质、规格、数量、包装、价格和装运等成交条件，其中多数是询问价格。询盘对于询盘人和被询盘人均无法律上的约束力，也不是交易磋商的必要环节，但往往是一笔交易的起点，应高度重视。

(二)发盘

1. 发盘的含义

发盘又称报盘、报价、发价,是交易的一方向另一方提出购买或出售某种商品的各项交易条件,并愿意按这些条件达成交易、签订合同的一种意思表示。发盘既是一种商业行为,又是一种法律行为,在法律上被称为“要约”。

《公约》第十四条第1款规定:向一个或一个以上特定的人提出的订立合同的建议,如果十分确定并且表明发盘人在得到接受时受约束的意旨,即构成发盘。发盘既可由卖方提出,也可由买方提出。因此,发盘分为卖方发盘和买方发盘。后者习惯上被称为“递盘”(Bid)。

为了邀请对方向自己订货而发出的商品目录单、报价单以及一般的商业广告,由于是向公众发出的信息,没有特定接收人,因而一般而言不能构成要约,但悬赏广告除外。悬赏广告是指发布人声明对于完成特定行为的人,将给予一定报酬的广告。

根据上述解释,一项有效发盘,即“实盘”(Offer with Engagement),必须具备下列条件:

(1)发盘应向一个或一个以上特定的人提出。向特定的人提出,是指发盘向有名有姓的公司或个人(法人或自然人)提出。

(2)发盘的内容必须十分确定。《公约》对此的解释是在发盘中明确货物、规定数量和价格。在规定数量和价格的时候,既可以明示,也可以暗示,还可以只规定购买数量和价格。

(3)表明订立合同的意旨。一项发盘必须表明订约意旨(Contractual Intent)。按照现行法律和《公约》,一方当事人是否向对方表明在发盘被接受时受约束的意旨,是判断是否构成一项发盘的基本标准。订约意旨,即发盘应该表明发盘人在得到接受时,将按发盘条件承担与受盘人订立合同的法律责任。如果不符合该条件,则发盘是没有约束力的发盘,被称为“虚盘”(Offer without Engagement)。在实际业务中,如果受盘人对对方是否具有订约意旨存在疑问,那么受盘人应及时采用快捷的通信方式来要求对方予以澄清。

(4)发盘必须送达受盘人才能生效。

上述四个条件,是《公约》对发盘的基本要求,也可称为构成发盘的四个要素。

启发思考

如何理解“实盘”和“虚盘”?

2. 发盘的有效期

在通常情况下,发盘都会具体规定一个有效期,作为对方表示接受的时间限制。若超过发盘规定的时限,发盘人即不再受约束。

(1)在发盘中规定有效期,受盘人必须在规定的有效期内表示接受才有效。为了明确,一般规定以接受通知送达发盘人的时间为准。

（2）当发盘未具体列明有效期时，受盘人在合理时间内表示接受才有效。但各国对“合理时间”的解释并不明确，为避免引起纠纷，在实际业务中一般较少采用这种方式。

（3）口头发盘必须立即接受。《公约》规定，对口头发盘必须立即接受，但情况有别者不在此限。

3. 发盘的撤回与撤销

（1）发盘的撤回（Withdraw）。

如果发盘人发现发盘内容有误或因其他原因想修改或撤回发盘，可以用更快捷的通信方法，使发盘的撤回或更改通知赶在受盘人收到该发盘之前或同时送达受盘人。

《公约》规定，一项发盘即使是不可撤销的，但如果撤回通知于发盘送达受盘人之前或同时送达受盘人，就可以撤回。

（2）发盘的撤销（Revocation）。

发盘的撤销是指在受盘人收到发盘之后、作出接受表示之前，发盘人因各种原因（如市场行情变化或发盘内容错误）而撤销该项发盘。

《公约》规定，在订立合同之前，如果撤销通知于受盘人发出接受通知之前送达受盘人，发盘可予以撤销。《公约》还规定，在以下两种情况下发盘不得撤销：

①在发盘中明确规定了有效期或以其他方式表示发盘是不可撤销的；

②受盘人有理由信赖发盘是不可撤销的，并且已本着对该项发盘的信赖行事。

启发思考

发盘的撤回和撤销有何不同？

4. 发盘的失效

发盘的失效是指发盘的法律效力消失。发盘人不再受该发盘的约束。

发盘失效的原因主要有以下几种：

（1）发盘有效期届满未被接受。明确规定了有效期的发盘，在有效期内如果未被受盘人接受，发盘即失效。

（2）发盘被受盘人拒绝。如果受盘人对一项发盘明确表示拒绝，发盘即失效。

（3）发盘被受盘人还盘。一经受盘人还盘，便构成对原发盘的实质性拒绝，原发盘也随之失效。

（4）发盘人在受盘人作出接受表示之前对发盘进行了有效的撤销。

（5）法律实施。发盘人或受盘人在发盘被接受前丧失行为能力（如死亡或精神失常）或被依法宣告破产，并将有关破产的书面通知送达受盘人。发盘中的商品被出口国政府或进口国政府宣布禁止出口或进口。

依据法律，在以上任一情况下，发盘将失效。

（三）还盘

还盘是指受盘人不同意或不完全同意发盘人在发盘中提出的条件，为了进一步协商，对发盘提出修改意见的行为。

还盘是对发盘的拒绝，还盘一经作出，原发盘即失去效力，原发盘人亦不再受其约束。作出还盘后，还盘者便由原发盘的受盘人变成新发盘的发盘人，而原发盘的发盘人则变成新发盘的受盘人。新受盘人有权针对还盘的内容进行考虑，决定是接受、拒绝还是再还盘。还盘既可以针对价格，也可以针对品质、数量、交货时间、交货地点和支付方式等重要交易条件。还盘在买卖双方之间可以反复进行。

(四) 接受

接受在法律上被称为“承诺”，是指交易的受盘人无条件地同意发盘人在发盘或还盘中所提出的交易条件，并愿意按这些条件与对方达成交易、订立合同的一种意思表示。按照《公约》的规定，受盘人以作出声明或其他行为来对某项发盘表示同意，即为接受。发盘一经接受，合同便告成立，发盘人和受盘人任何一方都不得任意更改或撤销。

根据《公约》的解释，一项有效的接受要具备以下四个条件：

1. 接受必须由特定的受盘人作出

发盘是向特定的人发出的，因此只有特定的人（受盘人）才能对发盘作出接受表示；特定受盘人以外的其他人对发盘表示接受，不构成有效的接受，并不具备法律效力，只能构成一项新的发盘。

2. 接受的内容必须与发盘相符

一项有效的接受必须无条件地全部同意发盘的条件，即接受的内容必须与发盘相符。但在实际业务中，受盘人在表示接受发盘时，往往对发盘进行某些添加、限制或其他更改。对此，《公约》指出：对发盘表示接受但载有添加或不同条件的答复，如所载的添加或不同条件在实质上并不变更该项发盘的条件，除发盘人在不过分迟延的期间内以口头或书面通知反对其间的差异外，仍构成接受。同时《公约》还规定：有关货物价格、付款、货物质量和数量、交货地点和时间、一方当事人对另一方当事人的赔偿责任范围或解决争端等的添加或不同条件，均视为在实质上变更发盘的条件。

3. 接受必须明确表示

缄默或不行动本身不等于接受。从法律责任看，受盘人一般不承担对发盘必须回复的义务。按照《公约》的规定，受盘人表示接受有两种方式：一是通过向发盘人作出声明（口头或书面）的方式表示接受该项发盘；二是通过某种行为来表示接受，如按发盘中规定的条件开证、发运货物、支付货款等行为。

4. 必须在发盘的有效期内表示接受

发盘一般都规定了有效期。如果发盘规定了有效期，则受盘人应在有效期内作出接受表示；如无有效期，则受盘人必须在合理期限内或希望接受的期限内作出接受表示。

逾期接受又称迟到的接受，是指受盘人所发出的接受通知在到达发盘人时，已经超过了发盘的有效期，或在发盘未规定有效期时已超过了合理的时间。

逾期接受要注意如下问题：

按照各国的法律，逾期接受不能被认为是有效的接受，而只是被视为一项新的发盘。《公约》规定：如果发盘人收到逾期接受后毫不迟延地以口头或书面方式通知受盘人，确认其有效，则该逾期接受仍然有效。另外，如果载有逾期接受的信件或其他书面文件表明，它是在传递正常、能及时送达发盘人的情况下寄发的（但因传递迟延或错误而使该接受逾期），则该逾期接受仍将有效，除非发盘人毫不迟延地以口头或书面方式通知受盘人，表明其发盘已经失效。同时应注意，如果因接受期限最后一天是发盘人营业地的正式假日或非营业日而使受盘人的接受通知未能在有效期内到达受盘人，只要接受通知在下一个营业日到达发盘人，该接受就仍然有效。

关于接受的生效问题，国际上不同的法律体系存在明显的分歧。英美法系实行的是“投邮生效原则”（又称“投邮主义”或“发送主义”）。该原则是指在采用信件、电报等通信方式表示接受时，接受的函电一经投邮或发出立即生效，只要发出的时间是在有效期内，那么即使函电在邮递途中延误或遗失，也不影响合同的成立。大陆法系（以德国法为代表）采用的是“到达生效原则”（又称“到达主义”），即表示接受的函电必须在规定时间内送达发盘人，接受才生效。因此，若函电在邮递途中延误或遗失，合同将不能成立。

为了避免由于各国法律规定不同而引起误解和争议，《公约》规定：对发盘所做的接受，应于接受通知到达发盘人时生效。如果表示接受的通知在发盘人所规定的时间内（如果发盘没有规定时间，则在一段合理的时间内）未能送达发盘人，该项接受即为无效。也就是说，《公约》采用的是“到达生效原则”。《公约》同时还规定：如果根据该项发盘或依照当事人之间确立的习惯做法或惯例，受盘人可以通过作出某种行为，例如以发运货物或支付货款的行为来对发盘表示接受，而无须向发盘人发出接受通知，则当受盘人作出这种行为时接受即告生效，但该项行为只需在发盘规定的有效期内或合理时间内作出即可，而不需要等到货物运到或收到货款时才生效。

由于《公约》采用的是“到达生效原则”，因而接受通知发出后在一定条件下是可以撤回的。《公约》第二十二条规定，如果撤回通知于接受原应生效之前或同时送达发盘人，接受得以撤回。

启发思考

接受可以撤销吗？

案例 2-1

香港 A 商行于 5 月 20 日来电向上海 B 公司发盘出售一批木材，发盘中列明了各项必要条件，但未规定有效期。上海 B 公司于 20 日收到来电，经研究，于 22 日上午 11 时整向上海电报局交发对上述发盘表示接受的电报，该电报于 22 日下午 1 时整到达香港 A 商行。在此期间，因木材价格上涨，香港 A 商行于 22 日上午 9 时 15 分向香港电报局交发电报，电文如下：“由于木材价格上涨，我 5 月 20 日电发盘撤销。”但上海 B 公司在 22 日下午 3 时才收到该电报。

试问：(1) 根据有关规定，香港 A 商行是否已成功地撤销了 5 月 20 日的发盘？(2) 香港 A 商行与上海 B 公司之间是否已订立了合同？

分析

(1) 根据有关规定，香港A商行不能撤销5月20日的发盘，因为撤销通知在受盘人发出接受通知之后才到达受盘人，该撤销无效；(2) 香港A商行与上海B公司之间的合同已经成立，因为香港A商行的发盘经上海B公司有效接受，合同即告成立。

第二节 国际货物买卖合同的订立

一、合同的概念

合同是民事主体之间设立、变更、终止民事法律关系的协议。国际货物买卖合同是一种含有涉外因素的货物买卖合同，从国与国的关系来看，我们称之为国际货物买卖合同；从一个国家的角度来看，我们称之为出口贸易合同或进口贸易合同。

所谓涉外因素，一般反映在以下几个方面：

(1) 合同的主体，即买卖双方。其中一方是外国人或者是受外国法律支配的人。

(2) 合同的客体，即货物。货物的交付必须从一方的国境内运到另一方的国境内或者第三方的国境内。

(3) 合同的内容，即权利与义务。如果双方发生权利与义务纠纷，就可能产生法律冲突，从而引发法律适用、法律选择以及国际惯例引用等问题。由于国际货物买卖合同含有涉外因素，因此，国际贸易纠纷的解决要比国内贸易纠纷的解决复杂得多。

二、订立和履行合同的原则

当事人订立合同，可以采用书面形式、口头形式或者其他形式。书面形式是合同、信件、电报、电传、传真等可以有形地表现所载内容的形式。以电子数据交换、电子邮件等方式能够有形地表现所载内容并可以随时调取查用的数据电文，视为书面形式。当事人订立和履行合同应当遵循平等原则、自愿原则、公平原则和诚实信用原则。

(一) 平等原则

平等原则是指地位平等的合同当事人，在权利和义务对等的基础上，经充分协商达成一致，以实现互利互惠的经济利益目的的原则。平等原则的具体内容包括：

(1) 合同当事人的法律地位一律平等。在法律上，合同当事人是平等主体，没有高低、主从之分，不存在命令者与被命令者、管理者与被管理者。这意味着不论所有制性质、规模和经济实力如何，合同当事人的地位都是平等的。

(2) 合同当事人的权利和义务对等。所谓"对等"，是指只要享有权利，就应同时承担义务，而且彼此的权利、义务是相应的。这要求当事人所取得的财产、劳务或工作成果与其履行的义务大体相当；一方不得无偿占有另一方的财产，侵犯他人权益；禁止平调和无偿调拨。

（3）合同当事人必须就合同条款充分协商，取得一致意见，合同才能成立。合同是双方当事人意思表示一致的结果，是在互利互惠的基础上充分表达各自意见，并就合同条款取得一致意见后达成的协议。因此，任何一方都不得凌驾于另一方之上，不得把自己的意志强加给另一方，更不得以强迫、命令、胁迫等手段签订合同。

（二）自愿原则

自愿原则是合同当事人通过协商，自愿决定和调整相互的权利义务关系的原则。自愿原则体现了民事活动的基本特征，是民事法律关系区别于行政法律关系、刑事法律关系的特有原则。民事活动除要遵守法律的强制性规定外，其他条款由当事人自愿约定。

自愿原则贯穿合同活动的全过程，具体内容包括：

（1）订不订立合同自愿，当事人依自己的意愿自主决定是否签订合同。

（2）与谁订立合同自愿，在签订合同时，一方当事人有权选择对方当事人。

（3）合同内容由当事人在不违法的情况下自愿约定。

（4）在合同履行过程中，当事人可以协议补充、变更有关内容。

（5）双方也可以协议解除合同。

（6）可以约定违约责任，在发生争议时，当事人可以自愿选择解决争议的方式。

总之，只要不违背法律的强制性规定，合同当事人就有权自愿决定。

（三）公平原则

公平原则要求合同当事人之间的权利和义务公平合理，大体平衡，强调一方给付与对方给付之间的等值性，合同上的负担和风险的合理分配。公平原则的具体内容包括：

（1）在订立合同时，要根据公平原则确定双方的权利和义务，不得滥用权利，不得欺诈，不得假借订立合同恶意进行磋商。

（2）根据公平原则确定风险的合理分配。

（3）根据公平原则确定违约责任。

（四）诚实信用原则

诚实信用原则要求当事人在订立、履行合同时以及在合同终止后的全过程中，都诚实，讲信用，相互协作。诚实信用原则的具体内容包括：

（1）在订立合同时，不得有欺诈或其他违背诚实信用原则的行为。

（2）在履行合同时，当事人应当遵循诚实信用原则，根据合同的性质、目的和交易习惯履行及时通知、协助、提供必要的条件、防止损失扩大与保密等义务。

（3）在合同终止后，当事人也应当遵循诚实信用原则，根据交易习惯履行通知、协助、保密等义务，称为后合同义务。

三、合同的成立

一方的发盘或还盘被对方有效接受后，合同即告成立。但合同是否具有法律效力，还要视其是否具备一定的条件。一份具有法律效力的合同应具备以下条件：

（1）当事人必须在自愿和真实的基础上达成协议。采取欺诈、胁迫手段订立的合同无效。

（2）当事人必须具有订立合同的民事权利能力和民事行为能力。未成年人、精神病患者等不具有民事行为能力的人所签订的合同无效。

（3）合同必须有对价和合法的约因。“对价”（Consideration）是指当事人为了取得合同利益所付出的代价。“约因”（Cause）是指当事人签订合同所追求的直接目的。买卖合同只有在有“对价”或“约因”的情况下，才具有法律效力。

（4）合同的标的必须合法。凡是违反法律、善良风俗与公共秩序的合同，都属于无效合同。

（5）合同的形式必须符合法律规定的要求。《公约》对国际货物买卖合同的形式原则上不加限制，无论是书面形式还是口头形式，均不影响合同的效力。《民法典》规定：当事人订立合同，可以采用书面形式、口头形式或者其他形式；法律、行政法规规定或者当事人约定合同应当采用书面形式订立，当事人未采用书面形式但是一方已经履行主要义务，对方接受时，该合同成立；当事人采用信件、数据电文等形式订立合同要求签订确认书的，签订确认书时合同成立。

有关合同成立的其他事项也值得注意，如当事人对合同是否成立存在争议，能够确定当事人姓名或者名称、标的和数量的，一般应当认定合同成立。法律另有规定或者当事人另有约定的除外。

当事人订立的认购书、订购书、预订书等已就合同标的、数量、价款或者报酬等主要内容达成合意，能够确定将来所要订立合同的主体、标的等内容的，未明确约定在将来一定期限内另行订立合同或者虽有约定，但是当事人一方已实施履约行为且对方接受的，应当认定合同成立。如法定代表人、负责人或者工作人员以法人、非法人组织的名义订立合同且未超越权限，但是仅有法定代表人、负责人或者工作人员签名或者指印而未加盖法人、非法人组织的印章，除当事人约定以加盖印章作为合同成立条件之外，或者合同仅加盖法人、非法人组织的印章而无人员签名或者指印，应当认定合同对法人、非法人组织具有法律效力。

案例 2-2

英国 A 商于 7 月 3 日向德国 B 商发出一项要约（发盘），出售一批某商品，B 商于收到该要约的次日（7 月 6 日）上午答复 A 商，表示完全同意要约内容。但 A 商在发出要约后发现该商品行情趋涨，遂于 7 月 7 日下午致电 B 商，要求撤销要约。A 商收到 B 商承诺（接受）通知的时间是 7 月 8 日上午。试简要回答：

（1）若按英国法律，A 商提出撤销要约的要求是否合法？

（2）若此案适用《公约》，A 商与 B 商双方是否存在合同关系？请简述理由。

分析

（1）按照英国法律，A 商提出撤销要约的要求不合法。英国法律规定：承诺一经发出，立即生效。本案中 B 商于 7 月 6 日上午作出承诺，A 商与 B 商之间的合同已经成立。

（2）根据《公约》，A 商与 B 商双方存在合同关系。《公约》规定，一项发盘在受盘人发出承诺通知前通知受盘人撤销发盘，发盘可以撤销。但本案中在 A 商发出撤销要约通知前，B 商已作出承诺，故 A 商的撤销不能成立，B 商的承诺于 7 月 8 日上午到达 A 商时生效，合同成立。

四、合同的基本形式和基本内容

（一）基本形式

在国际贸易中，对书面合同的形式没有具体的限制，买卖双方既可以采用正式的合同（Contract）、确认书（Confirmation）、协议（Agreement）等形式，也可以采用备忘录（Memorandum）等其他形式。

在我国进出口业务中，书面合同主要采用两种形式：一种是条款较完备、内容较全面的正式合同，如进口合同或购买合同以及出口合同或销售合同。这种形式的书面合同适用于大宗商品或成交金额较大的交易。另一种是内容较简单的简式合同，如销售确认书和购买确认书。这种格式的合同适用于金额不大、批数较多的土特产品和轻工产品的交易，或者已订有代理、包销等长期协议的交易。这两种形式的合同虽然在格式、条款项目和内容的繁简上有所不同，但在法律上具有同等效力，对买卖双方均有约束力。

在实际业务中，各进出口企业都印有固定格式的出口合同或销售确认书。当面成交的，由买卖双方共同签署；通过函电往来成交的，由一方签署后，一般将正本一式两份寄送国外另一方签署，对方在收到合同后，签署并寄回一份，以备存查，同时附函说明，作为以后履行合同的依据。

启发思考

在外贸实务中常采用的书面合同形式有哪些？

（二）基本内容

书面合同的内容一般由以下三部分组成。

（1）约首。约首是指合同的序言部分，其中包括合同的名称、订约双方当事人的名称和地址（要求写明全称）。此外，在合同序言部分常常写明双方订立合同的意愿和执行合同的保证。

（2）正文。正文是合同的主体部分，具体列明各项交易的条件或条款，通常有品名、品质、规格、数量、单价、包装、交货时间与地点、运输与保险条件、支付方式以及商品检验、异议与索赔、不可抗力和仲裁等条款。这些条款体现了双方当事人的权利和义务，为避免签订合同后双方发生争执，应把这些条款规定得准确、详细且严密。

（3）约尾。约尾一般列明合同的份数、使用的文字及其效力、订约的时间和地点以及生效的时间，双方代表签字。我国出口合同的订约地点一般都写我国。

（三）销售确认书的常见式样

举例如下：

上海力达有限公司

SHANGHAI LIDA CO.，LTD.

NO. 538 RENMIN ROAD，SHANGHAI CHINA

销　售　确　认　书

SALES CONFIRMATION

Tel：0086－021－65083386　　编号：SC1701278

Fax：0086－021－65086688　　No. ________

Email：lida@126. com　　日期：DEC. 1，2024

TO Messrs：　　Date ________

INFINITY GALACTIC INC.

60 EAST 40TH STREET，NEW YORK，NY 10016，USA

谨启者：兹确认售予你方下列货品，其成交条款如下：

Dear Sirs：

We hereby confirm having sold to you the following goods on the terms and conditions as specified below：

（1）货物名称及规格 NAME OF COMMODITY AND SPECIFICATION	（2）数量 QUANTITY	（3）单价 UNIT PRICE	（4）总价 AMOUNT
HOT SALE GODSPEED WAIST CAMERA BAG FOR MEN SY518	5 000 PCS	FOB SHANGHAI USD 20. 00	USD 100 000. 00
		TOTAL	USD 100 000. 00
TOTAL AMOUNT IN WORDS：SAY US DOLLARS ONE HUNDRED THOUSAND ONLY			

（5）装运期限：

TIME OF SHIPMENT：LATEST DATE OF SHIPMENT：MAR. 1，2025

（6）装运港：

PORT OF LOADING：SHANGHAI CHINA

（7）目的港：

PORT OF DESTINATION：NEW YORK USA

（8）分批装运：

PARTIAL SHIPMENT：NOT ALLOWED

（9）转船：

TRANSSHIPMENT：NOT ALLOWED

（10）付款条件：

TERMS OF PAYMENT：THE BUYER SHALL OPEN THROUGH A BANK ACCEPTABLE TO

THE SELLER AN IRREVOCABLE SIGHT LETTER OF CREDIT WHICH REMAINS VALID FOR NEGOTIATION IN CHINA UNTIL THE 15TH DAY AFTER THE DATE OF SHIPMENT.

（11）保险：

INSURANCE：TO BE EFFECTED BY BUYER.

（12）备注：

REMARKS：BENEFICIARY'S ORIGINAL SIGNED COMMERCIAL INVOICES IN QUINTUPLICATE

Confirmed by：

买　方 J.K Hookway　　　　卖　方 东方剑

THE BUYER　　　　THE SELLER

五、撰写合同的注意要点

（一）关注《公约》、惯例和相关法律的适用

外贸企业在交易磋商中可以直接选择适用《公约》，关键要注意双方当事人的营业场所是否处于《公约》缔约国，对《公约》的适用有无确定范围，是否对其中的部分条款存在保留意见。实践中关于贸易术语的适用，双方当事人一般在合同中约定适用《2020 通则》，该通则采用交付转移的原则，其中也包含变通适用。该通则详细约定了双方当事人的责任、权利、义务以及费用和风险划分，对交易的顺利进行起到了可靠的保障作用。在实际业务中特别值得注意的是，在交易磋商中要防止因急于求成、期望尽快订立合同并达成交易而一味迁就对方在法律适用上的单方面要求，从而留下履约方面的风险隐患。

（二）注意核心条款的风险防范

注意选择风险提前转移条件与交货地点相结合的价格术语。例如，如果选用 FOB 贸易术语，应和汇付付款方式结合，优先选择电汇预付。又如，如果选用 CIF 贸易术语，应和信用证收汇方式结合。对商品质量的表述应实事求是，重点突出商品的内在特征，明确采用的质量标准，不可笼统定为出口标准，或片面追求国际标准，导致履行合同存在困难，引发贸易争端。在合同中应约定交货的数量和合理的溢短装幅度，详细写明计价方法、计量单位和方法；商品包装应结合运输方式确定，交易双方在签订合同的过程中应依照国际惯例对包装材料、包装方式、包装规格、包装标志等内容作出明确具体的规定，必要时还需约定包装费用的分摊比例并提供包装方式示意图，以防引发不必要的纠纷。在业务实践中涉及海运条款的关键是是否允许分批装运或转运，应充分考虑货源的生产状况和海运市场的实际情况。在合同中确定的具体投保事项要与贸易术语相匹配，避免前后矛盾引发风险。在采用即期信用证付款方式时，要求在信用证中规定提单抬头不记名，而是作成“TO ORDER OF THE ISSUING BANK”，使风险尽可能降到最低。

（三）强化对合同的审核

审核合同应该按字句逐条仔细推敲，重点核查合同内容是否完整，译文是否准确、

恰当，是否符合国际贸易惯例，要防止英文拼写错误和合同内容打印错误，特别是对商品品名、单价、总金额、装运港、目的港等要严格审核，应边操作边核对，尽量减少差错。

启发思考

对合同条款的审核是否从核心条款开始？

案例 2－3

中国A公司与新加坡B公司订立一份出口阀门等货物的贸易合同。B公司收到阀门等货物后，发现部分货物存在未刷漆、缺少O型环等质量瑕疵，遂以此与A公司通过电子邮件协商主张遭受损失，并在电子邮件中提出有价值近5 000美元的货物无法使用，应扣除该部分货款。但是双方当事人对退赔费用存在争议，B公司一直未支付货款，也未能将货物按原状归还A公司。A公司遂提起诉讼，请求判决B公司支付货款及相应利息。

分析

中国与新加坡均为RCEP成员，且A公司与B公司的营业地分别为中国和新加坡，同为《公约》缔约国，根据《公约》，宣告合同无效是国际货物买卖合同当事人的重要违约救济手段。A公司已经按照合同交付货物，理应有权要求B公司支付货款；B公司提出有价值近5 000美元的货物因质量瑕疵无法使用，主张扣除相应货款，视为B公司主张宣告合同部分无效。依据《公约》第八十二条第1款的规定，买方如果不可能按实际收到货物的原状归还货物，他就丧失宣告合同无效或要求卖方交付替代货物的权利。B公司无法将其主张有质量瑕疵的阀门等货物按原状归还A公司，因此B公司仍应支付该部分货款。《公约》对利息没有规定计算标准，可以适用中国法律按中国银行同期美元贷款利率计算。

本章小结

交易磋商是贸易双方为买卖某种商品，通过面谈、信函、传真或电子数据交换等方式就交易的有关条件进行协商，以期达成交易的国际商务谈判。交易磋商在形式上可分为口头磋商和书面磋商两种，程序包括询盘、发盘、还盘和接受四个基本环节。发盘和接受是构成有效合同的基本环节。合同在法律上生效需满足若干条件，不同国家的法律对此的解释有区别。当事人订立合同，可以采用书面形式、口头形式或者其他形式。书面形式是合同、信件、电报、电传、传真等可以有形地表现所载内容的形式。以电子数据交换、电子邮件等方式能够有形地表现所载内容并可以随时调取查用的数据电文，视为书面形式。法律、行政法规规定或者当事人约定合同应当采用书面形式订立，当事人未采用书面形式但是一方已经履行主要义务，对方接受时，该合同成立。当事人采用信件、数据电文等形式订立合同要求签订确认书的，签订确认书时合同成立。书面合同内容包括约首、正文和约尾三部分。

复习思考

1. 一项在法律上有效的发盘必须具备哪些条件？
2. 商业广告是否构成发盘？
3. 发盘在哪些情况下会失效？
4. 一项有效的接受必须具备什么条件？
5. 《公约》对逾期接受是如何规定的？
6. 一份有法律约束力的合同必须具备什么条件？
7. 外贸业务员依据外销合同对生产商外销部门出具的订购单包括标的、数量、价款等，但仅有双方当事人签字，该订购单是否有效？
8. 书面合同包括哪些形式？

案例分析

1. 我国江西某外贸公司某年5月18日向美国某进口商发出电传，发盘供应一批瓷器，数量为10 000件并列明“牢固木箱包装”。该进口商收到我方电传后立即复电表示接受并要求用新木箱装运。我方收到复电后立即着手备货，准备于双方约定的7月装船。两周后，该进口商来电称：“由于你方对新木箱包装的要求未予以确认，故双方之间的合同没有成立。”而我方认为合同已经成立，为此双方发生争执。试分析该进口商的理由是否成立。

2. 我国A出口企业于9月1日向B外商电传发盘销售某商品，限9月7日前复到。9月2日收到B外商电传称“接受但价格减5%”，A出口企业对此未做答复。由于该商品市价急剧上涨，9月3日B外商又来电表示“无条件接受9月1日的发盘，请拟定合同确认”。在此情况下，A出口企业可如何处理？请简述理由。

3. 卖方A在6月17日上午用航空信寄出一份实盘给买方B。A在发盘通知中注有“不可撤销”字样，规定受盘人6月18日至25日复到有效。但A又于6月17日下午用传真发出撤回通知。B于6月19日才收到A邮寄来的实盘。由于发盘的价格对B十分有利，B立即用传真发出接受通知。事后A、B双方就合同是否成立发生争执。

根据案例回答以下问题：

(1) A与B之间的合同是否成立？请说明原因。

(2) 解释发盘的撤回和发盘的撤销这两个概念。

4. 某年1月，外商A公司因急需一批产品与我国B公司签订了一份货物买卖合同(该合同产品使用的技术已在中国取得专利权)。交易完成后，外商A公司又与越南C

公司签订一份出口合同，将上述合同产品转售给越南C公司，但该产品使用的技术已被D公司在越南申请专利并取得专利权。因此，越南专利权人对A公司、B公司及C公司提起共同侵权之诉。根据《公约》，B公司能否进行免责抗辩？为什么？

延伸学习

《区域全面经济伙伴关系协定》(RCEP)

第三章 商品品名、品质、数量和包装

/ 目标要求 /

熟悉国际货物买卖中品名、品质的表示方法，掌握常用的计量方法和溢短装条款，掌握运输包装条款的订立和包装标志的运用。

/ 案例导入 /

江西A纺织品进出口公司向国外B公司出口一批绣花被罩，订单要求花纹绣在被罩的横面。在履行合同的过程中，生产商认为花纹绣在被罩竖面更加明显，便擅自决定改变绣花部位。B公司收货后以布局与合同不符为由，要求全部退货。因为在确定商品品名时，花色、外观设计和型号均是不可分割的组成部分，要求所交货物和合同标的完全一致是合理的，所以该纺织品进出口公司擅自更改绣花部位的做法违反了合同要求，应赔偿进口商的损失。

/ 关键概念 /

对等样品（Counter Sample），商品品质（Quality of Goods），溢短装条款（More or Less Clause），唛头（Shipping Mark），中性包装（Neutral Packing），公量（Conditioned Weight）。

/ 知识要点 /

商品品质的表示方法，溢短装条款，运输标志的运用。

第一节 商品品名和品质

一、品名

所谓品名，就是指一种商品区别于其他商品的名称。

1. 品名条款

国际货物买卖合同中的品名条款并无统一格式，可以由买卖双方商定，一般都比较简单，通常在“货物描述”（Description of Goods）或“商品名称/品名”栏内具体列明交易双方成交商品的名称。就一般商品来说，只要列明商品的名称即可。但有的商品往往具有不同的品种、等级和型号，为了明确起见，也可把有关具体品种、等级和型号的概括性描述包括进去，作为进一步的限定。此外，有时甚至把商品的品质规格也包括进去，这实际上是把品名条款与品质条款合并在一起。例如，“Name of Commodity：100% cotton shirts；Art. No. DP16377－22”（商品品名：100%全棉衬衫；货号：DP16377－22）。

2. 订立品名条款时应注意的问题

（1）合同标的的合法性及不可争议性。合同标的的合法性是指列入海关《禁止进口货物目录》和《禁止出口货物目录》的商品不能进行贸易，否则不仅合同属于违法，不具有法律效力，同时还要追究买卖双方的法律责任。合同标的的不可争议性指买卖双方之外的任何第三方都不能就合同标的的权益提出异议，否则合同就是侵权的合同，容易引起冲突。

（2）商品名称必须明确、具体，以免发生不必要的纠纷。《公约》第四十一条明确规定：卖方所交付的货物，必须是第三方不能提出任何权利或要求的货物，除非买方同意在这种权利或要求的条件下收取货物。但是，如果这种权利或要求是以工业产权或其他知识产权为基础的，卖方的义务应依照《公约》第四十二条的规定。

（3）商品名称必须实事求是，切实反映商品的实际情况，在一定程度上体现商品的自然属性、用途以及主要的性能特征。对卖方而言，必须是其有能力生产或供应的品种、规格或型号；对买方而言，必须是其需要进口的品种、规格或型号。

（4）为避免误解，商品名称尽可能使用国际通行的称谓。新商品的定名必须做到准确、易懂，译名应符合国际惯例。有些商品名称在不同的地方有不同的称谓，尤其是译名，各有不同。为了避免误解，在合同中应尽量使用国际上用得较多且明确易懂的名称。如商品在《商标注册用商品和服务国际分类》中已有正式名称，就应当使用该文件中的统一名称。这样不仅符合国际惯例，也为采用电子数据交换准备了条件，还可以避免不必要的贸易纠纷。如果必须使用地方性名称，交易双方应对其含义达成共识。

（5）适当选择商品的不同名称。有些商品具有不同的名称，如黄羊又称蒙古羚，菠萝又叫凤梨。同一商品由于名称不同应交付的关税和支付的班轮运费可能不同，所遭受的贸易壁垒也可能不同，所以在确定商品的名称时，应选择有利于降低关税、减少运费和避免贸易壁垒的名称。目前，各国的海关统计、普惠制待遇的授予等都按照世界海关组织主持制定的《商品名称及编码协调制度》进行。因此，我国企业采用的商品名称应与上述制度的品名相适应。

案例 3-1

江西H公司与菲律宾B公司签订了出口500公吨蜜橘的合同。由于南丰蜜橘是我国名优水果品种之一，通常都以江西南丰县为蜜橘货源基地，在拟定合同时，H公司按惯例在合同品名条款中打上“南丰蜜橘”。在临近合同履行期时，由于自然灾害导致货源紧张，H公司紧急从邻县征购并按时交货。但B公司验货后来电称H公司所交货物与合同规定不符，要求货物降价10%，否则撤销合同并要求赔偿损失。请问：菲律宾B公司的要求是否合理？请分析。

分析

本案中的争议是由商品品名条款引发的。菲律宾B公司的要求合理。品名条款是合同中的重要条款，一旦签订合同，卖方就必须严格按合同执行。另外，在表示商品品质的方法中，有一种是用产地名称表示的方法，产地名称代表着商品的品质。因此，菲律宾B公司提出的要求是合理的。其实，在遇到该类情况时，我方公司可以援引不可抗力条款，及时通知菲律宾B公司要求变更或解除合同。

二、品质

商品品质（Quality of Goods）是对商品的内在质量和外观形态的综合反映。商品的内在质量主要指商品的物理机械性能、化学成分及生物特征等自然属性。商品的外观形态主要指商品的外形、色泽、款式及透明度等外在属性。

（一）对商品品质的要求

1. 对出口商品品质的要求

（1）针对不同市场和不同消费者的需求确定出口商品的质量；

（2）适应进口国的有关法令、规定和要求；

（3）不断更新换代和精益求精；

（4）适应国外自然条件、季节变化和销售方式。

2. 对进口商品品质的要求

进口商品质量的优劣直接关系到国内用户和消费者的切身利益，必须符合《中华人民共和国进出口商品检验法（2021修正）》的规定。对于国内生产建设、科学研究和人民生活急需的商品，进口时要货比三家，切实把好质量关，使其品质、规格不低于国内的实际需要，以免影响国家的生产建设和人民的消费使用。但是，也不应超越国内的实际需要。任意提高对进口商品品质、规格的要求，将会造成不必要的浪费。总之，对进口商品品质的要求，要从我国现阶段的实际需要出发，鉴于不同情况，实事求是地予以确定。

（二）商品品质的表示方法

国际贸易中的商品种类繁多，有很多种表示交易标的品质的方法。归纳起来，可以分为以实物表示商品品质和以说明表示商品品质两大类。

1. 以实物表示商品品质

以实物表示商品品质通常包括凭成交商品的实际品质（Actual Quality）和凭样品的实际品质两种表示方法。前者为看货买卖，后者为凭样品买卖。

（1）看货买卖。

这种方式一般是在卖方或买方的所在地进行。先由买方或其代理人验看货物，达成交易后，卖方即应按验看过的商品的品质交付商品。只要卖方交付的是验看过的商品，买方就不得对其品质提出异议。这种做法多用于拍卖、寄售和展卖业务，尤其适用于具有独特性质的商品，如珠宝、首饰、字画及特定工艺制品（牙雕、玉雕、微雕等）。

（2）凭样品买卖。

以样品表示商品品质的方法也叫凭样品买卖（Sales by Sample），是指买卖双方约定以样品作为卖方交货和买方收货的品质依据的交易。样品通常是指从一批商品中抽出来的，或由生产和使用部门设计、加工出来的，能够代表商品品质的少量实物。它包括参考样品（Reference Sample）和标准样品（Standard Sample）两种形式。一般以平均中等质量的商品作为货样。在外贸业务中，买卖双方为了建立业务联系，互相寄送样品只是为了推介商品品质状况，而在实际拟定合同品质条款时另有详细规定，并表明此规定为交货品质的依据，则此项交易也就不属于凭样品买卖。样品无论是由卖方提供还是由买方提供，一经双方确认作为核定合同交货品质的依据，卖方就必须承担交付的货物质量与凭以达成交易的样品完全一致的责任，否则买方有权索赔，这是凭样品买卖的基本特点。

由于国际贸易具有交易量大、路途遥远等特点，凭样品确定商品品质的方法是一种很重要的方法，特别是对于难以用文字描述其品质的商品来说。凭样品买卖可分为以下三种方式：

①凭卖方样品买卖（Sale by Seller's Sample）。卖方从一批商品中抽取足以表明商品品质的少数实物作为样品，寄给买方。如果买方收到样品以后认为合适，可要求卖方多寄几份，作为检验和验收货物的依据。卖方在寄出样品后，为预防以后发生纠纷或对方故意刁难，或为第二批订货，或为接受其他顾客订货，自己必须多留几份样品［这样的样品被称为复样（Duplicate Sample）］。凭卖方样品进行的交易被称为凭卖方样品买卖。

②凭买方样品买卖（Sale by Buyer's Sample）。由于买方熟悉目标市场的需求状况，买方提供的样品往往能更直接地反映出当地消费者的需求。但在确认按买方提交的样品成交之前，卖方应充分考虑该样品所代表的商品在原材料、加工生产技术、设备和生产时间安排等方面的可行性，以免日后出现交货困难。

③凭对等样品买卖（Sale by Counter Sample）。为避免日后出现履约困难，卖方可以根据买方的来样仿制或选择质量相近的自产品作为样品提交买方，即“回样”（Return Sample）或称“对等样品”（Counter Sample），待买方确认后，日后卖方所交货物的品质必须以对等样品为准。

凭样品买卖的注意要点包括：卖方选择的样品要有充分的代表性，要留有复样，同时为了避免买卖双方在履约过程中产生质量争议，必要时还可使用封样（Sealed Sample），即由第三方或公证机关在一批商品中抽取同样质量的样品若干份，每份样品采用铅丸、钢卡、封识章、不干胶印纸以及火漆等各种方式加封，由第三方或公证机关留存一份备案，其余供当事人使用。有时也可由出样人自封或买卖双方会同加封。对于某些非采用凭样品买卖方式成交不可，但在某些制造、加工技术上确有困难，难以做到货样一致或无法保证批量生产时质量稳定的商品，则应在合同中订立“质量与样品大致相同”（quality to be about equal to the sample）的条款。对于买方提供的样品，不要轻易直接确认，应提供回样供其确认，同时要预防由工业产权或其他知识产权引起的纠纷。一般还应在合同中明确规定：“凡根据买方提供的式样、商标、品牌及/或印记等生产的产品，如果因涉及第三方的工业产权或其他知识产权而引起纠纷，概由买方负责。”

凭样品买卖更适用于一些很难用科学方法来表示其品质的商品。目前，我国出口商品中主要有工艺品、服装、轻工业品和土特产品等采用凭样品买卖方式成交。

启发思考

在凭样品买卖中遇到买方提供样品的情形时该如何应对?

2. 以说明表示商品品质

在国际货物买卖中，大多采用文字说明的方法来表示商品品质，这种方法被称为“凭文字说明买卖”（Sale by Description），具体有以下几种方式。

（1）凭规格买卖（Sale by Specification）。

规格是指一些足以用来反映商品品质的主要指标，如成分、含量、纯度、大小、长短、粗细、容量及性能等。由于各种货物有其特定的结构和用途，因此规格也各不相同。凭规格确定商品品质而进行的买卖，被称为“凭规格买卖”。这种办法简明、方便、准确和具体，在国际贸易中使用最为广泛。例如：

素面缎	门幅（英寸）	长度（码）	重量（姆米）	成分
	55	38/42	16.5	100%真丝
Plain Satin Silk	Width (inch)	Length (yds)	Weight (m/m)	Composition
	55	38/42	16.5	100% Silk

（2）凭等级买卖（Sale by Grade）。

等级是指同一类货物，按质地的差异或尺寸、形状、重量、成分、构造及效能等的不同，用文字、数字或符号所做的分类，如大、中、小，重、中、轻，一级、二级、三级，甲、乙、丙，A、B、C，等等。例如：

中国绿茶——珍眉	特珍特级	货号 41022
	特珍一级	货号 9371
	特珍二级	货号 9370
Chinese Green Tea	Special Chunmee Special Grade	Art. No. 41022
Chunmee	Special Chunmee Grade 1	Art. No. 9371
	Special Chunmee Grade 2	Art. No. 9370

这种表示商品品质的方法，对简化手续、促进成交和体现按质论价等都有一定的作用。但是，应当说明，由于不同等级的货物具有不同的规格，当双方对等级内容不熟悉时，最好明确每一等级的具体规格，以便履行合同和避免争议。当然，如果双方都熟悉每个级别的具体规格或理解一致，则只需列明等级即可。

（3）凭标准买卖（Sale by Standard）。

标准是规格和等级的标准化。它一般由标准化组织、政府机关、行业团体、工商组织及商品交易所等制定、公布，并在一定范围内实施。世界各国都有自己的标准，如英国为 BS、美国为 ANSI、法国为 NF、德国为 DIN、日本为 JIS 等。另外，还有国际标准，如国际标准化组织（ISO）标准、国际电工委员会（IEC）标准等。按照《中华人民共和国标准化法（2017 修订）》的规定，我国标准包括国家标准、行业标准、地方标准和团体标准、企业标准。国家标准分为强制性标准、推荐性标准，行业标准、地方标准是推荐性标准。由于各国制定的标准经常修改和变动，一种商品的标准可能有不同年份的版本，版本不同，其品质标准也有差异，因此，在采用国外标准时，应载明所采用标准的年份和版本，以免引起争议。

在国际贸易中，有些农副产品的品质变化较大，难以确定统一的标准，往往采用"良好平均品质"（Fair Average Quality，FAQ）来表示。

良好平均品质是指一定时期内某地出口货物的平均品质水平，一般指中等货。目前，国际上对良好平均品质有以下两种说法：一是指以装船时在装船地同一季节装运货物的平均品质为准。它一般是从各批出运的货物中抽样，然后混合、调配，取其中者作为良好平均品质的标准。二是指生产国在农副产品收获后，对农副产品进行广泛的抽样，从中制定出该年度的良好平均品质的标准。凡是达不到标准要求的，均按差异程度决定减价多少。两种抽样均可由买卖双方联合进行，也可以委托检验人员进行。为了在执行合同时不致发生争执，双方应在合同中订明是何年或何季度的良好平均品质或者同时规定具体的要求。例如：

花生仁	良好平均品质
水　分	不超过 13%
破碎粒	不超过 6%
杂　质	最高 2%
含油量	最低 44%

（4）凭说明书和图样买卖（Sale by Description and Illustration）。

在国际货物买卖中，有些机器、电器、仪表、大型设备及交通工具等技术密集型产品，由于结构复杂、制作工艺不同，无法用样品或简单的几项指标来全面反映其质量。对于这类产品，买卖双方除了要规定其名称、商标牌名及型号等以外，通常还必须通过说明书来介绍该产品的构造、原材料、形状、性能及使用方法等，有时还附以图样、图片、设计图纸及性能分析表等来完整说明其具有的质量特征。例如，在合同中规定“品质和技术数据必须与卖方所提供的产品说明书严格相符”。在采用该种方法时，除列明说明书的具体内容外，一般还要订立卖方品质保证条款和技术服务条款。

（5）凭品牌或商标买卖（Sale by Brand or Trademark）。

品牌是指工商企业给其制造或销售的商品所冠的名称，以便与其他企业的同类产品区分开来。一个品牌既可用于一种产品，也可用于一个企业的所有产品。

商标是指生产者或销售商用来识别其生产或销售的特定商品的标志。它可由一个或几个具有特色的单词、字母、数字、图形或图片等组成。

凭商标或品牌买卖一般只适用于一些品质稳定的工业制成品或经过科学加工的初级产品，如在国际市场上行销已久、质量稳定、信誉良好并为买方或消费者所熟悉及喜爱的耐克牌运动鞋、可口可乐等产品。但许多知名品牌如苹果、三星，由于其产品品种多样，不可能仅凭品牌或商标成交，因此应在合同中明确规定品质指标或技术说明。

（6）凭产地名称买卖（Sale by the Name of Origin）。

有些地区的产品，因产区的自然条件、传统加工工艺等因素，在品质方面具有独特的风格和特色，在国际上享有盛誉。对于这类产品的买卖，可以采用产地名称来表示其独特的品质、信誉，如以某个国家的某一地方为名称的“南丰蜜橘”“景德镇陶瓷”“庐山云雾茶”；以某个国家的某一地区为名称的“中国东北大米”；以某个国家为名称的“法国香水”“德国啤酒”等。这些名称不仅标注了特定产品的产地，更重要的是在无形中给这些特定产品的质量和品位提供了一定的保障。

? 启发思考

如何理解同时采用凭样品和文字说明表示商品品质的方法？

合同品质条款是构成商品说明的重要组成部分，是买卖双方交接货物的依据。制定品质条款时的注意要点包括：

（1）合理确定表示商品品质的方法。

能用科学的指标说明其质量的商品，适于凭规格、等级或标准买卖。难以规格化和标准化的商品，如工艺品等，适于凭样品买卖，同时应正确表述样品编号及尺寸大小，表明“商品品质严格符合卖方某年某月某日提供的样品”“质量与买方样品大致相同”“该商品在国际市场销售过程中不得侵犯第三方权益，若引发知识产权纠纷，则由买方负责”。质量好并具有一定特色的名优产品，适于凭品牌或商标买卖。结构及性能复杂的机器、电器和仪表等商品，适于凭说明书和图样或产品目录买卖。具有地方风味和特色的商品，则可凭产地名称买卖。凡是能够用一种方法表示品质的，一般不宜用两种或两种以上方法表示。

(2) 实事求是地确定品质。

合同双方当事人在签订贸易合同的品质条款时，既要照顾买方的消费习惯和消费水平，又要符合卖方的生产实际和商品实际，以批量生产的质量水平为依据订立品质条款，这是保证合同商品质量的最基本条件。同时要注意各质量指标之间的内在联系和相互关系，并注明商品检验标准。在外贸业务中商品质量检验标准拟定模糊时常会引发贸易纠纷。

(3) 要灵活地运用品质条款。

在确定品质条款时，应做到条款内容明确、完整、简洁，并适当留有余地。对某些制成品和初级产品，应根据货物特性和实际需要规定品质公差（Quality Tolerance）。品质公差是指国际上公认的产品品质的误差。若有国际公认的品质误差，可不在合同中具体列明。若国际上对特定指标无公认的品质误差，或为避免双方理解不一致，或因生产等原因需调整误差范围等，可以在合同中另行约定。而某些初级产品（如农副产品等）的质量不甚稳定，为了交易的顺利进行，在规定品质指标的同时，可订立一定的品质机动幅度（Quality Latitude），即允许卖方所交货物的品质指标在一定幅度内有灵活性，可规定范围，或规定极限，或规定上下差异。必要时可订立品质增减价条款。

案例 3-2

我方出口公司与外商凭样品成交一批高级瓷器，复验期为60天，货到国外经外商复验后，后者未提出任何异议，但事隔一年，买方来电称瓷器全部出现釉裂，只能削价处理，因此要求我方按成交价赔偿60%。我方接到电话后立即查看了留存的复样，发现其釉下也有裂纹。请问我方如何处理较为妥当？

分析

我方应考虑赔偿。依据《公约》第三十五条第二款的规定，货物适用于订立合同时曾明示或默示地通知卖方的任何特定目的。也就是说，卖方所交货物要适用于同一规格货物通常使用的目的，而且卖方要对所交货物的品质提供默示担保、即卖方所交货物不应存在合理检验时不易发现的、导致不合商销的瑕疵等。

第二节 商品数量

在国际货物买卖中，商品数量条款不仅是国际货物买卖合同的主要条款之一，而且是构成有效合同的必要条件。依据《公约》第三十七条和第五十二条的规定：按约定的数量提交货物是卖方的一项基本义务，卖方交付的货物数量若大于合同规定数量，买方可以拒收多交部分，也可以收取多交的一部分或全部收取，但应按合同价格付款；卖方交付的货物数量若少于合同规定数量，则应在规定的交货期届满前补交，但不得使买方遭受不合理的不便或承担不合理的费用，同时，买方仍保留有要求损害赔偿的任何权利。在实际操作中，影响买卖双方成交数量的因素有很多，例如，商品生产供应能力、市场供求趋势、客户资信及经营实力、生产商的销售意图、商品包装及运输条件等，都是卖方确定成交数量时要考虑的因素。另外，成交数量的多少有时还要受到各国政府进出口管理政策、产业政策等宏观因素的影响。因此，准确掌握成交数量并订好数量条款具有十分重要的实际意义。

一、国际贸易中常用的度量衡制度

目前，常用的度量衡制度有公制、英制、美制及国际单位制。

（1）公制（The Metric System），又称米制，采用十进位制，换算方便，使用范围较大，主要在东欧、拉美、东南亚、非洲等地区采用。

（2）英制（The British System），不采用十进位制，换算不方便，使用范围比公制小，主要在英国、新西兰、澳大利亚等国采用。

（3）美制（The US System），以英制为基础，多数计量单位的名称与英制相同，但含义有差别，主要体现在重量和容量单位中，主要在北美地区采用。

（4）国际单位制（The International System of Units，SI），是在公制的基础上发展起来的，它有利于计量单位的统一和计量制度的标准化。采用国际单位制的国家较多。我国法定计量单位采用国际单位制。《中华人民共和国计量法（2018 修正）》规定："国家实行法定计量单位制度。国际单位制计量单位和国家选定的其他计量单位，为国家法定计量单位。"在国际贸易实务中，除非另有规定，否则均应使用法定计量单位。

度量衡制度的不同，导致同一计量单位所表示的数量存在很大差异。例如，"吨"在公制国家为"公吨"，为 1 000 千克；在英制国家为"长吨"，为 1 016 千克；在美制国家为"短吨"，为 907 千克。此外，有些国家对某些商品还规定了自己习惯使用的或法定的计量单位。以棉花为例，许多国家都习惯以包（Bale）为计量单位，但各国对每包重量的解释不一样。例如：美国规定棉花每包净重 480 磅；巴西规定棉花每包净重 396.8 磅；埃及规定棉花每包净重 730 磅。又如糖类商品，有些国家习惯以袋（Bag）为计量单位，许多国家对每袋重量的规定也不同。由此可见，对从事国际商务的人士而言，熟悉和掌握不同的度量衡制度之间的换算方法非常有必要。现在已有越来越多的国家采用国际单位制。

二、计量单位

在国际贸易中使用的计量单位有很多，通常使用的计量单位及适用的商品有以下六种：

（1）按重量（Weight）计算。按重量计算是当今国际贸易中广泛使用的一种计量方法。常用的计量单位有：千克（Kg）、吨（T）、公吨（M/T）、长吨（L/T）、短吨（S/T）、磅（Pound或Lb）、盎司（Ounce或Oz）。适用的商品包括许多农副产品、矿产品和部分工业制成品，如羊毛、棉花、原油和药品等。黄金、白银等贵金属商品，则采用克或盎司来计量。

（2）按数量（Number）计算。常用的计量单位有：只（Piece或Pc）、双（Pair）、套（Set）、打（Dozen或Doz）、件（Package或Pkg）、罗（Gross或Gr）、令（Ream或Rm）、卷（Roll或Coil）、箱（Case）、袋（Bag）、桶（Barrel或Drum）等。适用的商品包括大多数工业制成品，尤其是日用消费品、轻工业品、机械产品、一部分土特产品以及杂货类商品，如文具、纸张、绳子、成衣、拖拉机和活牲畜等。

（3）按长度（Length）计算。常用的计量单位有：码（Yard或Yd）、米（Meter或M）、英尺（Foot或Ft）、厘米（Centimeter或CM）。适用的商品包括金属绳索、丝绸和布匹等。

（4）按面积（Area）计算。常用的计量单位有：平方码（Square Yard或Yd^2）、平方米（Square Meter或M^2）、平方英尺（Square Foot或Ft^2）。适用的商品包括玻璃板、地毯、皮革制品和塑料制品等。

（5）按体积（Volume）计算。常用的计量单位有：立方码（Cubic Yard或Yd^3）、立方米（Cubic Meter或M^3）、立方英尺（Cubic Foot或Ft^3）。适用的商品包括木材、天然气和化学气体等。

（6）按容积（Capacity）计算。常用的计量单位有：公升（Liter或L）、加仑（Gallon或Gal）、蒲式耳（Bushel或Bu）等。适用的商品包括酒类、石油和谷物等。

三、数量计量方法

在国际贸易中，按重量计量的商品有很多种。根据一般商业习惯，计量重量的方法通常有以下几种：

1. 毛重

毛重（Gross Weight）指商品本身的重量加上包装的重量（即皮重）。这种计量方法一般适用于单位价值不高的商品。在多数情况下只作为运输装卸等场合的计量核算。

2. 净重

净重（Net Weight）指商品本身的实际重量，不包括包装的重量。净重是国际贸易中最常用的计量方法。带有包装的商品，其净重等于毛重与皮重之差。因此，要采用适当的方法来计算皮重。国际上计算包装重量的方法有以下几种。

（1）实际皮重（Actual Tare或Real Tare）。它是指将每批商品的包装逐一过秤所得的重量。

（2）平均皮重（Average Tare）。它是指在包装重量大体相同的情况下，根据若干件包装的实际重量，求出包装的平均重量。近年来，随着技术的发展和包装用料及规格的标准化，用平均皮重计算包装重量的做法已日益普遍。有人把平均皮重称为标准皮重（Standard Tare）。

（3）习惯皮重（Customary Tare）。它是指已被市场公认的标准化、规格化而无须逐件称量的包装的重量。对于一些规格化的包装，其重量已被公认，即为习惯皮重，比如包装粮食的机制麻袋，每件包装的皮重为 2.5 磅。

（4）约定皮重（Computed Tare）。它是指以买卖双方约定的包装重量为准，不必过秤。

在国际贸易中究竟采用哪一种计算方法来确定皮重，应根据商品的性质、所使用包装的特点、合同的数量以及交易习惯，由买卖双方事先约定并列入合同中，以免事后引起争议。

对一些价值较低的商品，包装的价格与商品的价格差不多，或因包装本身不便分别计算，如粮食、饲料、卷筒新闻纸等，常常按毛重计价，习惯称作“以毛作净”（Gross for Net）。例如，规定玉米 100 千克，单层麻袋包装，以毛作净。

启发思考

在实际业务中哪种计算皮重的方法最为常见？

3. 公量

有些商品如棉花、羊毛、生丝等，价值较高，又有较强的吸湿性，因而含水量不稳定，其重量也就不稳定。为了准确计算这类商品的重量，国际上采用公量（Conditioned Weight）的计量方法。所谓公量，是指用科学方法抽出商品中的水分，再另加标准含水量所求得的重量。其计算公式有两个：

$$公量=实际重量\times\frac{1+公定回潮率}{1+实际回潮率}$$

或者

$$公量=商品干净重\times(1+公定回潮率)$$

案例 3-3

某公司出口生丝 100 公吨，买卖双方约定生丝的公定回潮率为 10%。假设抽取 10 千克生丝，用科学方法除去其中的水分，净剩 8 千克的干生丝，则生丝的实际回潮率为 25%。请问抽取的 10 千克生丝的公量是多少？

解：根据题意可知：生丝实际回潮率$=(10-8)\times100\%/8=25\%$

依据公式可得：

$$公量=10\times(1+10\%)/(1+25\%)=8.8(千克)$$

或者

$$公量=8\times(1+10\%)=8.8(千克)$$

答：抽取的 10 千克生丝的公量是 8.8 千克。

4. 理论重量

有些商品有固定的规格、形状和尺寸，每件重量大体相同，可以根据件数计算出重量［称为理论重量（Theoretical Weight）］，如马口铁、钢板等。

5. 法定重量和实物净重

按照海关相关规定，在征收从量税时，商品的重量是以法定重量（Legal Tare）计算的。所谓法定重量，是指商品重量加上直接接触商品的包装物料如销售包装等的重量。而除去包装物料重量所表示出来的纯商品的重量，则被称为实物净重，又被称为净净重。实物净重的计量方法主要在海关征税时使用。

四、溢短装条款

溢短装条款（More or Less Clause）是指在矿砂、化肥、粮食、食糖等大宗散装货物的交易中，由于受商品特性、货源变化、船舱容量、装载技术和包装等因素的影响，要准确地按约定数量交货有时存在一定的困难，因此为了使交货数量具有一定范围的灵活性和便于履行合同，买卖双方可在合同中合理规定可以多装或少装的机动幅度，即数量增减条款。根据 UCP 600 的规定，凡"约""大概""大约"或类似词语，用于信用证金额、数量或单价时，应解释为有关金额、数量或单价有不超过 10%的增减幅度。如果合同和信用证未明确规定可否溢短装，可根据 UCP 600 规定的要求操作。除非信用证规定货物的数量不得增减，否则在不超过信用证规定总金额的前提下，允许货物数量有 5%的增减幅度。如果信用证规定数量以单位或个数计量，则此项增减幅度不适用。

规定溢短装条款时的注意要点包括：

（1）规定的机动幅度的大小要合适，应视货物特性、行业或贸易习惯和运输方式等因素而定。常用的增减幅度为 3%～10%，如果允许分批装运，应明确增减幅度是否同时适用于总量和每一批次装运量；但如果信用证明确规定了货物的不同规格、不同等级或不同花色等的具体数量，则增减幅度同时适用于总量和每一批次装运量。受进出口许可证管理的货物的数量溢装幅度以许可的溢装数量为限。

（2）机动幅度选择权的行使要合理。机动幅度的选择权根据不同的情况，可以由买方行使，也可以由卖方行使，还可以由船方行使。为了明确起见，最好在合同中作出明确的规定。

（3）溢装、短装数量的计价要公平合理。对在机动幅度范围内超出或低于合同数量的多装或少装部分，一般是按合同价格计价结算。但是，多装或少装一定数量的商品，将对买卖双方的利益造成影响，因此，根据《公约》的规定，卖方多交货物后，买方若收取了超过部分，则要按合同规定支付相应的价款。

案例 3－4

我方 A 公司向阿拉伯联合酋长国 B 公司出口冻羊肉 20 公吨，每公吨 400 美元 FOB 上海。合同规定数量可增减 10%。国外按时开来信用证，证中规定金额为 8 000 美元，数量为约 20 公吨。后来，我方 A 公司按 22 公吨发货装运，持单到银行办理议付时却遭到拒绝。请分析为何出现了这一情况。

分析

因为单证不符。在使用信用证作为支付方式时，银行议付是以信用证规定的金额为限的。如果议付金额超出信用证金额，银行就会拒付。在上述交易中，虽然合同规定数量可增减10%，但由于买方在开来的信用证中规定金额为8 000美元，没有相应规定约量，因而会遭到银行拒付。信用证是一个自足文件，在遇到信用证条款与合同条款不符时，出口方在发货前应要求进口方按合同规定修改信用证条款，或按信用证规定的数量和金额发货。

五、数量条款

买卖合同的数量条款主要包括成交商品的数量和计量单位。若成交商品按重量成交，还应明确计算重量的方法和重量的机动幅度等内容。例如：数量为100 000码，允许有5%的增减幅度，由卖方选择，增减部分按合同价格计算。

规定数量条款时的注意要点包括：

1. 成交数量必须与国内外市场供求相适应

市场供求状况是决定成交数量的至关重要的因素，尤其是数量较大的商品买卖，更要进行市场调研，充分了解国外市场供求、国内货源供应、国际市场价格动态变化等情况，以免因交易数量违背市场供求规律而引起市场价格波动，给当事人造成损失，进而影响合同的顺利履行。

2. 成交数量必须与客户资信状况相适应

客户资信状况是影响成交数量的不可忽视的因素。对那些资金状况、经营能力和经营作风均一般的小客户，应避免与其成交大数量的买卖，以免面临风险；对资信状况颇佳的大客户，不宜与之商洽小数量的交易，以免因难以吸引对方而徒劳无益。

3. 数量条款的内容必须明确、具体、完整

合同中对成交数量和计量单位的规定必须具体，如具体订明件数、箱数、桶数、捆数或包数等外包装数量，以整数为宜。如在使用“吨”为计量单位时，必须标明是“公吨”“长吨”还是“短吨”，以免因采用的度量衡制度不同而引起交货数量方面的纠纷。此外，还应订明计重方法。对于那些交货数量难以严格限定的商品，如粮食、矿砂等散装货物，还要正确规定溢短装条款，注意与UCP 600、ISBP 821中溢短装条款的内容匹配，当多种规格的同种货物或多种货物出现溢短装时，应采用同向溢短装原则。

4. 合理确定数量机动幅度和计价方法

数量机动幅度要适当，应视商品的特性、行业、贸易习惯和运输方式等而定；对选择权的规定要合理，一般由履行合约的一方即卖方选择，但也要注意，如果涉及海运船舶的舱容问题，可以由负责安排船只的一方选择。有时为了防止拥有数量增减选择权的一方利用数量机动幅度，根据市场价格波动故意多装或少装货物以获取额外收益，买卖双方可以在合同中规定多装或少装数量的价格按装运日某指定市场价计算。

第三节　商品包装

商品包装是指为了有效地确保商品品质完好和数量完整，按一定的技术方法，采用一定的包装容器、材料及辅料包裹或捆扎货物。经过适当包装的商品，不仅便于运输、装卸、搬运、储存、保管、清点、陈列和携带，而且不易丢失或受损，为各方提供了便利。

在国际贸易中，交易的货物一般要经过长途运输，有很多货物还要经过多次转运和储存，因此对出口货物包装的要求也就比国内贸易严格。依照《公约》第三十五条的规定，卖方须按照合同规定的方式装箱或包装。合同未约定包装事项时，应按照同类货物通用的方式装箱或包装。如果没有此种通用方式，则按照足以保全和保护货物的方式装箱或包装。卖方交付的货物，如未按上述规定的方式装箱或包装，就构成违约。交易双方在签订合同时，一般要对包装问题进行洽商并作出具体规定，包装条件也就成为买卖合同中的一项主要条件，成为货物说明的重要组成部分。

一、运输包装

运输包装（Shipping Packing），又称外包装（Outer Packing）或大包装（Big Packing）。它是将货物装入特定容器，或以特定方式成件或成箱地包装。运输包装的作用是：保护货物在长时间和远距离的运输过程中不被损坏和丢失，方便货物的搬运，减少运费，节省仓租费用，方便计数，等等。

（一）运输包装的要求

（1）适应商品的特性。例如，水泥的包装应具有防潮功能；玻璃制品、陶瓷、灯具的包装应具有防震功能；液体货物的包装应具有防漏功能。

（2）适应不同的运输方式。例如，海运货物的包装应牢固、防挤压、防碰撞；空运货物的包装应轻便。

（3）考虑有关国家法律的规定和客户的要求。例如，有的国家禁止将柳藤、稻草作为包装材料，以免带来病虫害。

（4）便于各环节有关人员进行操作。

（二）运输包装的种类

运输包装可分为单件运输包装和集合运输包装。

1. 单件运输包装

在运输过程中作为一个计件单位的包装被称为单件运输包装，包括箱装、包装、桶装和袋装等。

（1）箱（Case）。不能紧压的货物通常装入箱内。按不同材料，箱又可分为木箱、板条箱和纸箱等。

（2）包（Bale）。凡可以紧压的商品，如羽毛、羊毛、棉花、布匹和生丝等，均可以先经机压打包，压缩体积，然后以棉布、麻布包裹，外加箍铁和塑料袋，捆包成件。

（3）桶（Drum）。液体、半液体以及粉状、粒状货物可用桶装。桶有木桶、铁桶和塑料桶等。

（4）袋（Bag）。粉状、颗粒状和块状的农产品及化学原料，常用袋装。袋又可分为麻袋、布袋、塑料袋和纸袋等。为加强包装的牢度，近年来多采用纸塑复合袋、多层塑料复合袋和编织袋等。

2. 集合运输包装

集合运输包装又称成组化运输包装。它是为适应运输、装卸工作现代化的需求，将若干单件运输包装组合成一件大包装。常见的集合运输包装有集装箱、集装袋或集装包、托盘。

（1）集装箱（Container）。集装箱又称“货柜”，是一种有一定规格的用金属板材或木材、塑料、纤维板材制成的长方形的大箱子，被作为运输货物的容器。集装箱可作为一种集合运输包装方式，但更重要的是，它是一种现代化的运输方式，事实上也是运输工具的组成部分，通常由船公司提供周转使用。采用集装箱运输包装方式，除了可以更好地保护商品外，还可以大大提高装卸效率，减轻劳动强度，降低运输和保险费用。

（2）集装袋或集装包（Flexible Container）。集装袋或集装包一般是用合成纤维或塑料丝编织成的圆形大袋或者方形大包，分为一次性使用和可回收周转使用两种。它们的容量因使用的材料和生产工艺的不同而有所区别。通常使用的集装袋或集装包的容量是1～4吨，最大可达13吨。集装袋适用于盛装粉状、粒状的化工产品、矿产品、农产品及水泥等散装商品；集装包则适用于盛装已经包装好的桶、袋、箱等单件包装的商品。

（3）托盘（Pallet）。托盘是一种用木材、金属或塑料长板按一定规格制成的单层或双层平板载货工具。使用托盘时，将货物堆放在托盘上面，并用塑料薄膜或金属绳索加以固定，组成一个运输单位，便于运输过程中使用机械进行装卸、搬运和堆放。托盘下面的插口就是供铲车起卸用的。托盘分为一次性使用托盘和可回收周转使用托盘两种。

（三）运输包装的标志

运输包装的标志是指为了方便货物运输、装卸及储存保管，便于识别货物和防止货物损坏而在货物外包装上刷写的标志，按作用可分为运输标志、指示性标志、警告性标志、重量及体积标志、产地标志等。

1. 运输标志

运输标志（Shipping Mark）俗称“唛头”，其作用如下：一是在运输过程中方便有关人员辨认货物及核对单证；二是避免货物在运输过程中发生混乱或延误，使货物顺利、安全地运抵目的地。它通常是由一个简单的几何图形和一些字母、数字及简单的文字组成，如图3-1所示。运输标志的内容繁简不一，由买卖双方根据商品的特点和具体要求商定。

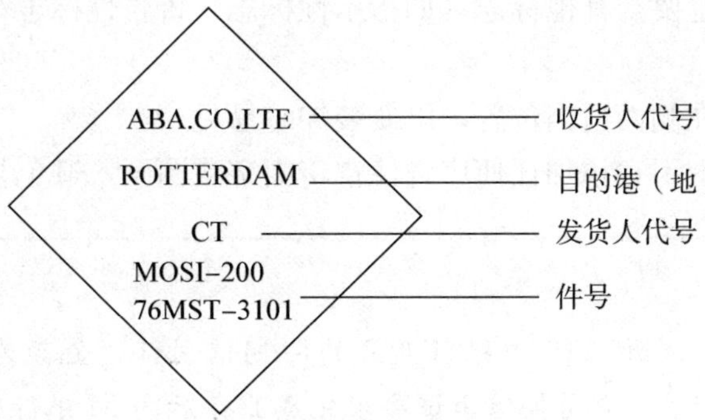

图 3－1 运输标志

由于运输标志内容较多，各国和各种运输方式对运输标志的要求差异较大，不利于计算机技术在运输和单证流转方面的应用，因此，联合国欧洲经济委员会简化国际贸易程序工作组在国际标准化组织（ISO）和国际货物装卸协调协会的支持下，制定了标准化标志并推荐使用。

国际标准化组织建议的运输标志的内容包括：

（1）收货人或买方名称的英文缩写或简写。

（2）参考号，如运单号、订单号、发票号、买卖合同号等。

（3）目的地，即货物的最终目的港或目的地的名称。

（4）件号，包装货物中每件货物的顺序号和总件数均需标上，如“NO. 1/100”和“NO. 100/100”。

此外，要求将以上四项分列四行，每行不超过 17 个字母。至于为满足某种需要而在运输包装上刷写的其他内容，如许可证号等，则不作为运输标志的必要组成部分。例如：

ABCD——收货人代号
654321——参考号
SINGAPORE——目的地
NO. 1/50——件号

在实务中，我国外贸企业应尽量参照上述标准运输标志设计和制作唛头。在制作单据时，只要把运输标志印载于发票、提单、保险单、产地证、装箱单、检验证书及其他有关单据中，各方面有关人员就可以顺利地交接和查验货物。有必要指出的是，标准运输标志不使用几何图形或其他图形，这是为了便于刻唛和刷唛、节省时间和费用以及便于在制单和信息传递过程中使用打字机、电传机和电子通信设备。

制作唛头的注意要点主要有以下几个：

（1）唛头大小要与运输包装配置适应，力求美观醒目，便于识别。

（2）印制颜料需牢固，防止受外界因素影响而褪色、脱落。

（3）显示的信息内容应简洁明了、突出重点，除买方特别提出的信息要求外，一般不宜额外添加过多信息内容。

（4）唛头印制一定要与其他标志（如指示性标志、警告性标志等）区分开，避免混淆，影响识别。

（5）印制部位要在侧面适当位置，以便装卸时易见。

（6）在运输包装上不宜添加任何广告性宣传文字或图画，避免与唛头混淆。

案例 3-5

受益人S公司收到开证行A银行开立的即期信用证，金额为USD 80 000.00，指定偿付行为B银行。S公司按信用证要求完成业务后向M银行交单议付，M银行经审核单证相符后，按照信用证指示将全套单据寄往A银行，并向B银行寄送汇票进行索偿。M银行收到B银行的付款并将款项解付给客户。随后M银行收到A银行的MT791电文，提出不符点："提单上的唛头与发票和装箱单不符：NOT IN DIA（未显示菱形）。"经对信用证及单据再次审核，发现信用证对唛头并无规定，提交的发票和装箱单上均显示唛头"ABA.CT"并有菱形标记，提单上也显示了唛头"ABA.CT"，同时显示了集装箱号，但未显示菱形标记。M银行认为，由于信用证并未对唛头进行规定，尽管提单与发票和装箱单所显示的唛头不一致，但并不相互矛盾，不符点不成立。M银行的观点正确吗？

分析

M银行的观点正确。按照ISBP 821，如果信用证规定了唛头的细节，载有唛头的所有单据就应当显示该细节。单据唛头中数据的顺序不必与信用证或其他规定单据上的一样。ISBP 821还规定，在集装箱运输下，运输单据常常在"唛头"或类似栏位中仅显示集装箱号（有时附带铅封号），而其他单据显示更为翔实的唛头细节，如此不构成矛盾。一些单据的唛头显示ISBP 821所提及的额外信息而其他单据没有显示，如此不视为与UCP 600规定的数据矛盾。UCP 600提到，单据内容的描述只要不与该项单据中的内容、其他规定的单据或信用证矛盾就可以。根据以上惯例，提单唛头与发票和装箱单不一致但不矛盾，不构成不符点。

按照国际贸易惯例，运输标志一般由卖方设计，因而在买卖合同的包装条款中可以不做具体规定。但如果买方要求由它制定运输标志，卖方亦可接受，但要在合同中具体规定运输标志式样及内容或者规定买方提供运输标志的时间，并应订明如果在装运前若干天尚未收到买方提供的运输标志，卖方亦可自行决定。

启发思考

运输标志会被印制在运输工具上吗？

2. 指示性标志

指示性标志（Indicative Mark）旨在提示人们在装卸、运输、仓储过程中需要注意的事项，一般以简单、醒目的图形和文字在包装上标出，故又被称为操作标志。一些国际组织，如国际标准化组织、国际航空运输协会（IATA）分别制定了包装储运指示性标志，并建议各国予以采纳。中国国家质量监督检验检疫总局（现国家市场监督管理总局）批准发布了《包装储运图示标志》这一强制性国家标准，所采用的图形与国际上通用的图形基本一致。常见的指示性标志有“易碎物品”“怕雨”“向上”“禁用手钩”。在运输包装上印制哪种标志，应根据商品的性质正确选用。此外，最好使用出口国和进口国的文字，但一般使用英文的居多。图 3－2 给出了几种指示性标志。

图 3－2　指示性标志

3. 警告性标志

警告性标志（Warning Mark）也被称为危险货物包装标志或危险品标志（Dangerous Cargo Mark），是指危险货物包装上刷写或粘贴的标明危险性质和等级，以促使流转过程中的工作人员注意并提高警惕的标志。根据国家市场监督管理总局发布的《危险货物包装标志》的规定，在运输包装上应印上警告性标志。

图 3－3 给出了几种警告性标志。

此外，国际海事组织制定有《国际海运危险货物规则》，已被许多国家采用。有的国家在进出口危险品时，要求在运输包装上标示该组织规定的危险品标志，否则不准靠岸卸货。因此，在我国出口危险货物的运输包装上，要标示我国和国际海事组织所规定的两套危险品标志。

（符号：黑色；
底色：橙红色）
爆炸性质或物品

（符号：黑色；
底色：绿色）
非易燃无毒气体

（符号：黑色；
底色：正红色）
易燃气体

（符号：黑色；
底色：白色红条）
易燃固体

（符号：黑色；
底色：柠檬黄色）
氧化性物质

（符号：黑色；
底色：白色）
毒性物质

（符号：黑色；底色：
白色，附一条红竖条）
一级放射性物品

（符号：黑色；
底色：上白下黑）
腐蚀性物质

（符号：黑色；
底色：白色）
杂项危险物质和物品

图 3－3　警告性标志

启发思考

指示性标志与警告性标志的区别有哪些？

4. 重量及体积标志

在运输包装上应标明重量、体积等，以便在储运过程中安排装卸作业和舱位。例如：

GROSS WEIGHT	100KG
NET WEIGHT	90KG
MEASUREMENT	60CM×50CM×40CM

5. 产地标志

商品产地是海关统计和征税的重要依据。一般在商品的内、外包装上均需注明产地，以作为商品说明的一个重要内容，如“MADE IN CHINA”。

案例 3－6

江西 A 公司与马来西亚 B 公司签订了出口货物买卖合同。内容如下：货物名称：生态决明子枕；货物材质：纯棉面料、填充物为珍珠棉；规格：48CM×74CM；价格条款：USD 4 PER PIECE CIF 巴生港（PORT KELANG）；付款方式：T/T 30 天；货物包装：“洗标＋吊牌＋袋装”；货物数量：5 000 个；货物金额：20 000 美元。

A公司在将货物运至出口口岸仓库卸货时，发现部分外包装纸箱有局部破损，随即电告B公司。B公司复电A公司要求对破损纸箱进行更换，对其他纸箱进行加固处理。A公司表示，由于临近春节，短时间内难以筹集纸箱进行更换，于是A公司委托货运代理公司用PE缠绕膜对纸箱进行了加固保护。全部货物装入集装箱封箱出运。货物到港后，马来西亚当地海关在检验过程中发现运输包装纸箱存在重大缺陷，货物已被老鼠污染，遂以货物存在传播重大疾病风险为由，全部就地销毁。B公司遂以此为由，拒绝向A公司支付货款。试分析B公司的理由是否合理。

分析

B公司的理由合理。运输包装的主要作用是保护商品在运输过程中不被损毁。《公约》第三十五条规定：卖方交付的货物必须与合同所规定的数量、质量和规格相符，且必须按照合同所规定的方式装箱或包装；货物应按照同类货物通用的方式装箱或包装。如果没有此种通用方式，则按照足以保全和保护货物的方式装箱或包装。A公司在货物装入集装箱之前虽发现包装货物的纸箱存在破损的情况，但并没有采取包括更换纸箱在内的有效补救措施，放任由于纸箱破损可能导致货物受损的后果发生，导致货物到达目的港后被当地海关检验出已被老鼠污染，并被就地销毁。货物损毁和运输包装破损之间存在直接的因果关系。这一案例的启示在于，运输包装条款在订立时应当明确、具体，在实际履行时更应严格按照包装条款来对货物进行包装，而且要注意包装细节的处理。其中，包装材料、包装方式和包装文字说明更易引发国际货物买卖合同纠纷。

二、销售包装

销售包装（Selling Packing）又称小包装（Small Packing）、内包装（Inner Packing）或直接包装（Immediate Packing）。它是指在商品制造出来后，以适当的材料或容器所进行的初次包装。销售包装除了保护商品的品质外，还有美化商品，宣传推广，便于陈列展销、吸引顾客，方便消费者识别、选购、携带和使用，从而促进销售和提高商品价值的作用。有的商品如胶卷、罐头食品，只有进行了销售包装，生产才真正完成。

（一）销售包装的种类

销售包装可采用不同的包装材料和不同的结构与式样，一般根据商品的特征和形状来确定包装。常用的销售包装有便于陈列展销的挂式包装、堆叠式包装和展开式包装；便于运输、储存的套装式包装和组合式包装；便于使用的易开包装和喷雾包装；便于携带的携带式包装。此外，还有礼品包装、复用包装和配套包装等。

（二）销售包装的标志和说明

在销售包装上，一般都附有装潢画面、标签和文字说明，有的还印有条形码。近年来，越来越多的进出口商品包装上还印有环境标志（Green Label）。

1. 包装的装潢画面

包装的装潢画面包括图案和色彩。在设计时，装潢画面要美观大方，富有艺术吸引力，并突出商品本身的特点，同时要注意不同国家和地区的民族习惯和爱好，防止使用进口地忌讳的画面和色彩。例如，在埃及，蓝色表示恶魔；在法国，黄色的花朵被视为不忠诚；在东南亚，大象深受欢迎，但在英国，大象被认为是大而无用的东西。

2. 包装的标签和文字说明

销售包装上应有必要的标签和文字说明。标签和文字说明包括商品名称、商标、品牌、数量、规格、用途、构成成分和使用方法等。其中使用的文字必须简明扼要，并能让销售市场的消费者看懂，必要时也可以中外文并用。同时，在设计、使用标签和进行文字说明时，要注意进口国的有关规定。例如：一些进口国规定，进口衬衣衣领上必须有洗涤、熨烫的说明图示，否则不准进口；凡销往该国的药品，除必须说明成分和服用方法外，还要说明功能，否则不准进口；等等；中国产品质量法规定，产品或者其包装上的标识必须真实，其中要求有中文标明的产品名称、生产厂厂名和厂址；易碎、易燃、易爆、有毒、有腐蚀性、有放射性等危险物品以及储运中不能倒置和其他有特殊要求的产品，其包装质量必须符合相应要求，依照国家有关规定作出警示标志或者中文警示说明，标明储运注意事项。

3. 条形码

条形码（Bar Code）又称条码，是一种商品代码，由一组粗细间隔不等的平行线条及相应的数字组成，如图 3－4 所示。这些线条和间隙空间表示一定的信息，通过光电扫描阅读设备即可判别该商品的生产国别或地区、生产厂家、生产日期、品种规格和售价等一系列有关信息。使用条形码能提高结算效率和准确性，便于交易双方及时了解商品的有关资料，也能提高国际市场的物流配送效率。总之，条形码是商品能够流通于国际市场的一种国际语言和统一编号，是商品进入超市和大型百货商店的先决条件。

6 909409 023686　6 916108 201024　6 920616 311298

图 3－4　商品条形码

国际上通用的条形码有两种：一种是由美国和加拿大组建的统一代码委员会（Universal Code Council，UCC）编制的 UPC 码（Universal Product Code）；另一种是由国际物品编码协会（International Article Number Association，IANA）编制的 EAN 码（European Article Number）。目前，较多国家使用 EAN 码，EAN 系统已成为国际公认的物品编码标志系统。EAN 码由 12 位数字产品代码和 1 位校验码组成。前 3 位数字为国别码，中间 4 位数字为厂商号，再后 5 位数字为产品代码，最后 1 位数字为自动生成的校验码。按照国际物品编码协会的分配，我国的国别号（不包括港、澳、台地区）为690～699。此外，我国图书的代码是978～979，连续出版物的代码是"977"。

为了适应国际市场对条形码的要求和扩大出口，我国于1988年成立了中国物品编码中心。该中心于1991年4月正式加入国际物品编码协会，我国由此正式在出口商品销售包装上采用国际标准条形码。

4. 环境标志

环境标志又称绿色标志或生态标志。它是一种印在产品及其包装上的图形，用以表明该产品的生产、使用及处理过程符合特定的环境保护要求，对生态环境无害或危害性极小。自1978年德国率先使用"蓝色天使"标志以来，越来越多的国家政府制定了自己的环境标志制度，形成了新的非关税壁垒——绿色壁垒。例如，日本有"生态标志制度"，加拿大有"环境选择方案"，新加坡有"绿色标志制度"等。一些发达国家颁布了法律和文件，规定凡是没有环境标志的进口产品皆应受到数量和价格上的限制，甚至不允许进口。

我国于1994年5月成立了中国环境标志产品认证委员会，并公布了由青山、绿水、太阳和十个环组成的中国环境标志图形。尽管已经公布了多项对环境标志产品的技术要求，并有一批产品通过了环境标志认证，但是同发达国家相比，我国的环境标志制度建设仍然处于起步阶段，产品种类较少，远远满足不了对外贸易的需要。为了扩大出口，我国企业应尽早进行ISO14000标准（环保标准）的认证。

5. 一些国家和地区对包装的特殊要求

（1）美国。美国食品药品监督管理局规定，所有医疗健身及美容药品都要有具备防止掺假、掺毒等防污能力的包装。美国环境保护局规定，为了防止儿童误服药品、化工品，凡属于防毒包装法规和消费品安全委员会管辖的产品，均必须使用儿童安全盖。美国加利福尼亚州、弗吉尼亚州等11个州规定，可拉离的拉环式易拉罐不能在市场上销售，目前已研制出不能拉离的掀翅式、胶带式易拉罐。美国规定，为防止植物病虫害的传播，禁止使用稻草作为包装材料，如被海关发现，必须当场销毁，并支付由此产生的一切费用。

（2）欧盟。欧盟规定，接触食物的氯乙烯容器及材料，氯乙烯单位的最大容器规定为每千克1毫克成品含量，转移到食品中的最大值是每千克0.01毫克。希腊政府规定，凡出口到希腊的产品包装上必须用希腊文字写明公司名称、代理商名称及产品质量、数量等项目。销往法国的产品装箱单及商业发票必须使用法文，包括标志说明，不以法文书写的应附译文。德国对进口商品的包装禁用类似纳粹和军团符号的标志。

（3）中东。中东国家规定进口商品的包装禁用六角星图案，因为六角星与以色列国旗中的图案相似，所以中东国家对有六角星图案的东西非常反感和忌讳。销往中东地区的食品、饮料，必须用阿拉伯文字说明。

（4）其他国家的有关规定。新西兰农业检疫所规定，进口商品的包装严禁使用以下材料：干草、稻草、麦草、谷壳或糠、生苔物、土壤、泥灰、用过的旧麻袋及其他材料。菲律宾卫生部和海关规定，凡进口的货物均禁止用麻袋和麻袋制品及稻草、草席等材料包装。澳大利亚防疫局规定，凡用木箱（包括托盘木料）包装的货物，在进口时均必须提供熏蒸证明。

三、中性包装和定牌

（一）中性包装

中性包装（Neutral Packing）是指在出口的商品和内外包装上不显示生产国别和生产厂家的一种特殊的包装。

（二）定牌

定牌是指卖方在商品及其包装上采用买方指定的商标或品牌。一般对于国外大量的长期稳定的订货，可以接受买方指定的商标。我国在采用买方的商标或品牌时，更普遍的方式是标明“中国制造”。

（三）中性包装的做法

（1）定牌中性包装。定牌中性包装是指在商品及其包装上使用买方指定的商标或品牌，但不注明生产厂家和国别的包装。多数国家的超市、大型百货公司和专业商场对其经营的商品，都要在商品及其包装上标示自己使用的商标或品牌，以扩大知名度和体现该商品的价值。

（2）无牌中性包装。无牌中性包装是指在商品及其包装上均不使用任何商标和品牌，也不注明生产厂家和国别的包装。它主要用于有待进一步加工的半成品，如出口供印染加工的坯布等。

启发思考

中性包装和定牌包装一般适用于什么类型企业的对外贸易？

四、包装条款

（一）包装条款的内容

包装条款主要包括包装材料、包装方式、包装件数、包装标志和包装费用的负担以及单件包装的数量等内容。包装条款示例如下：

（1）麻袋装，每袋 50 千克，以毛作净（In gunny bags of 50 kg each，gross for net）。

（2）纸箱装，每箱 60 听，每听 1 000 片（In cartons containing 60 tins of 1 000 tab. each）。

（3）布包，每包 20 匹，每匹 40 码（In cloth bales containing 20 pcs. of 40 yds each）。

（4）每件装塑料袋，1 打一盒，10 盒一纸箱，4 箱装一木箱（Each pc packed in a polybag，1 doz. to a box，10 boxes to a carton，4 cartons to a wooden case）。

（二）商定包装条款时需要注意的事项

1. 对包装的规定要明确具体

在约定包装方式时应明确具体，不宜笼统规定。例如，不宜采用“适合海运的包装”（Seaworthy Packing）、“习惯包装”（Customary Packing）和“卖方惯用包装”

(Seller's Usual Packing）之类的描述。此类描述无统一解释，易引起纠纷，因此，除非当事人是长期合作的贸易伙伴，对此已经取得一致认识，否则不宜采用。比如：约定服装包装方式，常规包装方式为平口盖标准箱型，180 克瓦楞纸制作双瓦楞五层纸箱，内径 74cm×58cm×48cm 箱底及四周铺上 80 克牛皮纸和 65 克拖蜡纸各 3 张防潮，每件衣服均套 0.03mm 厚的聚乙烯薄膜袋，塑料袋打小孔通气，平放入箱，非碱性黏合剂黏合纸箱底和箱盖。封距均匀订上封箱钉，一般为 15cm，底和面各订 9 枚封箱钉，封箱带 60×50 在纸箱拼缝的中线封口，两端切齐，各留出长度 8～10cm。5/8 白塑料打包带捆扎纸箱纵一道、横二道，马口铁皮 5/8 轧头 3 只轧牢塑料打包带。

2. 结合货物特点和不同运输方式选择包装要素

由于货物的特性、形状和运输方式各不相同，因此对包装的要求也不尽相同。买卖双方在约定包装材料、包装方式、包装规格和包装标志时，必须考虑货物在储运和销售过程中的实际需要，以此确定适宜的包装，使约定的包装科学、经济、牢固、美观，并满足安全、适用和适销的要求。

同时，还必须注意有关国家对包装的特殊要求和风俗习惯。各国政府对包装的要求越来越严格。如在包装材料方面，有的国家不允许使用玻璃和陶瓷制作包装材料，有的国家（如美国、日本、加拿大、新西兰等国）禁止用稻草、报纸制作包装衬垫。

3. 明确包装物料提供与费用负担的相关事项

在国际货物买卖中，包装费用一般包括在货价中，不另计收。但如果买方对包装有特殊要求，超出的包装费用原则上应由买方负担，并应在合同中规定费用的支付办法。经商定包装材料由买方提供时，还应明确材料最迟到达卖方的时限和逾期到达的责任，并应与合同中规定的交货期限相适应。

4. 明确运输标志的设计与使用

按国际贸易习惯做法，一般由卖方设计并确定运输标志，但也可以在合同中约定运输标志由买方设计确定，同时应具体规定运输标志的式样和内容、提供的时间。若逾期未收到买方的通知，则由卖方设计确定并告知买方。

5. 进出口危险品的包装必须符合法律规范

进出口商品的收货人、发货人、代理报检企业或者出入境快件运营企业、报检人员必须如实提供进出口商品的真实情况，取得出入境检验检疫机构的有关证单。提供或者使用的出口危险货物包装必须经海关使用鉴定，且当事人能够提供进出口货物的《进出境危险货物运输包装使用鉴定结果单》。

本章小结

商品的品名是一种能使某种商品区别于其他商品的名称。在确定品名时应尽可能使用国际通用的名称，并恰当选择商品的名称，更需注意合同标的的合法性及不可争议性。商品的品质可以以实物或说明来表示，具体采用哪一种方式或同时采用哪两种方式，应视商品性质而定。商品的数量是合同中的主要交易条件，根据合同的数量条款进行货物交接，是买卖双方的主要权利和义务。溢短装条款是指允许卖方在交货时根据合同的规定多交或少交一定比例货物的条款。注意与 UCP 600、ISBP 821 中的溢短装条款匹配，当多种规格的同种货物或多种货物出现溢短装时，应采用同向溢短装原则。商品的包装包括运输包装和销售包装，而条形码是商品进入国外大型商超的必要条件。运输标志又称为唛头，是合同或货物单据提单和发票的主要组成部分。

复习思考

1. 在确定品名条款时应注意哪些问题？
2. 在货物销售合同中约定商品品质的方法有哪几种？
3. 品质条款中的机动幅度有哪几种规定方式？
4. 简述溢短装条款。在实际运用中溢短装选择权应当由谁行使？为什么？
5. 进出口合同的包装条款一般包括哪些内容？在规定包装条款时应注意哪些问题？

计算练习

我国北方某出口公司与日本一公司签订了一份 200 公吨羊毛的出口合同，合同规定以公量来计算商品的重量，商品的公定回潮率是 10%，货物到达目的港后抽样检测所得的实际回潮率是 8%。试计算该批商品的公量。

案例分析

1. 南方某公司与外商凭样品成交达成一笔出口镰刀的交易。合同规定复验有效期为货物到达目的港后 90 天。货物到达目的港经外商复验后，外商未提出任何异议。但事隔半年，外商来电称镰刀全部生锈，只能降价出售，因此要求我方按成交价的 40% 赔偿损失。我方接到来电后立即查看我方留存的复样，也发现了类似情况。问：我方是否应同意对方的要求？为什么？

2. 我国某出口公司对外出口一批罐头，合同规定数量为 454×24 听，纸箱 1 000 箱。我方根据库存情况，实际出口 454×48 听，500 箱。外商以我方包装不符为由拒收货物。问：外商拒收是否有理？为什么？

3. 某年 10 月江西凯顺公司与外商蒙巴琍公司成交出口毛绒玩具狗和毛绒玩具兔总计 6 000 只，其中毛绒玩具兔单价 1 美元，毛绒玩具狗单价 2 美元，金额总计 8 000 美元。11 月外商开来信用证，要求 11 月底装运，经凯顺公司审核发现信用证总金额 8 000 美元前有“约”字，其他没有问题。11 月 20 日凯顺公司按照信用证“约”字理解为 10% 的增减幅度，安排装运 4 400 只毛绒玩具兔、2 200 只毛绒玩具狗。交单后开证行以“货物数量与信用证数量不符”为由拒付。开证行的拒付理由成立吗？

应用操作

江西某贸易公司向美国一贸易有限公司出口某产品 1 000 箱，已知收货人代号为 COMETALS，目的地为 BALTIMORE，合同号为 JXNC170804AM。请根据以上已知条件制作一个标准化唛头。

延伸学习

出口商品技术指南

第四章 国际货物运输

目标要求

了解海洋运输的特点及经营方式，掌握运费的计算及海运提单的相关概念和分类，熟悉各种运输方式的特点和分类，正确理解各种运输单据的性质和作用。

案例导入

江西Z银行在审核进口信用证项下单据时发现其中所提交的提单并非信用证要求的海运提单，而是名为“HOUSE BILL OF LADING”的货运代理提单（即货代提单）。信用证关于提单的条款为：全套已装船清洁并标记运费到付的提单，空白背书并通知N食品贸易公司。提单具体所载信息为：货代公司为Ys国际货运股份有限公司，SHIPPER（船主）为HOLDINGDOLCIARIAITALIANA，渠道指示为Ys国际货运股份有限公司南昌分公司，COMMODITIES（货物描述）为CHOCOLATES（巧克力）。表提不符点：按照UCP 600，货运人不明确，提单没有签署。由此可见，开证行所开立的信用证并没有规定与货代提单相关的条款。那么货代提单与常见提单的区别是什么？UCP 600和ISBP 821对货代提单并没有进行明确的定义，但货代提单并不具备海运提单的“货权凭证”功能。

关键概念

班轮运输（Liner Transport），运费吨（Freight Ton），租船运输（Shipping by Chartering），海运提单（Ocean/Marine Bill of Lading），海运单（Sea Waybill），多式联运提单（Multimodal Transport Bill of Lading），集装箱运输（Container Transport），国际多式联运（International Multimodal Transport），大陆桥运输（Land Bridge Transport），OCP运输（Overland Common Points Transport）。

知识要点

班轮运输的特点与运费的计算，海运提单的性质与作用、种类，海运提单与海运单的区别，铁路运输与航空运输的特点、相关运输单据的性质和作用，集装箱运输、大陆桥运输与 OCP 运输，合同装运条款的订立。

第一节 海洋运输

海洋运输（Ocean Transport）是利用货船在国内外港口之间通过一定的航线和航区进行货物运输的一种方式。在国际货物运输中，海洋运输是最常见、最普遍的一种运输方式，其运输量占国际货物运输总量 80%以上。海洋运输之所以被如此广泛采用，是因为与其他国际货物运输方式相比，它的通过能力强，运输量大，运费低廉。一般杂货船可载 5 万吨左右，集装箱船第六代可载 16 万公吨左右，巨型油轮可载 50 万吨以上。成本约为铁路运费的 1/5、公路运费的 1/10、航空运费的 1/30。

按照船舶经营方式的不同，海洋运输可分为班轮运输和租船运输。

一、班轮运输

所谓班轮运输，是指通过公告或类似方式向公众提供、按照公布的船期表（Sailing Schedule）使用船舶在特定港口之间定期运营的运输服务。

（一）班轮运输的特点

（1）船舶按照固定的船期表，沿着固定的航线和港口来往运输，并按相对固定的运费率收取运费，因此，它具有“四固定”的基本特点，即固定航线、固定港口、固定船期、相对固定费率。

（2）由承运人负责配载装卸，装卸费包括在运费中，托运人不再另付装卸费，双方也不计算滞期费和速遣费。

（3）承运人与托运人的权利、义务与责任豁免，以船方签发的提单条款为依据。

（4）班轮承运货物的品种、数量比较灵活，货运质量比较有保证，且一般采取在码头仓库交接货物的方式，故为货主提供了更便利的条件。

按照《联合国全程或部分海上国际货物运输合同公约》有关定义，承运人是指与托运人订立运输合同的人。履约方是指承运人以外的，履行或者承诺履行承运人在运输合同下有关货物接收、装载、操作、积载、运输、保管、照料、卸载或者交付的任何义务的人，以该人直接或者间接在承运人的要求、监督或者控制下行事为限。履约方不包括不由承运人而由托运人、单证托运人、控制方或者收货人直接或者间接委托的任何人。

而托运人是指与承运人订立运输合同的人。货物是指承运人根据运输合同承运的任何种类的制品、商品和物件，包括不是由承运人或不是以承运人名义提供的包装以及任何设备和集装箱。船舶是指用于海上货物运输的任何船只。集装箱是指任何型号的集装箱、运输罐柜或板架、交换式车厢或拼装货物的任何类似货载单元及其附加设备。运输单证是指承运人按运输合同签发的单证，该单证证明承运人或履约方收到了运输合同下的货物并证明或者包含一项运输合同。

启发思考

在班轮运输中承运人与托运人双方是否需要在运输合同中明确各自的责任和义务?

（二）班轮运费的计算

班轮运费是指应向承运人（班轮公司）支付根据运输合同运输货物的报酬，包括装运港的装货费、目的港的卸货费以及运输中的费用和附加费用。在实务中，班轮运价表(Liner's Freight Tariff) 使用得最多，该表前置部分列有常见货物的等级表，每一等级对应一个基本费率。一般分为 20 个等级，在等级表后列有各航线的杂货与集装箱货的费率（等级费率和包装费率），并附有计费标准和附加费率。

1. 计费标准

（1）按货物的重量（Weight，W）计费。在这种计费方式下，每 1 公吨（M/T）为 1 个“运费吨”（计费吨，Freight Ton，F/T）。

（2）按货物体积（Measurement，M）计费。在这种计费方式下，每 1 立方米(CBM) 为 1 个“运费吨”（尺码吨）。此时货物的计费体积一般要大于（或等于）其几何体积；计费体积除包括几何体积之外，还包括货物因外形特点或包装等所占据的空隙。

（3）按货物的重量和体积（W/M）中较高者计费。例如，某批托运货物的重量为 20 M/T，体积为 26 CBM。如果按 W/M 计费，船公司肯定会按体积计收运费，因为如果按体积，则该批货物共有 26 个运费吨，而按重量只有 20 个运费吨，船公司当然会按较高的数量计收运费。

（4）按货物价值（A. V. /AD VAL）计费。A. V. 或 AD VAL 为拉丁文“ad valorem”的缩写，我们可以将其理解为“According to Value”。

（5）按货物重量、体积和价值（W/M or A. V. ）中最高者计费。例如，某批货物如果按 W/M or A. V. 计收运费，计算的运费数额分别应为 USD 1 800/2 000/2 300，则船公司就会按其中最高的“按货物价值”方式计费，即按 USD 2 300 计收运费。

（6）按个数（Per Unit）计费。例如，车辆、活牲畜等特殊商品，前面的计费方式都不再适用，承运人便灵活处理，采用按件数或头数计收运费的办法。

（7）按议价（Open Rate）计费。这种计费方式一般适用于托运人的货物特别多的情况。承运人为了不让客源流失，特意作出一些妥协和让步，在运价上给予托运人一定的优惠。

2. 运费附加费

运费附加费是指在一定时期内，班轮公司为了保持基本费率的稳定并正确反映各港口的各种航运成本，以及为了弥补损失，在基本运费率之外又规定了各种额外加收的费用。这里简单介绍几种常见的运费附加费。

(1) 港杂费（Terminal Handling Charge，THC）。它是船公司向托运人收取的“在装运港装货作业的综合费用”，主要包括货物在码头仓库的保管费、货物从码头仓库到作业码头的拖运费以及装船费等。

(2) 燃油附加费（Bunker Adjustment Factor，BAF）。它是指船公司因石油涨价导致运输成本增加而向托运人收取的运费附加费。

(3) 货币贬值附加费（Currency Adjustment Factor，CAF）。它是指承运人因运费的计价货币发生贬值而向托运人收取的运费附加费。

(4) 旺季附加费（Peak Season Surcharge，PSS）。一般每年分别从 4 月和 11 月开始，货运特别繁忙，船公司就借故向托运人加收旺季附加费。

(5) 目的港交货费（Destination Delivery Charge，DDC）。在美洲国家的港口，一般都要收取这种名目的附加费，美国东海岸和美国西海岸的收费标准也有所不同。

(6) 直航附加费（Direct Additional）。一批货物达到规定的数量（如 5 000 M/T，够装一整条船等），本来一般是需要转船的，但如果托运人要求将这批货物直接运达非基本港口并卸货，这时船方就可以安排直航，同时加收一笔附加费。这种费用就叫“直航附加费”。例如，从武汉到日本的志布志，本来货物需要在上海或日本某些基本港口中转，但民生轮船公司具有从长江中下游港口直达志布志的近洋航班，因此可以安排直航。如果安排直航，一般会收取直航附加费。

(7) 超重附加费（Heavy Lift Additional）。由于单件货物超过一定重量会增加装卸作业的难度，也容易对运输工具造成损坏，因此承运人会收取附加费，该附加费就叫“超重附加费”。

(8) 选港附加费（Optional Destination Additional）。在运输合同中，虽然一批货物暂定一个以上的卸货港口，如“Port of Destination：EMP（European Main Ports）”（目的港：欧洲主要港口）和“Port of Destination：Chinese Ports”（目的港：中国港口）等，但最终货物只会在其中的一个港口卸货，这无疑会给承运人增加麻烦，船公司因此加收的附加费就叫“选港附加费”。

(9) 变更卸货港附加费（Additional for Alteration of Destination）。托运人在货物运输途中要求变更卸货港，如托运人原来要求船公司将货物卸至也门亚丁，货物装上了船，正在航行途中，托运人又因故要求船公司将这批货物改卸至也门荷台达。船公司可以照办，但要收取“变更卸货港附加费”。

(10) 绕航附加费（Deviation Surcharge）。它是指由于正常航道受阻不能通行，船舶必须绕道才能将货物运至目的港时，船方所加收的附加费。

另外，危险品、冷藏品等特殊货物，往往有特殊的包装和运输要求，导致其运费相应增加。还有项目要求不同而增加的附加费，在核算运费时也要一并考虑。比如：①原产地附加费（ORC），主要在广东、广西、海南、云南的出口海运集装箱上作为 THC 的一种替代收取。②文件费（DOC），包括船公司收取的固定费用（人民币）和目的港代理收取的费用（美元）。③苏伊士运河附加费（SCS），船舶通过苏伊士运河时需支付的费用，由船公司向客户收取。④巴拿马运河附加费（PTF），与 SCS 类似，船舶通过巴拿马运河时船公司向客户收取的费用。⑤美国自动舱单系统录入费（AMS），须在装船前 24 小时申报。⑥加拿大自动舱单系统录入费（ACI），与 AMS 类似，适用于加拿大进口或中转货物。⑦入境摘要报关单（ENS），欧盟港口强制执行的提前舱单规则。⑧洗舱费（CC），散杂货运输中较为常见的费用。⑨拼箱服务费（CFS），涵盖拆箱、集拼、码头等费用，装运港和目的港均适用。⑩集装箱不平衡附加费（CIC），因贸易量不平衡导致的调运空箱成本。

3. 计算方法

班轮运费通常是按照班轮运价表的规定计收的。

目前，国际航运业务中的班轮运价表包括班轮公会运价表、班轮公司运价表、货方运价表等。我国按照使用的不同班轮，分别采用不同的运价表。查表方法是先按照货物英文字母次序找出有关货物的计费标准以及计费等级，再按航线、港口找出该等级货物的基本费率以及有关的附加费率。需注意的是，运价表对运至各港口的货物一般都订明起码运费，即每份提单运费的最低数额。托运小批量货物时，如果货物的计算运费低于起码运费，则按起码运费收取。

班轮运费的基本计算公式为：

运费＝运输吨(重量或尺码吨)×等级费率×(1＋附加费率)

值得注意的是，在实务中，船公司在按尺码吨计收货物运费时，是按计费体积即货物最大外形的几何体积计算的；在此需注意几何体积与计费体积的差异。另外，如果在其他附加费的基础上出现计算中转附加费或货币贬值附加费或两者同时计算的情况，需要在其他附加费的基础上另行计算附加费，计算公式为：

运费＝运输吨(重量或尺码吨)×等级费率×(1＋其他附加费率)
×(1＋中转附加费率)

或者

运费＝运输吨(重量或尺码吨)×等级费率×(1＋其他附加费率)
×(1＋货币贬值附加费率)

或者

运费＝运输吨(重量或尺码吨)×等级费率×(1＋其他附加费率)
×(1＋中转附加费率)×(1＋货币贬值附加费率)

案例 4－1

从我国上海港向欧洲汉堡港运送一批罐头，共 10 个尺码吨。查运价表得知：罐头为 M8 级，欧洲航线每尺码吨的基本运费为人民币 100 元，燃油附加费率为 15%。请计算相应运费。

解：

运费＝运输吨(重量或尺码吨)×等级费率×(1＋附加费率)
＝10×100×(1＋15%)
＝1 150(元)

案例 4－2

某贸易公司委托货代公司出口一批杂货到新加坡，用圆桶包装，货物重量为0.9公吨，桶的直径为0.8米，桶高1米。查船公司运价表得知：该货物的基本运费是每运费吨150美元，燃油附加费按照基本运费收取10%，货币贬值附加费按照基本运费收取10%，计费标准是“W/M”；起码提单按照1运费吨计算。

试计算：

1. 该批货物的计费吨是多少？
2. 该批货物的基本运费是多少？
3. 该批货物的附加费是多少？总运费是多少？

解：1. 根据题意可知：

单位几何体积＝$\pi \times r^2 \times h$＝3.14×(0.8÷2)^2×1＝0.502 4(立方米)
单位计费体积＝0.8×0.8×1＝0.64(立方米)
单位重量＝0.9(公吨)

起码运费为1运费吨，故该批货计费吨为1运费吨。

2. 根据题意可知：基本运费＝150美元。

3. 按照提单规定，收取起码运费后不再加收其他附加费，故没有附加费。因此，总运费为150美元。

案例 4－3

某公司出口化工原料200公吨至马赛，已知每公吨基本运费为300港元，燃油附加费按照基本运费收取20%，转船附加费按照基本运费收取60%，试计算总运费。

解：按题意出现转船附加费，按公式

运费＝运输吨(重量吨或尺码吨)×等级费率×(1＋其他附加费率)
×(1＋中转附加费率)
＝200×300×(1＋20%)×(1＋60%)
＝115 200(港元)

答：总运费为115 200港元。

二、租船运输

租船运输（Shipping by Chartering）是指出租人与承运人签订租船协议，承运人向船东租赁船舶，出租人收取租金的海洋运输方式。在租船运输业务中，船舶的航线和停靠的港口、运输货物的种类以及航行时间等都须按承租人的要求，由船舶所有人确认后决定，运费或租金也由双方根据租船市场行情在租船合同中加以约定。一般不建议租用15年以上超龄船，也不建议租二船东的船。租船运输通常适用于大宗货物的运输。

（一）租船运输的方式

1. 定程租船

定程租船（Voyage Charter），又称程租船或航次租船，是指由船舶所有人负责提供船舶，在指定港口之间往返一个航次或数个航次，承运指定货物的租船运输方式。船舶所有人与租船人双方的责任和义务以定程租船合同为准。

定程租船依租赁方式的不同可分为：

（1）单程租船，又称单航次租船；

（2）来回航次租船；

（3）连续航次租船；

（4）包运合同。

2. 定期租船

定期租船（Time Charter），又称期租船，是指由船舶所有人将船舶出租给承租人，供其使用一定时间的租船运输方式。船舶所有人与租船人双方的责任和义务以定期租船合同为准。承租人也可将该期租船充作班轮或程租船使用。

定程租船与定期租船的区别见表4-1。

表4-1 定程租船与定期租船的区别

区分依据	定程租船	定期租船
租赁方式	按航程租赁船舶	按期限租赁船舶
对船舶的经营管理	由船方负责	船方只负责船舶“适航”费用，不承担船舶出租期间的直接费用
租金	以货量计算 按航次包租总额计算	按每月每吨位若干金额计算
装卸期限与装卸率	船方对承租人有限制	没有限制

（二）租船运输的运费

定程租船运费的计算方法有两种：一种是按规定运费率（Rate Freight）计算，即按每单位重量或单位体积规定的运费计算；另一种是按整船包干价（Lump-Sum Freight）计算。运费的高低主要取决于租船市场的供求关系，同时也与运输距离、货物种类、装卸率、港口使用费、装卸费用划分和佣金高低有关。运费是按照装船重量还是按照卸船重量计算、是预付还是到付都需要在合同中订明。特别要注意的是，应付运费时间是指船主收到运费的日期，而不是租船人支付运费的日期。

定程租船装卸费用的划分方法如下：

（1）班轮条件（Liner Terms）。意为“船方负担装卸费用”。

（2）船方管装不管卸（Free Out，FO）。意为“卸货费用由承租方负担”。

（3）船方管卸不管装（Free In，FI）。意为“装船费用由承租方负担”。

（4）船方不管装卸（Free In & Out，FIO）。意为“装卸费用皆由承租方负担”。

（5）船方不管装卸，也不负担平舱费和理舱费（FIOST，Free In & Out，Stowed & Trimmed）。意为“装卸费用及平舱费和理舱费全部由承租方负担”。

实务中，在定程租船方式下较为普遍的做法是船方不负担装卸费用。在定期租船方式下租金按租期以每一“夏季载重吨”为单位计算。“夏季载重吨”即指船舶夏季时在海水中航行的最大载重吨位。租金一般按月计算，由租船人按月预付给出租人。

（三）装卸时间、滞期费和速遣费

装卸时间、滞期费和速遣费等条款一般是在定程租船方式下船方不负责装卸货物时所规定的一些租船合同条款。

1. 装卸时间

装卸时间（Lay Time）是指在定程租船合同中，船方允许租船人完成装卸任务的时间。它一般以天或者小时为单位。

装卸时间的主要规定方法如下：

（1）按天数（Days）或连续天数（Running/Consecutive Days）计算。“天”就是指从当天午夜 0 时到次日午夜 0 时之间的连续 24 小时，也就是所谓的“日历天数”。按照这种方式，作业从装货或卸货开始，到装货或卸货结束，其间不论是什么天气、是否为节假日或有其他原因，也不论实际是否进行装卸作业，一律都要计算为装卸时间。

（2）按累计 24 小时好天气工作日（Weather Working Days of 24 Hours）计算。指在好天气情况下，不论具体港口的习惯作业时间，一律以累计 24 小时的装卸作业时间为一个工作日。即使港口规定每天只工作 8 小时，装卸作业时间也仍然按照累计 24 小时计算为一天。

（3）按连续 24 小时好天气工作日（Weather Working Days of 24 Consecutive Hours）计算。作业时间以真正意义上的连续作业 24 小时为一个工作日，除去节假日或因受不良天气影响装卸作业的时间。为了进一步明确在节假日作业是否计算工作时间的问题，有些条款还特别规定“星期天和节假日除外”（Sundays and holidays excepted）、“不用不算，用了就算”（Not to count unless used）、“即使用了也不算”（Not to count even used）等。

2. 滞期费

滞期费（Demurrage）是指在定程租船方式下，因承租人装卸货物不及时，超过了租船合同规定的装卸期限，船方按规定向承租人收取的罚金。

3. 速遣费

速遣费（Dispatch Money）是指在定程租船方式下，因承租人装卸货物及时，在租船合同规定的时间结束前完成了货物的装卸，船方按规定向承租人支付的奖励。

速遣费一般是滞期费的一半。例如，租船合同规定的装卸时间为 4 个工作日，超过一天罚 5 000 美元。如果承租人实际上只用了 3 天，则船东只奖励 2 500 美元。

启发思考

在何种运输方式下需要计算滞期费和速遣费？

案例 4-4

某货轮在某港卸 18 000 公吨小麦，规定每晴天工作日卸货 3 000 公吨，节假日即使用了也不算在内，滞期费每天 1 000 美元，速遣费每天 500 美元，接到通知书后 24 小时起算，节假日前一天中午 12 时后和后一天上午 8 时前不计入装卸时间。按装卸记录，计算如下：

日期	星期	记录和说明	实计时间
6 月 1 日	三	上午 9 时接到通知书	0
6 月 2 日	四	上午 9 时起算（24－9）	15
6 月 3 日	五	（假日前）中午 12 时后不算（24－12）	12
6 月 4 日	六	假日不算	0
6 月 5 日	日	假日不算	0
6 月 6 日	一	（假日后）上午 8 时前不算（24－8）	16
6 月 7 日	二	扣除下雨时间 6 小时（24－6）	18
6 月 8 日	三	整天	24
6 月 9 日	四	下午 2 时卸完（12＋2）	14
合计		99（小时）	

折合天数：99÷24＝4.125(天)

装卸期限：18 000÷3 000＝6(天)

比较节省：6－4.125＝1.875(天)

速遣费：500×1.875＝937.5(美元)

三、装运条款

(一) 装运期

1. 装运期与交货期

装运期（Time of Shipment）是指货物装出的时间，交货期（Time of Delivery）是

指货物到达目的港交货的时间，它们之间相差一个运输航程。

装运期应按不同商品的特性、销售季节、国际市场需求状况以及国内资源和运输条件而定。

2. 约定的方法

在国际贸易中对装运期常用的约定如下。

（1）明确规定最迟装运期或一段装运期。

在进出口贸易合同中，一般都订明装运的年度及月份。这种方法期限具体，含义明确，既便于落实货源和安排运输，又可以避免在装运期上引起争议。因此，它在国际贸易中被广泛使用。

（2）规定在收到信用证后若干天内装运。

这种方法适用于下列情况：

①按外商要求的花色、品种和规格成交，或专为某一地区、某一客户生产的商品，一旦外商毁约，这些商品便难以转售。

②一些外汇管制较严的国家和地区一般都实行进口许可证和进口配额制度。如果在洽商交易时，买方尚不能确定批准进口许可证或外汇配额的具体时间，也无法确定具体的装运日期，那么为了促进成交和扩大出口，卖方就可以采取这种方法。

③对某些拖延开证的客户，这种方法有利于促使其按时开证。

（3）收到电汇或票汇后若干天内装运。

（4）笼统规定近期装运。这种方法并不规定具体期限，只是用“立即装运”“即刻装运”“尽速装运”等词语表示。由于各国或各行业对这类词语的解释不一致，容易造成分歧，因此，在采用此方法时应当慎重。

启发思考

采用哪种方法约定装运期较为可行？

3. 注意要点

（1）充分考虑货源的生产情况，要综合平衡材料采购、生产、运输和资金等方面。

（2）装运时间不要限定得过紧，应留有余地，期限长短要合适，特别是不能限定在某一天装运。

（3）为便于办理结汇，装运期应早于交单结汇有效期 15 日。

（4）在 FOB 贸易术语下，合同应约定卖方于货物装运前 30 日向买方发出装运通知，买方应自卖方发出装运通知之日起 20 日内将船舶情况及预计到港时间等通知卖方及港务代理。

（二）装运港与目的港

1. 概念

装运港（Port of Shipment）是指货物起始装运的港口。目的港（Port of Destination）是指货物最终卸货的港口。

2. 约定的方法

在买卖合同中，装运港和目的港的约定方法有以下几种：

（1）在一般情况下，装运港和目的港分别规定为一个。

（2）有时按实际业务的需要，可以采用选择港（Optional Ports）的方法，如 CIF 伦敦选择港汉堡或鹿特丹，或者 CIF 伦敦/汉堡/鹿特丹。选择港一般不超过 3 个，且应是同一航线、运费相当的港口，选港附加费由买方承担。

（3）对于港口重名的问题，如世界上有多个名叫“Victoria”的港口，必须在港口后注明国家，以免混淆。

（三）分批装运和转运

1. 分批装运

分批装运（Partial Shipment）是指将一笔货物分成若干批装运。在信用证支付方式下，UCP 600 第 32 条规定，如信用证规定在指定的时间段内分期支款或分期发运，任何一期未按信用证规定期限支取或发运时，信用证对该期及以后各期均告失效。与分批装运有关的重要条款还有：

UCP 600 第 31 条 a 款，允许分批支款或分批装运。

UCP 600 第 31 条 b 款，表明使用同一运输工具并经由同次航程运输的数套运输单据在同一次提交时，只要显示相同目的地，将不视为分批装运，即使运输单据上标明的发运日不同或装货港、接管地或发运地不同。如果交单由数套运输单据构成，则其中最晚的一个发运日将被视为发运日。含有一套或数套运输单据的交单，如果表明在同一种运输方式下经由数个运输工具运输，那么即使运输工具在同一天出发运往同一目的地，仍将被视为分批装运。

值得注意的是，如果确定分期装运且不允许分批装运，可能的批次数就是分期数。比如，分 2 期装运且不允许分批装运，则对应的批次数就默认为 2 批或 2 次。如果分期装运且允许分批装运，可能的批次数就是各期的分批装运批次之和。比如，分 2 期装运且允许分批装运，第一期发 2 批，第二期发 3 批，则对应的装运批次数总共是 5 批或 5 次。尤其应注意，在实务中很容易混淆分批装运与分期装运，或错误地描述分期装运。

案例 4－5

某公司成交一笔芸豆出口贸易，信用证有关部分条款规定：“600 公吨芸豆，允许分批装运。分两批，400 公吨于 5 月 31 日前运至安特卫普港，200 公吨于 6 月 30 日前运至布鲁塞尔港。”根据 5 月末前的船期和船舱情况，去往安特卫普港的舱位不够，400 公吨必须分两条船装运。业务员查对信用证认为没有问题，因为信用证允许分批装运。该公司于 5 月 18 日用 A 轮装 200 公吨、于 5 月 19 日用 B 轮装 200 公吨运至安特卫普港。结果银行以不许分运、单证不符为由拒付。

分析

本案中，“允许分批装运”已被“分两批”限制，即分为400公吨至安特卫普港，200公吨至布鲁塞尔港，每批不能再分。本案的分批装运问题虽然有船舱不足的原因，但审证人员当时认为可以再分批，误解了信用证条款，所以才导致公司违背信用证规定。

案例4-6

某外商开来一份信用证，要求按以下时间装运货物：7月31日前装运100公吨；8月31日前装运100公吨；9月30日前装运100公吨。受益人在8月15日交单到指定银行，运输单据显示受益人在7月30日装运了150公吨货物。指定银行拒付，理由为7月31日前只允许装运100公吨货物。请问指定银行拒付的理由成立吗？

分析

按照该信用证所列装运时间，7月30日的装运日期既属于7月31日前、8月31日前，也属于9月30日前；即使7月30日装运300公吨货物，也满足信用证要求。因此，指定银行拒付理由不成立。

指定银行按照UCP 600第32条审单，但信用证列出的时间并不满足分期装运的要求。如果想约定分期装运，应表述为7月份装运100公吨货物，8月份装运100公吨货物，9月份装运100公吨货物。如果任意一期未按期装运，则信用证对该期及以后各期均告失效。

2. 转运

转运（Transshipment）是指货物在运输途中的转船、转机及从一种运输工具上卸下再装上另一种运输工具的行为。

分批装运和转运条款直接关系到买卖双方的利益，因此，能否分批装运和转运，应在买卖合同中订明。一般情况下，允许分批装运和转运对卖方来说比较有利。根据UCP 600的规定，除非信用证有相反规定，否则准许分批装运和转运。但买卖合同如对分批装运和转运不做规定，按国外合同法则不等于可以分批装运和转运。因此，为了避免不必要的争议，争取早出口、早收汇，防止交货时发生困难，除非买方坚持不允许分批装运和转运，原则上应在出口合同中明确订入“允许分批装运和转运”。

启发思考

分批装运和转运对合同履行有何影响？

四、海洋运输单据

（一）海运提单

1. 概念

海运提单（Ocean/Marine Bill of Lading），简称“提单”，是证明海洋运输合同和货物由承运人或其代理接管或装船，以及承运人或代理据以保证交付货物的凭证。通俗地说，海运提单是承运人签发给托运人，表明承运人收到了托运人交付的某批托运货物，并承诺将在指定的目的港凭此文件将承运的货物交给收货人的书面证明文件。《中华人民共和国海商法》第七十二条规定：“货物由承运人接收或者装船后，应托运人的要求，承运人应当签发提单。”即“接收货物”或“装船”都可以签发提单。

2. 性质与作用

提单是代表货物所有权，承运人据以交付货物的单据。提单持有人可据以提取货物，也可凭单向银行押汇，或在载货船舶到达目的港交货之前转让提单。其具体作用包括以下几点：

（1）货物收据。提单表明该提单的签发人（承运人或承运人的代理）正式收到了托运人交付的提单上所列明的托运货物。

（2）运输合同的证明。海运提单本身通常不被认为是运输合同，而被认为是承运人和托运人之间就某批货物运输所达成的运输合同的证明文件。但实际上它应该被看作运输合同的组成部分。

（3）物权凭证。除特殊情况以外，提单的善意持有人（Bona Fide Holder）可以而且必须凭以在目的港向承运人或承运人的代理提取货物。值得注意的是，构成物权凭证的已装船提单必须是可转让的指示提单，并能够体现提单持有人对货物拥有所有权，还应满足货物在途运输以及提单持有人愿意转移货物所有权等条件。

《联合国全程或部分海上国际货物运输合同公约》第四十六条规定：所签发不可转让单证有一份以上正本的，提交一份正本单证即可，其余正本单证随即失去效力。该公约第四十七条规定：所签发可转让运输单证有一份以上正本且该单证中注明正本份数的，提交一份正本单证即可，其余正本单证随即失去效力。使用可转让电子运输记录的，按照该公约第九条第一款规定的程序（可转让电子运输记录的使用程序）一经向持有人交付货物，该电子运输记录随即失去效力。

3. 基本内容

海运提单包括班轮提单和租船合同项下提单两种。这两种提单的格式不同，内容也有很大差别。前者除正面列有托运人和承运人分别填写的有关货物与运费等的记载事项外，背面还有印就的涉及承运人与货方之间的权利、义务与责任豁免的条款；后者仅在正面列有简单的记载事项，并表明“所有其他条款、条件和例外事项按某年某月某日租船合同办理”，而背面则无印就的条款。

4. 种类

（1）按提单的“抬头”（收货人），提单可分为记名提单、不记名提单和指示提单。

①记名提单（Straight B/L），是指在“收货人”一栏里直接填写收货人的名称和地址的提单。这种提单不能转让，只能由提单中指定的收货人提货。

在实务中，卖方装运货物与买方支付货款通常不是同时进行的，而且卖方先装运货物、买方后支付货款的情况比较多。同时要注意由于国际运输涉及不同的国家或地区，船公司提单上的运输条款显示所适用法律在记名提单的法律适用方面存在极大风险。《中华人民共和国海商法》规定，提单包括记名提单，属于一种物权凭证，承运人有义务凭正本提单交付货物。但一些典型的英美法系国家通常认为记名提单不是物权凭证，船公司或其代理在目的港放货时可以不收回正本记名提单，仅凭船公司或其代理签发的到货通知及收货人的身份证明即可提货，船公司无须承担无单放货责任，即“合法”的无单放货。在这种情况下，若买方到时候因故不付款，卖方就很难以“货物所有权人”的身份支配货物。因此，记名提单对卖方的风险比较大，卖方一般只有在收讫货款的情况下才会同意签发这种提单。

②不记名提单（Bearer B/L），是指“收货人”一栏里不填写任何具体的名称和地址，只注明“持有人”（Holder）或“来人”（Bearer）字样，或者干脆什么都不写的提单。

这种提单无须办理任何法定手续就可以任意转让。万一不慎丢失，谁持有它谁就是“善意持有人”，就可以凭以提货。不记名提单对货主的风险也很大，因此一般极少使用。

③指示提单（Order B/L），是指在“收货人”一栏里只填写“To Order”或“To the Order of Somebody”字样的提单。这里的“Somebody”一般为“（开证）银行”或“托运人”。

指示提单常常以开证行或申请人、空白指示人或托运人的指示人为抬头。以开证行或申请人为抬头的指示提单默认无须背书。以空白指示人或托运人的指示人为抬头的指示提单，必须经过托运人背书才可以转让，因此，这类提单在国际贸易实务中被广泛使用。

（2）按签发提单时货物是否装船，提单可分为已装船提单和备运提单。

①已装船提单（On Board B/L），是指货物装船后，应托运人的要求，由承运人或其代理向托运人签发的表明货物已装船的提单。该提单上除了载明其他通常事项外，还必须注明装运货物的船舶名称和货物实际装船完毕的日期。在国际贸易中，出口人向银行申请议付货款时所提交的提单必须是已装船提单。已装船提单在国际贸易中被广泛使用。

②备运提单（Received for Shipping B/L），又称“收妥待运提单”，是指承运人在收到托运货物等待装船期间，向托运人签发的提单。这种提单没有确定的装船日期，往往也不注明装运货物的船舶名称，因此，在跟单信用证支付方式下，银行一般不接受备运提单。货物装船后，承运人在备运提单上加注“已装船”字样，注明船舶名称、装船日期并签字证明，使之成为已装船提单。

（3）按有无不良批注，提单可分为清洁提单和不清洁提单。

①清洁提单（Clean B/L），是指货物交运时外表状况良好，承运人未加有关货损或包装不良或其他有碍结汇批注的提单。在办理结汇时，银行规定必须交付清洁提单。

②不清洁提单（Unclean B/L），是指承运人加有货物外表状况不良或存有缺陷等批注的提单，如包装不牢固、破包、×件损坏、水湿、油渍和锈损等。

（4）按不同船舶营运方式，提单可分为班轮提单和租船提单。

①班轮提单（Liner B/L），是指货物采用班轮运输，由班轮公司签发的提单。

②租船提单（Charter Party B/L），是指货物采用租船运输，由承运人根据租船合同签发的提单。这种提单上有“根据×租船合同出立”的批注，是一种受租船合同约束的提单。除非信用证另有规定，否则银行一般不接受这种提单。ISBP 821 规定，如租船提单上船长签名处加盖的印戳含有船名及船东名称，该租船提单也将视为已由船长签署。

（5）根据提单内容的繁简，提单可分为全式提单和略式提单。

①全式提单（Long Form B/L），是指正面记载了事项，背面又有有关承运人和托运人之间权利、义务的详细条款的提单。

②略式提单（Short Form B/L），是指只有正面记载的事项而无背面条款的提单。这种提单一般均加列“各项条款及例外条款以本公司正式提单内所印就的条款为准”的字样。按惯例银行不得拒收略式提单。

（6）按运输方式的不同，提单可分为直达提单、转船提单或联运提单和多式联运提单。

①直达提单（Direct B/L），是指货物从装运港装船后，中途不换船而直接运到目的港使用的提单。直达提单上仅列有装运港和目的港的名称。在国际贸易中，如果信用证规定货物不准转运，卖方就只能在取得承运人签发的直达提单后向银行申请议付货款。

②转船提单（Transshipment B/L）或联运提单（Through B/L），是指货物必须经中途转船才能到达目的港而由承运人在装运港签发的全程提单。若转船提单上注有“在某港转船”字样，则承运人只对第一程运输负责。相比较而言，转船提单只不过是在海洋运输方式下所签发的提单，可以说是联运提单的一种特例。按照 UCP 600，联运提单须注明承运人名称，并由承运人、船长或各自的具名代理签署。如果提单上船长签名处加盖的印戳（通称船舶印戳）附有船名和船东名称，依据 ISBP 821 仍将视为已由船长签署。

③多式联运提单（Multimodal Transport B/L），是指货物由海洋、内河、铁路、公路和航空等其中两种以上不同运输方式共同完成全程运输时由承运人签发的提单，这种提单主要用于集装箱运输。多式联运提单一般由承担海运区段运输责任的船公司签发。但是，若经买卖双方同意，并通过信用证明确规定，也可由其他承运人签发。

（7）按提单的签发日期，提单可分为预借提单、倒签提单和过期提单。

①预借提单（Advanced B/L），是指承运人在货物未装船或未装船完毕时签发的提单。在托运人需要提前取得运输单据来办理货款结算手续或派作其他用途时，通常会要求承运人签发预借提单。

②倒签提单（Anti-dated B/L），是指承运人在提单上签注的货物装船完毕的日期早于货物实际装船完毕的日期的提单。这种提单与预借提单一样，通常被认为是非法的和带有欺骗性的，应禁止使用。

③过期提单（Stale B/L），是指出口商不按规定或法定的期限向银行交付的提单。即货物装船后，卖方向当地银行提交提单时，银行按正常邮程预计收货人不能在船舶抵港前收到的提单。此外，按照 UCP 600 的规定，在装运日期 21 天后才提交的提单也属

于过期提单，过期提单影响买方及时提货、转售并可能造成其他损失。因而，为防止买方以此为借口拒付货款，银行一般都拒收过期提单。

(8) 电放提单（Surrendered B/L)，是指装运港船公司或其代理应发货人要求在未签发正本提单时或收回已经签发的正本提单后，通过电报、传真、电邮等电子形式把提单信息发送至目的港船公司或其代理，然后给发货人出具的注有"Surrendered"（电放）或"Telex Release"（电放）字样的运输单据。收货人在目的港提货时无须出具正本提单，而是凭加盖电放章的电放提单副本、到货通知及身份证明提货。电放提单通常是在传统提单的基础上，卖方或实际发货人可以要求承运人先签发正本提单（具备物权凭证的性质，可流通转让，承运人交货时需收回)，并凭正本提单的扫描件或副本向买方收款，收到货款后再视情况安排电放，即在收回全部货款后通过电放放弃凭提单控制货物的权利。

启发思考

提单仅限于货物装船时签发吗?

5. 出具人不同的海运单据操作流程

(1) 船东提单。

船东提单（Master B/L，M B/L）为船舶拥有人接收货物后出具的凭证，具备海运提单的一切特征。船东提单的操作流程如图 4-1 所示。

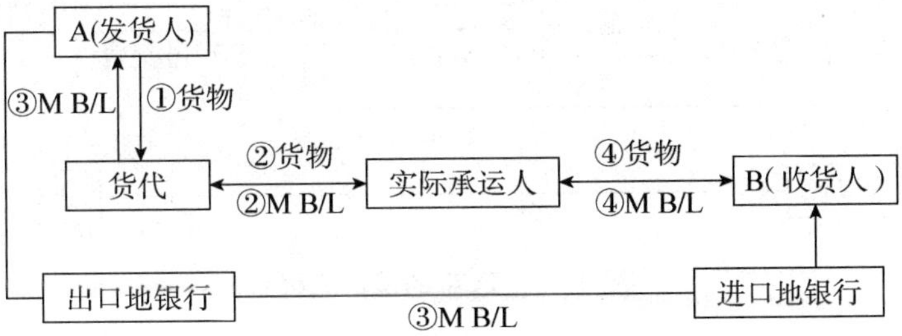

图 4-1　船东提单的操作流程

说明：图中相同序号表示同时进行。本章后面各图同此。

(2) 货代提单。

货代提单（House B/L，H B/L）是货运代理代替各发货人向船公司托运并收到船公司签发的提单后，再向各发货人签发的单据。货代提单的操作流程如图 4-2 所示。

(3) 货运代理收讫货物证明。

货运代理收讫货物证明（Forwarders Certificate of Receipt，FCR）是国际货物运输代理协会联合会向组织内部国际货运代理推荐使用的单据。在缮制过程中，FCR 因仅具有货物收据的性质，所以"收货人"一栏不能做成指示性抬头，只能填制进口商具体信息，从而使 FCR 本质上仅表示承运人所辖货物的流向，并作为承运人揽货凭证。FCR 的操作流程如图 4-3 所示。

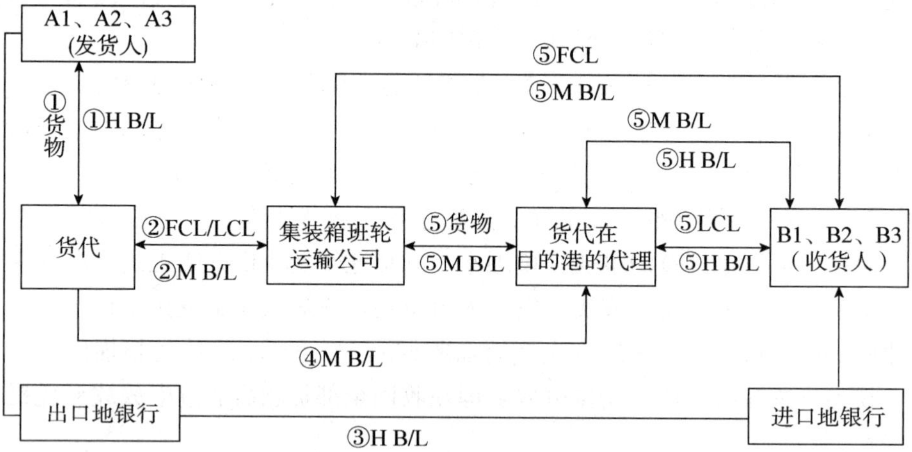

图 4-2 货代提单的操作流程

说明：图中的 FCL 为 Full Container Load 的首字母缩写，意为“整箱货”；LCL 为 Less Than Container Load 的首字母缩写，意为“拼箱货”。

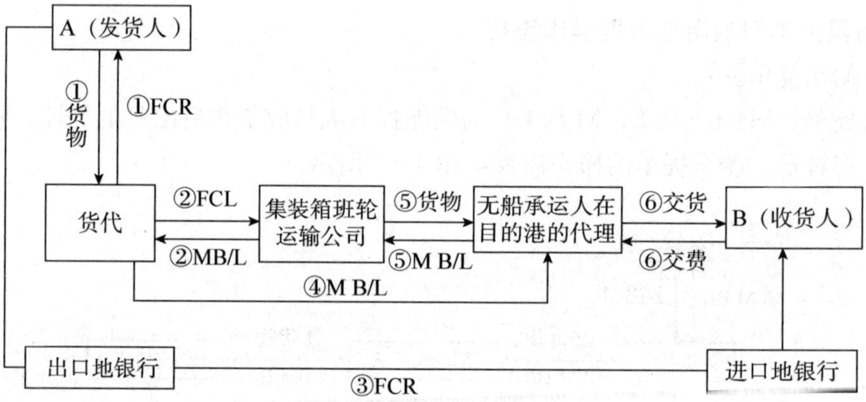

图 4-3 FCR 的操作流程

FCR 的主要特点如下：

①FCR 一般只出现在 FOB 或 EXW 术语下；

②FCR 只是收据，而非提单这样的物权证明；

③FCR 同货物收据（Cargo Receipt）一样，谁都可以开具；

④收货人不需要 FCR 就能提货；

⑤FCR 一般都在正面显著位置明确记载“货物将直接发送收货人”，只要托运人接受了该单据，承运人直接向收货人交付货物就既不违法也不违约，从而无须承担任何责任。

注意要点：FCR 既不是运输合同，也不是运输合同的证明，不属于 UCP 600 所规定的运输单据，审核适用 UCP 600 第 14 条 f 款。FCR 的出具日期有两种：一种是交货人将货物拖到场站后，货运代理人凭场站收据出具 FCR，上面一般没有装船日期等内容；另一种是货运代理人在货物装船后出具 FCR，上面注有开航日期或者装船日期等内容，反映货物实际运输的日期，不是 UCP 600 规定的装运日期，不会对实际运输和承运人产生约束力，仅作为参考。

（二）海运单

1. 概念

海运单（Sea Waybill）是承运人或其代理向托运人签发的，表明他已经收到托运人的货物并拟将该货物运往指定目的港，直接交给指定收货人的凭证，多用于近洋运输，目的是避免货等单，缓解无单放货、提单遗失以及伪造提单等问题。

（1）海运单的特点。

①海运单不能代表货物的所有权，不能凭以提货。海运单只具备“货物收据”和“运输合同证明”的性质，它不代表货物的所有权，承运人凭收货人出示的适当身份证明交付货物，并不要求出示正本海运单。

②海运单不能流通转让。海运单不能代表物权，它不是有价证券，不能转让。

（2）海运单的优点。

①避免提单遗失或伪造带来风险。如果改用海运单，凭承运人或其代理的到货通知放货，就不存在其他人用捡到的提单或假提单去冒领货物的问题了。

②方便收货人提货。收货人仅凭承运人或其代理的到货通知提货，货物到达目的港后，他随时都可以提取，不受任何条件的限制。

③便于电子数据交换（EDI）信息单据的推广使用。随着信息技术的发展，EDI 信息单据在国际贸易中的应用越来越普遍。为了适应 EDI 信息单据应用的需要，托运人与承运人之间的货物交接使用海运单，而承运人与收货人之间的货物交接使用 EDI 信息单据。这种方式对 EDI 信息单据的推广使用无疑将起到十分积极的作用。

2. 海运单和海运提单的区别

海运单和海运提单的区别主要体现在两种交货方式的不同上，如图 4－4 和图 4－5 所示。

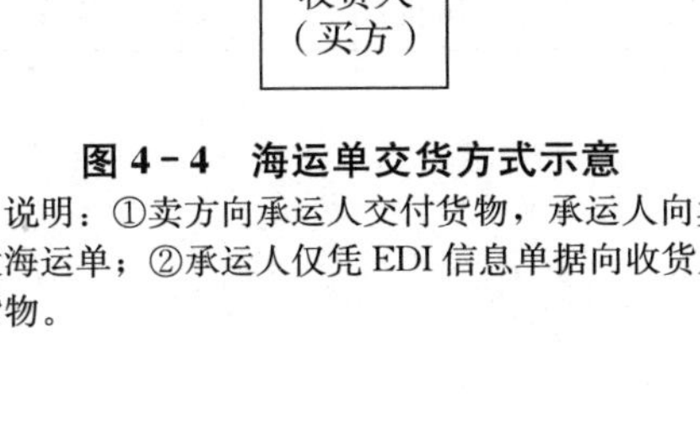

图 4－4 海运单交货方式示意

说明：①卖方向承运人交付货物，承运人向卖方签发海运单；②承运人仅凭 EDI 信息单据向收货人交付货物。

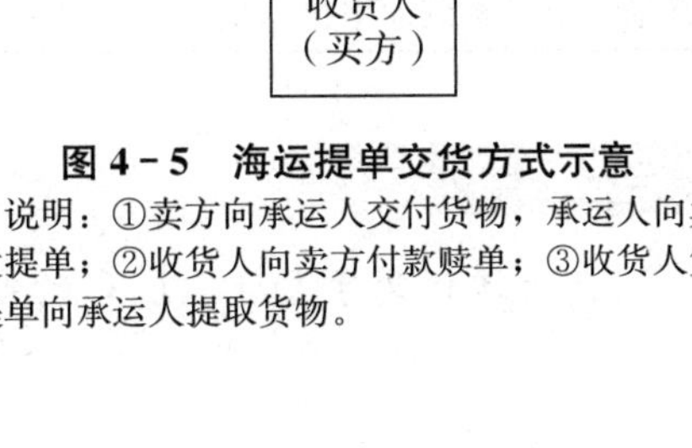

图 4－5 海运提单交货方式示意

说明：①卖方向承运人交付货物，承运人向卖方签发提单；②收货人向卖方付款赎单；③收货人凭正本提单向承运人提取货物。

表 4-2 总结了海运单与海运提单的差异。

表 4-2 海运单与海运提单的差异

单证种类	物权效力	可转让性	交货方式
海运单	无	不可转让	凭身份证明即可提货
海运提单	有	可自由转让	凭正本提单方可提货

启发思考

海运单和海运提单的根本不同点是什么？

3. 海运单的运用

（1）租船运输。由于在租船运输方式下船东和承租人双方的权利和义务以租船合同的形式加以规定，加之整船货物一般只有一个发货人和一个收货人，因此承运人（船东）只要按租船合同将承运货物在目的港交给指定的收货人即可，不需要凭运输单据交付货物。

（2）电放货物。托运人与承运人商定，货物在目的港不凭纸质的正本提单提货，而仅凭卖方的书面放货声明（或指令），由承运人电告（如通过电传、电子邮件或 EDI 信息单据等）在目的港的代理直接把货物交给收货人。货物在装运港装船后，承运人就向托运人签发海运单，用以证明已经收到了托运货物，并拟将此货物运抵指定的目的港，直接交给指定的收货人。

有些进口商不愿意用提单去提货，因而通常要求卖方向承运人交付货物后签署一份“放弃物权”的书面声明，然后由承运人向卖方签发一份不含有物权的海运单。这种做法对买方有利，但卖方面临的风险却非常大。所以在正常情况下，卖方除非在装运货物前就收讫了货款，否则不可贸然答应这样做。

表 4-3 总结了海运单的适用情形及优点。

表 4-3 海运单的适用情形及优点

适用情形	优点
贸易双方为跨国公司总、分公司或母、子公司，或长期合作、相互信任的贸易伙伴	精简贸易程序，避免单据遗失导致提货不便
贸易双方采取赊销或预付货款（前 TT）支付方式	交易便捷，加快贸易程序运转速度
近洋航线贸易货到而单据未到	货物到港时可凭身份证明提货，避免货等单

启发思考

海运单适用于 D/P、L/C 的结算方式吗？

五、海运国际货运代理

（一）概述

1. 含义

国际货运代理（International Freight Forwarder）是指接受进出口货物收货人、发货人和其他委托人或其代理的委托，以委托人的名义或者以自己的名义组织办理国际货物运输及相关业务，提供国际货物流通领域的供应链及物流增值服务的、国际多式联运的组织者、经营者。我国国际货运代理作业应符合《国际货运代理作业规范》（GB/T 22151—2008）。

2. 作业范围

按不同的服务对象，海运国际货运代理的作业内容包括但不限于：（1）为发货人服务。代替发货人承担在各种不同阶段的货物运输中的任何一项业务，包括以最快、最省钱的运输方式，安排合适的货物包装，选择合理的货物运输路线；向客户建议仓储与分拨；选择可靠、高效的承运人，并负责缔结运输合同；安排货物的计重和计量（尺码）；代办货物的保险；拼装货物；装运前或在目的地分拨货物前，将货物存仓（如果需要的话）；安排货物到装运港的运输，办理海关和有关单证手续，并将货物交给承运人；代表托运人/收货人承付运费、关税等；办理有关运输的外汇交易；取得承运人签发的各种单证，并交付发货人，监督货物运输的进程。（2）为海关服务。作为代理办理有关进出口商品的海关手续时，不仅代表客户，也协助海关当局。（3）为承运人服务。向海、陆、空承运人及时订好足够的舱位，认定对承运人和发货人都公平合理的费率，安排在适当的时间内交货，并以发货人的名义解决与承运人或承运人代理的运费结算等问题。

（二）业务流程

海运货运代理业务的操作流程以及货运代理与相关部门的联系分别如图 4－6 和图 4－7 所示。

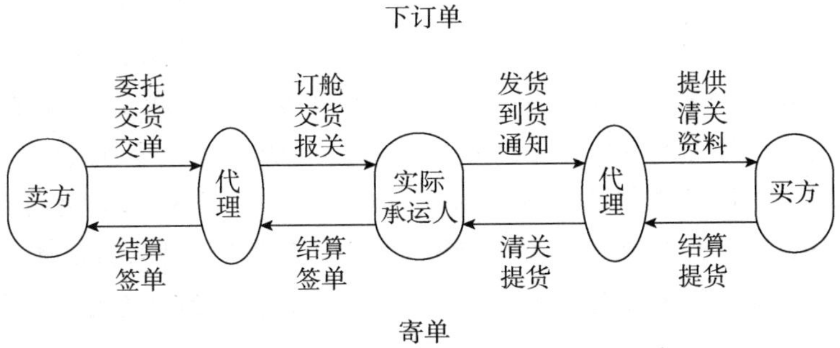

图 4－6　海运货运代理业务的操作流程

值得注意的是：在实务中，在集装箱船几乎全面取代其他船舶从事班轮运输的趋势下，无船承运人因将零星货拼箱、分别签发运输单据给零星托运人而成为班轮运输签单

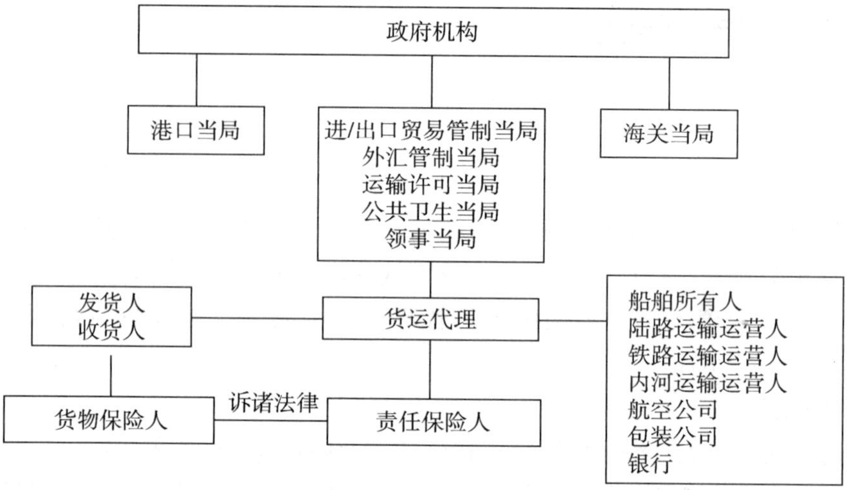

图 4-7 货运代理与相关部门的联系示意

量95%以上的主要签单人，即货代中的无船承运人以自己的名义签发运输单据。具体业务流程为无船承运人将零星货拼箱后交整箱货至船东处，船东签发主提单给无船承运人，主提单仅作为收据或提领凭单，不能作为结汇单据使用；然后，无船承运人作为承运人，签发分提单或其他种类的单据给真正的托运人，作为结汇单据。无船承运人虽属于货代，但与货代还是有本质区别的。货代是将货拼箱后交船东直接取得船东提单，或由货代代替船东签发提单给真正的托运人，作为结汇单据。无船承运人提单通常为指示提单，船东提单通常为记名提单。

启发思考

无船承运人与货代之间是什么关系？

案例 4-7

A公司与B公司签订贸易合同，约定B公司向A公司购买印度尼西亚水泥熟料。合同签订后A公司租订D货轮装货运至目的港。由于A公司与B公司就货款结算与正本提单交付意见不一，导致D货轮滞港无法卸货。滞港期间，A公司仍持有全套正本提单，D货轮归属C货运公司。C货运公司在获取B公司放货保函后，无单放货给B公司，至此A公司提起诉讼，要求C货运公司承担无单放货造成的损失并获得法院支持。C货运公司赔偿后，按照无单放货保函的约定，向B公司追偿。

分析

印度尼西亚是RCEP的成员，海运航程较短，无单放货保函的运用比较普遍。无单放货保函是收货人对无单放货可能产生的损失和费用给予补偿的书面保证文件，属于一种独立的责任保证，也是一种附加条件的合同，当事人理应按保函约定履行义务。

第二节　铁路运输

铁路运输是现代运输业的主要运输方式之一，与其他运输方式相比具有运输速度快、运载量大、安全可靠、运输成本低、运输连续性强以及受气候因素影响较小等优点。

一、对港澳地区的铁路运输

（一）对香港的运输方式

内地对香港的铁路运输由内地段和港九段两部分组成，特点为“两票运输、租车过轨”。也就是出口单位在发送地车站将货物托运至深圳北站，收货人为深圳外运公司。货车到达深圳北站后，由深圳外运公司作为各地出口单位的代理向铁路当局租车过轨，交付租车费（租金从货车到深圳之日起至货车从香港返回深圳之日止，按车上标定的吨位，每天每吨若干人民币）并办理出口报关等手续。经海关放行过轨后，香港中国旅行社有限公司（以下简称“香港中旅”）作为深圳外运公司的在港代理，在港段罗湖站向港九铁路另行起票托运至九龙站，货到九龙站后由香港中旅负责卸货并交收货人。

（二）对澳门的运输方式

内地对澳门的铁路运输是先将货物运至广州南站（集装箱到广州站），收货人为广东省外运公司。货到广州后由广东省外运公司办理中转运至澳门，由南光集团的运输部接货并交收货人。

二、国际铁路货物联运

国际铁路货物联运（International Carriage of Goods by Rail）是指在两个或两个以上的国家之间进行铁路运输时只使用一份统一的国际联运单据，在一国铁路当局向另一国铁路当局移交货物时，无须发货人和收货人参加，由铁路当局对全程运输负连带责任的运输方式。

（1）《国际铁路货物联运协定》（Agreement on International Railroad through Transport of Goods，简称《国际货协》，其成员使用的运单为 SMGS），是 1951 年 11 月由苏联、捷克斯洛伐克、罗马尼亚、民主德国等 8 个国家共同签订的一项铁路货运协定。我国于 1953 年 7 月加入该协定，其后，朝鲜、越南、蒙古也陆续加入。现行的是 1971 年 4 月经铁路合作组织核准，并从 1974 年 7 月 1 日起生效的文本。《国际货协》是缔约各方发货人、收货人以及过境办理货物联运所共同遵循的基本文件。

（2）《国际铁路货物运输公约》（Convention Internationale Concernant le Transport des Marchandises Par Chemins de Fer，简称《国际货约》，其成员使用的运单为 CIM）。

1890 年，欧洲各国在伯尔尼制定《国际铁路货物运输规则》，1938 年该规则修改为《国际铁路货物运输公约》，又称《伯尔尼货运公约》。1970 年 2 月 7 日，西欧有关国家在伯尔尼重新修订了《国际铁路货物运输公约》。该公约在 1980 年被包括国际铁路客运和行李托运在内的《国际铁路运输公约》（Convention Concerning International Carriage of Goods by Rail）所取代。《国际铁路运输公约》从 1985 年起生效，生效前曾进行了若干修正。

（3）《统一货价》。铁路合作组织在 1993 年制定了《国际铁路货物联运统一过境运价规程》，即《统一货价》，规定了国际铁路运输过境时需办理的货物运送手续，过境运送费用、杂费和罚款的计算，以及过境铁路里程表、货物品名表和分等表与货物运费计算表等。

（4）《关于深化中欧班列合作协议》。2017 年 4 月 20 日，中国、白俄罗斯、德国、哈萨克斯坦、蒙古、波兰、俄罗斯七国铁路部门正式签署《关于深化中欧班列合作协议》。中欧班列是指中国开往欧洲的快速货物班列，是适合装运集装箱的货运编组列车。目前铺画了西、中、东三条通道中欧班列运行线：西部通道由我国中西部经阿拉山口（霍尔果斯）出境，中部通道由我国华北地区经二连浩特出境，东部通道由我国东南部沿海地区经满洲里（绥芬河）出境。中欧班列普遍采用“量价捆绑”的协议运价机制，对于过境货物，各国在《统一货价》的基础上给予一定的优惠。中欧班列以运距短、速度快、安全性高的特征，以及安全快捷、绿色环保、受自然环境影响小的优势，已经成为国际物流中陆路运输的骨干方式。中欧班列为铁路进一步发挥国际物流骨干作用，对“一带一路”倡议中将“丝绸之路”从原先的“商贸路”变成产业和人口集聚的“经济带”起到了重要作用。

中欧班列的作业流程按作业发生的地点主要分为三大部分：发站的业务办理流程、途中的运输和口岸站作业流程以及到站的到达交付流程。中欧班列的业务办理一般分为货运代理办理和货主自行办理两种。由于业务涉及复杂的报关、清关等流程，因此大部分班列业务由货运代理承接。一般有货运需求的货主找到货运代理后，经过询价、报价等过程，与代理达成委托关系，在双方签订正式委托合同，货主将发票、许可证、商检证等资料递交至代理处后，代理即可代表货主进行需求提报等作业（见图 4-8）。

中欧班列具有稳定高效、覆盖范围广、全天候的独特优势，市场需求旺盛，已经成为连通欧亚大陆的主要桥梁和绿色通道。具体而言，中欧班列具有以下优势：

①货运直达。航程比海运快一倍以上且安全、稳定。

②节省成本。相对于航空运输，成本节省 50%。

③一站式服务。国内上门提货或门到门全包价。

④运载灵活。除整箱发运外还可以拼箱发运，班次密集，运输便利。

三、铁路运输流程

1. 国际铁路联运代理出口业务流程

国际铁路联运代理出口业务流程如图 4-9 所示。

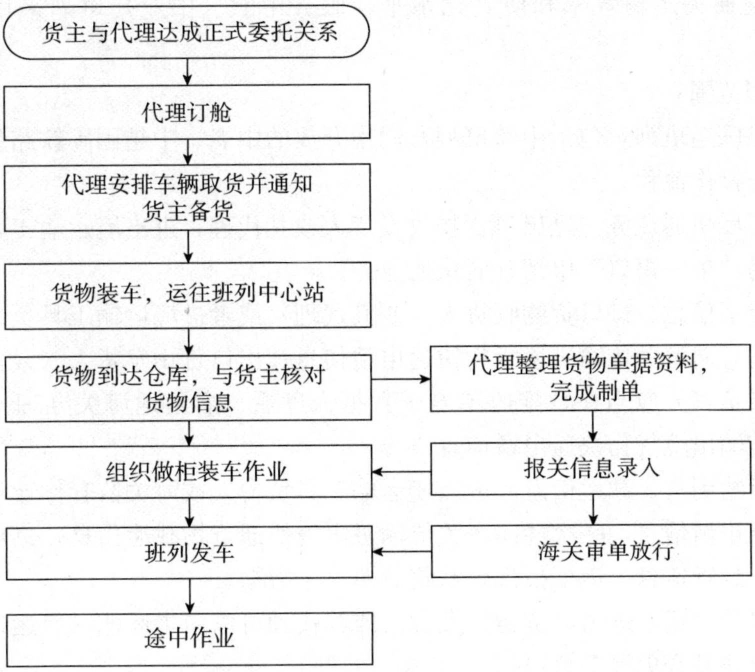

图 4－8　中欧班列整体业务流程

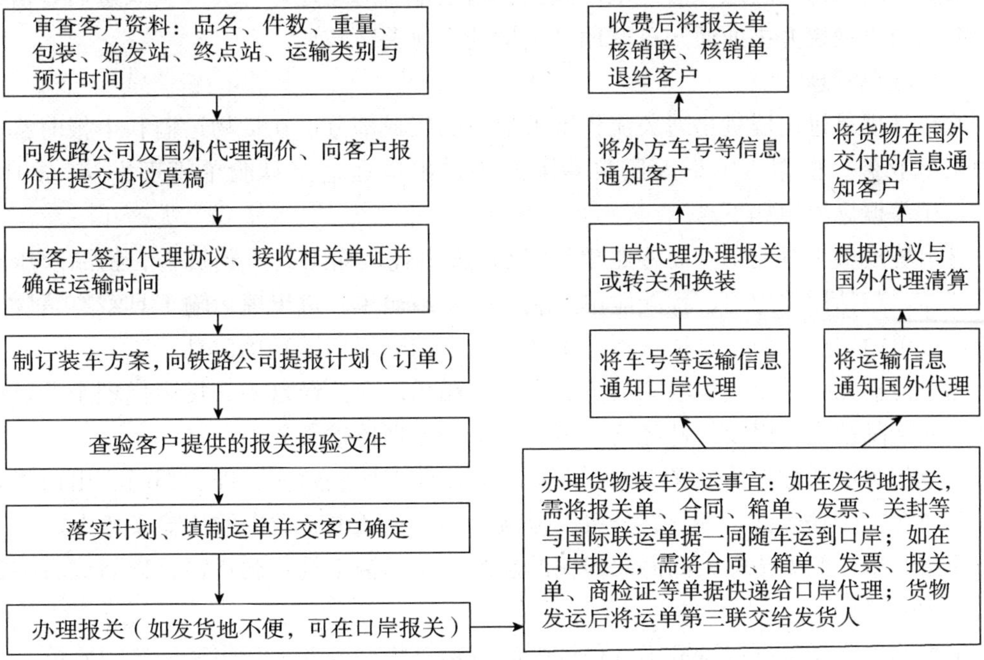

图 4－9　国际铁路联运代理出口业务流程

2. 铁路快速通关业务模式

推进高质量共建“一带一路”，促进国际铁路联运班列发展，提高境内段铁路进出口货物快速通关运输效率和便利化水平，服务中欧（中亚）班列采用的创新业务模式。

（1）适用范围

国际铁路联运班列，包括中欧班列及向南开放的中老、中越国际铁路货运班列等。

（2）业务操作流程

①申请开展快通业务。进出口货物收发货人或其代理、进出境运输工具负责人可以通过国际贸易“单一窗口”申请开展快通业务。

②传输申请信息。进口货物收货人（或其代理）或者进境运输工具负责人应当在理货报告传输前，向海关传输进境货物快通申请信息；出口货物发货人（或其代理）或者出境运输工具负责人应当在预配舱单电子数据入库后、启运地海关办理报关申报手续前，向海关传输出境货物快通申请信息。

③传输货物到货、载运信息。进出境运输工具负责人或海关监管作业场所经营人根据企业的快通申请信息，一次性向海关传输进出境快通货物载运信息、进出境快通货物指运（启运）到货信息、运抵报告等铁路舱单电子数据。

④办理舱单手续。进出口货物收发货人或其代理可以向指运地（启运地）统一办理舱单归并、分票及变更等手续。

⑤特殊情况处理。快通货物运输途中因故需破封整理、更换集装箱的，进出境运输工具负责人应通知指运地（启运地）海关。指运地（启运地）海关核实同意后，协调途经地海关监管换装并书面通知进境地（出境地）海关。

（3）舱单管理

舱单管理是进出境货物通关流程不可缺少的组成部分，在货物运输和申报时都必须办理舱单业务。根据《中华人民共和国海关进出境运输工具舱单管理办法（2018 修正）》，相关概念界定如下。

进出境运输工具舱单（简称舱单），反映进出境运输工具所载货物、物品及旅客信息的载体，包括原始舱单、预配舱单、装（乘）载舱单。进出境运输工具载有货物、物品的，舱单内容应当包括总提（运）单及其项下的分提（运）单信息。

舱单传输人：进出境运输工具负责人、无船承运业务经营人、货运代理企业、船舶代理企业、邮政企业以及快件经营人等舱单电子数据传输义务人。

舱单相关电子数据传输义务人：海关监管作业场所经营人、理货部门、出口货物发货人等向海关传输运抵、理货、分拨、分流申请等相关电子数据的传输义务人。

原始舱单：舱单传输人向海关传输的反映进境运输工具装载货物、物品或者乘载旅客信息的舱单。

预配舱单：反映出境运输工具预计装载货物、物品或者乘载旅客信息的舱单。

总提（运）单：由运输工具负责人、船舶代理企业所签发的提（运）单。

分提（运）单：在总提（运）单项下，由无船承运业务经营人、货运代理或者快件经营人等企业所签发的提（运）单。

运抵报告：进出境货物运抵海关监管作业场所时，海关监管作业场所经营人向海关提交的反映货物实际到货情况的记录，以及进出境物品运抵旅客通关类、邮件类场所时，相关场所经营人向海关提交的反映物品实际到货情况的记录。

理货报告：海关监管作业场所、旅客通关类及邮件类场所经营人或者理货部门对进出境运输工具所载货物、物品的实际装卸情况予以核对、确认的记录。

①出境舱单传输流程。预配舱单—分运单运抵报告—放行—总运单运抵报告—总运单放行—装载舱单—理货报告。

海关接收预配舱单主要数据后，舱单传输人应当在铁路列车开始装载货物、物品的2小时以前向海关传输预配舱单其他数据。

②进境舱单传输流程。原始舱单入库—理货报告—分拨申请—分拨运抵报告—分运单理货报告—核注—核销—总运单放行。

进境运输工具载有货物、物品的，舱单传输人应当在铁路列车抵达境内第一目的站的2小时以前向海关传输原始舱单主要数据。

启发思考

在快通模式下，货物查验作业在哪儿开展？

四、铁路运输单据

铁路运输单据是铁路运输承运人在收到货物后签发给托运人的收货凭证。按ISBP 821，铁路运输单据可以由铁路公司或出发地铁路车站加盖日期戳，无须显示承运人名称或代表承运人签署的具名代理名称。它并非物权凭证，不能通过背书进行转让和抵押融资。《国际货协》和《国际货约》均明确规定铁路联运单据中的收货人一栏必须是记名的。

1. 中欧铁路运输单据

铁路运单（Railway Bill）是铁路运输承运人签发给托运人的货运单据。它是承运人与托运人之间的运输契约，使用正副本方式：运单正本随同货物从始发站到终点站交给收货人，作为承运人向收货人交付货物的凭证。随车单据还包括发票、明细单、装箱单和报关单。运单副本在发货站加盖承运日期戳记，作为货物已被承运的证明，发货人凭之向银行申请结汇。

中欧班列一般为《国际货协》成员与《国际货约》成员之间的铁路货物运输，签发的运输单据通常有《国际货协》运单与《国际货约》运单组合、《国际货约》或《国际货协》单一运单。中欧铁路运输单据的指向性很强，就是指我国中欧班列使用的国际铁路运输单据。为推进中欧班列持续发展，提升贸易便利化水平，解决铁路运单因不具备“物权凭证”效力在信用证申请中功能受限等问题，中国国际货运代理协会多式联运提单（CIFA Multimodal Transport Bill of Lading，CIFA 多式联运提单）被认作全程铁路、海运互认互通并具有提单物权属性的国际多式联运单据。CIFA 多式联运提单严格按照商务部颁布的《中华人民共和国国际货物运输代理业管理规定实施细则（试行）

(2003 修订)》操作，有助于进一步提升跨境多式联运一体化服务水平，是中国国际货运代理协会推进实现跨境多式联运物权化工作的创新成果。通过签发“一单制”CIFA 多式联运提单，全程铁路、海运互认互通，企业可以享受到“一次委托”“一单到底”“一次保险”“一箱到底”“一次结算”的便捷服务，免除了原有模式下陆运、海运分段委托的烦琐手续。CIFA 多式联运提单适用于涉及一种或多种运输方式的国际单一运输或国际多式联运，可以以可转让方式签发，提单持有人有权凭提单提取或转让货物。在实际使用当中，按照以下顺序使用该提单：国际海运—国际多式联运—国际铁路联运（中欧班列）。该提单不适用于纯空运、纯汽运或以空运、汽运为主的国际运输，也不适用于完全在我国境内的多式联运。

2. 承运货物收据

承运货物收据是在内地对港澳铁路运输中使用的一种特定结汇单据。该收据是代办运输的外运公司向出口人签发承运货物的收据，也是承运人与托运人之间的运输契约，同时还是出口人办理结汇手续的凭证。承运货物收据只有第一联为正本，反面印有“承运简章”，该简章载明了承运人的责任范围。

启发思考

对港澳地区的铁路运输有何特点？

第三节 国际航空货运

一、国际航空货运方式

航空运输方式主要有班机运输、包机运输、集中托运和航空快递业务四种。

（一）班机运输

班机运输（Scheduled Airline）是指具有固定开航时间、航线和停靠航站的飞机运输。班机通常为客货混合型飞机，货舱容量较小，运价较高，但由于航期固定，有利于客户安排鲜活商品或急需商品的运送。

（二）包机运输

包机运输（Chartered Carrier）是指航空公司按照约定的条件和费率，将整架飞机租给一个或若干个包机人（发货人或航空货运代理公司），从一个或几个航空站装运货物至指定目的地的飞机运输。包机运输适合大宗货物，费率低于班机运输，但运送时间比班机运输要长。

（三）集中托运

集中托运（Consolidation）可以采用班机运输或包机运输方式，是指航空货运代理公司将若干批单独发运的货物集中成一批向航空公司办理托运，填写一份总运单送至同一目的地，然后委托当地的代理分发给各个实际收货人的飞机运输。这种托运方式可降低运费，是航空货运代理公司的主要业务之一。

(四) 航空快递业务

航空快递业务（Air Express Service）是指由快递公司与航空公司合作，向货主提供快递服务的飞机运输。业务过程是：快递公司派专人从发货人处取货后，用最快的航班将货物出运，飞机飞抵目的地后，由专人接机提货，办妥进通手续后直接送达收货人，称为“桌到桌运输”（Desk to Desk Transportation）。这是一种最快捷的运输方式，特别适用于各种急需物品和文件资料的运输。

二、航空货运代理公司

航空公司只是负责将货物从一个机场运至另一个机场。揽货、接货、报关、订舱以及在目的地提货和将货物交付收货人等方面的业务，全由航空货运代理公司（简称空代）办理。空代从事航空货运销售代理业务时必须遵循《航空运输货运销售代理人业务规范》。通常空代既是货主的代理，又是航空公司的代理。它可代表航空公司接收货主的货物并出具航空分运单，当货物在航空公司责任范围内丢失、损坏时，它可以代表货主向航空公司索赔。航空货物出口运输代理业务流程如图 4－10 所示。

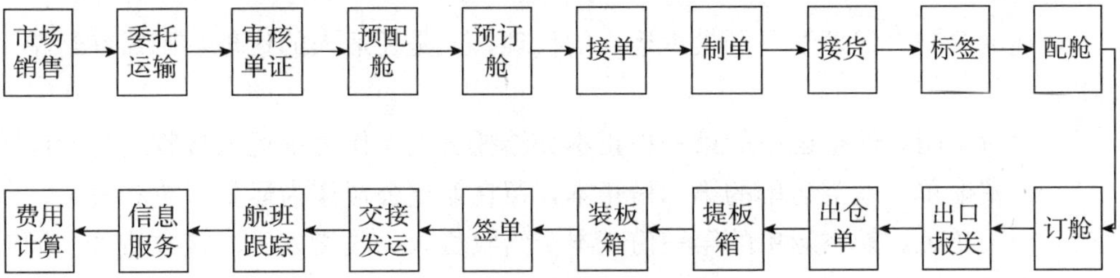

图 4－10　航空货物出口运输代理业务流程

从事航空货运代理需要有丰富的商品知识，要了解相关的法律制度，熟练制作相关单证，要熟悉货物拼装的尺码、比重、超限数据和不同型号飞机的舱容；要精通货运管理费用、保险和进出口许可证等方面的规章制度。此外，还要向货主提供下述各项服务：

（1）提供运输设备，将货物从发货人处按时运往机场，或将若干托运到同一目的地的货物集中成一整批运往机场并向航空公司办理订舱。

（2）检查单证是否齐全并填写航空运单，正确计算运单上列明的各项费用。

（3）在向航空公司交货前要制作交接单，以便接货人员按交接单逐票点收，然后由双方签字，各执一份。

（4）为货主办理保险、报关、报检和交付运费等有关事宜。

根据国际航空运输协会的规定，空代可从航空公司收取 5％的订舱佣金和一些运输暗扣，并向货主收取代付的运费及有关的服务费。

三、航空运价

空运货物一般按重量或体积计收运费。实际重量（Actual Weight）以每千克毛重作为计费单位；若货物每千克毛重的体积超过 0.007 立方米，则按体积重量（Measurement Weight）折算成重量计费。国际上按每 7 000 立方厘米（合 0.007 立方米）折合 1 千克重量计收，我国按每 6 000 立方厘米（合 0.006 立方米）折合 1 千克重量计收。不足 500 克按 500 克、超过 500 克但不足 1 千克按 1 千克加收。

四、航空货物运输单据

（一）性质

航空运单（Air Waybill）是航空运输中最重要的单据，由空运承运人或其代理签发，包括正本一式三份，副本若干份。它是承运人收到货物的收据，也是托运人同承运人之间的运输契约，但不具有物权凭证的性质。航空运单一般分为由分航空公司出具的主运单和由空运代理出具的分运单：代理如果既是空代又是货代，就要在运单上签署两次。通常航空运单上印就了“NOT NEGOTIABLE”（不可转让）字样，但这种不可转让的航空运单仅是航空运单的一种。按 UCP 600 的规定，当航空运单上批注有实际发运日期时，该日期被视为发运日期。

（二）作用

（1）运输合同。代理如果既是承运人的代理，又是托运人的代理，则需在运单上签署两次。

（2）收货证明。航空运单的第一份正本交给托运人，作为承运人接收货物的证明。

（3）运费账单。航空运单的第二份正本，留在航空公司作为运费账单和发票。

（4）报关单证。航空运单的第三份正本交给收货人，收货人凭以接收货物，同时作为向海关报关的基本单证和海关验收的主要凭证。

（5）保险证明。如果由承运人投保或发货人要求承运人代办保险，航空运单可作为保险证明。

（6）承运人内部业务的交接收据。航空运单一般有正本三份、副本六份、额外副本三份。航空运单的三联正本具有同等的法律效力：一联交托运人，一联交收货人，一联交承运人，分别由托运人签字或盖章，由承运人接收货物后签字或盖章。航空运单的承运人联应当自填开次日起保存两年。

启发思考

航空运单与海运提单、铁路运单有哪些不同之处？

第四节　集装箱运输和国际多式联运

一、集装箱运输

（一）概念

集装箱运输是一种以集装箱作为运输单位进行货物运输的现代化运输方式，适用于海运、铁路运输及多式联运等。集装箱运输提高了装卸率，加速了运输工具的周转；运输质量高，货损货差小；手续简单，便于货物运输；节省费用，成本低。在国际货物运输中，集装箱运输使货物运输过程十分便利。

（二）种类

国际标准化组织为统一集装箱的规格，推荐了 3 个系列 13 种规格的集装箱。在国际航运中采用的主要是 20 英尺和 40 英尺两种：前者可装货物重量约 17 公吨，可装货物体积约 25 立方米；后者可装货物重量约 25 公吨，可装货物体积约 55 立方米。实际装运货物都要受到"限定载重量"（可装货物重量）和"内部容积"（可装货物体积）这两个指标的限制，一般装载重货多用 20 英尺集装箱，而装载轻货多用 40 英尺集装箱。

为适应运输各类货物的需要，除通用的干货集装箱外，还有罐式集装箱、冷藏集装箱、框架集装箱、平台集装箱、通风集装箱、牲畜集装箱、散装集装箱和挂式集装箱等种类。为了便于统计集装箱运输的货运量，目前国际上以 20 英尺集装箱作为计量单位，以 TEU（Twenty-foot Equivalent Unit）表示，意为"相当于 20 英尺单位"。

（三）交接

集装箱运输有整箱货（Full Container Load，FCL）和拼箱货（Less Than Container Load，LCL）之分。整箱货由货方在工厂或仓库进行装箱，货物装箱后直接运交集装箱堆场（Container Yard，CY）等待装运。货到目的港（地）后，收货人可直接从目的港（地）集装箱堆场提走。拼箱货是指货量不足一整箱，需由承运人在集装箱货运站（Container Freight Station，CFS）负责将不同发货人的少量货物拼在一个集装箱内，货到目的港（地）后，由承运人拆箱分拨给各收货人。整箱货和拼箱货的业务流程分别如图 4－11 和图 4－12 所示。

通用的集装箱货物交接方式有以下两种：

（1）堆场到堆场，即发货人整箱交货，收货人整箱接货。

（2）货运站到货运站，即发货人拼箱交货，收货人拼箱接货。

此外，集装箱运输亦可实现"门到门"（Door to Door），即由承运人在发货人工厂或仓库接货，在收货人工厂或仓库交货。

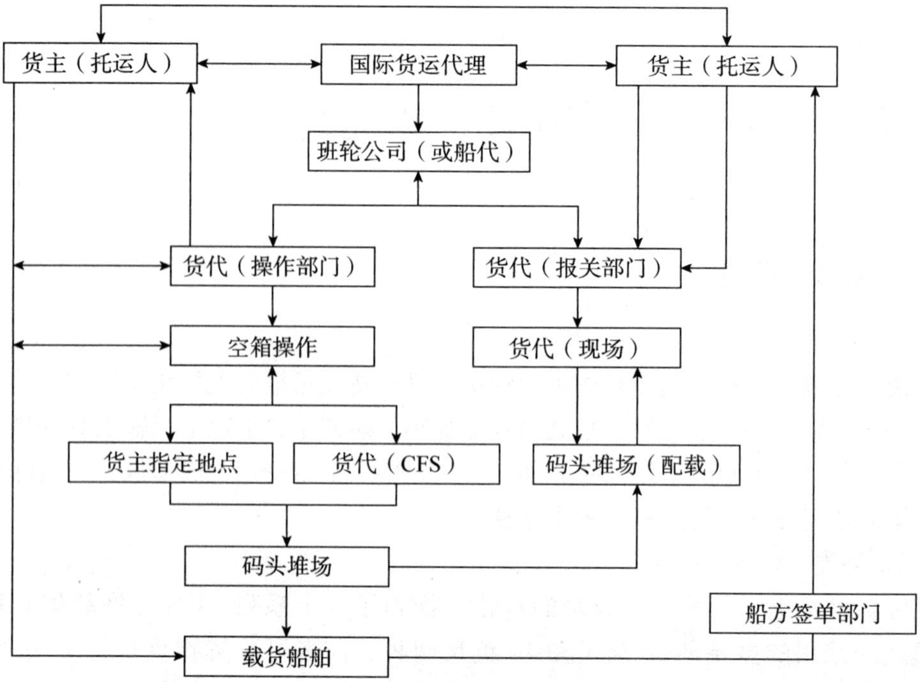

图 4-11　整箱货业务流程

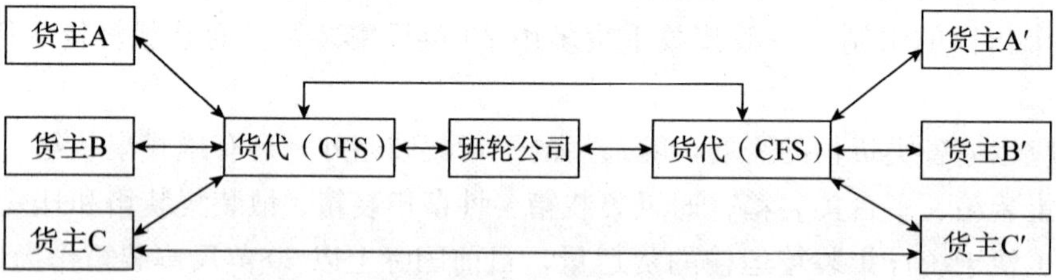

图 4-12　拼箱货业务流程

（四）运费计算

集装箱运输的费用一般包括基本运费和杂费两部分。运费的具体计收办法有以下两种：

1. 按包箱费率计算

它是指以每个集装箱为计费单位计收，适用于整箱货的运输。包箱费率主要有以下三种规定方法：

（1）FAK（Freight for All Kinds）：不分货物等级或类别，一律按集装箱的个数计收运费。

（2）FCS（Freight for Class）：区分货物等级，以确定包箱费率。普通杂货一般按照 1～7 级、8～13 级和 14～20 级重新划分为 3 个等级，按“W/M”计收运费。

（3）FCB（Freight for Class or Basis）：按不同货物的等级或类别计收运费。货物的类别是指干杂货、冷藏货和危险品等。

2. 按运费吨计算

它适用于拼箱货的运输。

影响集装箱运费的主要因素有船公司、航线、装运港（地）价、目的港（地）价、货物类别、油价和季节等。

例如：1 TEU(1×20 英尺 FCL）的服装，Wuhan-Copenhagen（武汉-哥本哈根），基本运费为 USD 1 400.00/FCL，燃油附加费为 USD 150/FCL，旺季附加费为 USD 150/FCL，则 1 TEU 的包干运费为 USD 1 700.00/FCL(＝1 400＋150＋150)。

启发思考

比较集装箱运费的计算方式与班轮运费的计算方式。

（五）集装箱选用及计算

从实际运用角度来看，如果集装箱实装货物的重量和体积都能达到集装箱限定载重量与内部容积，则是最为理想的结果。但在实际操作中货物不可能既满载又满箱，只能是从尽可能既满载又满箱和节约费用的角度去选择。具体计算思路包括以下几个：

（1）确定货物的容积重量：即货物重量与货物体积的比率。以“公吨/立方米”为单位。

$$容积重量=\frac{毛重}{体积}$$

（2）集装箱限定载重量：以集装箱最大载重量为准。以“公吨”为单位。

（3）集装箱有效容积：实际装载中货物之间以及货物与集装箱壁之间始终存在一定的间隙，也就是“亏箱”，一般亏箱率为 15%～25%，集装箱的容积乘以“利用率”即为集装箱有效容积。以“立方米”为单位。

（4）集装箱“双满容重”：集装箱限定载重量除以集装箱有效容积，即为集装箱“双满容重”。实际为集装箱限定载重量与集装箱有效容积的比率。以“公吨/立方米”为单位。

当货物的容积重量等于集装箱“双满容重”时，说明该货物所用集装箱既满载又满箱，即载重量和容积都没浪费。

当货物的容积重量大于集装箱“双满容重”时，说明该货物为相对“重货”，集装箱会满载不满箱，易造成集装箱容积浪费。计算所需集装箱数量时，应以货物总重量除以集装箱限定载重量。

当货物的容积重量小于集装箱“双满容重”时，说明该货物为相对“轻货”，集装箱会满箱不满载，易造成集装箱载重量浪费。计算所需集装箱数量时，应以货物总体积除以集装箱有效容积。

案例 4-8

某一批货物总重量为 588 公吨，总体积为 1 000 立方米。假设有 40 英尺和 20 英尺的集装箱可选，其限定载重量、容积、装运该货物的亏箱率和自 A 国运至 B 国的每箱运费，分别是 24.5 公吨和 17.5 公吨、67 立方米和 30 立方米、15%和 20%、800 美元和 400 美元。选用哪种集装箱运费较低？需选用多少个集装箱？运费又是多少？

解：

(1) 确定货物的容积重量：588÷1 000=0.588（公吨/立方米）。

(2) 集装箱限定载重量：40 英尺为 24.5 公吨；20 英尺为 17.5 公吨。

(3) 集装箱有效容积：

40 英尺：67×(1−15%)=56.95(立方米)

20 英尺：30×(1−20%)=24(立方米)

(4) 集装箱“双满容重”：

40 英尺：24.5÷56.95=0.430(公吨/立方米)

20 英尺：17.5÷24=0.729(公吨/立方米)

所需箱数：

40 英尺：588÷24.5=24(个)(0.588 公吨/立方米>0.430 公吨/立方米)

20 英尺：1 000÷24=42(个)(0.588 公吨/立方米<0.729 公吨/立方米)

运费：

40 英尺：800×24=19 200(美元)

20 英尺：400×42=16 800(美元)

因此，选用 42 个 20 英尺集装箱装运，运费比较低，为 16 800 美元。

二、国际多式联运

（一）概念

国际多式联运（International Multimodal Transport）是指按照国际多式联运合同以至少两种不同的运输方式，由多式联运经营人将货物从一国国境内接管货物的地点，运送至另一国国境内指定交货的地点的运输方式。

（二）条件

（1）必须有一份多式联运合同；

（2）必须使用全程的联运单据；

（3）必须有一个多式联运经营人对货主承担全程的运输责任；

（4）必须有一个多式联运经营人以单一费率向货主收取全程运费；

（5）必须是国际货物运输，而且这种运输必须采用两种及以上的不同运输方式，并衔接组成连贯的运输来完成跨越国界的货物运输。

(三) 多式运输单据

多式运输单据是至少包括两种不同运输方式的运输单据。多式运输单据应当显示承运人名称并签署，签署者为承运人或承运人的具名代理或代表，或者是船长或船长的具名代理或代表。签字必须表明承运人、船长的身份，或者承运人、船长的具名代理或代表的身份。

多式运输单据所使用的部分或全部运输方式可以不予说明。所提交的运输单据不必表明“多式运输单据”“联合运输单据”或类似名称，即使信用证有此类单据条款。多式运输单据的出具日期将被视为发运、接受监管或装载以及装运日期。如果多式运输单据以盖章或批注方式注明，则注明日期被视为装运日期。

第五节 大陆桥运输和 OCP 运输

一、大陆桥运输

(一) 定义

大陆桥（Land Bridge）是指利用横贯大陆的铁路或公路运输系统，把大陆两端的海洋连接起来的中间桥梁。简单地说，就是两边是海运，中间是陆运，大陆把海洋连接起来，形成海陆联运，而大陆起到了“桥”的作用，所以被称为“大陆桥”。海陆联运中的大陆运输部分就被称为“大陆桥运输”。大陆桥运输一般是以集装箱为运输单位，所以也被称为“大陆桥集装箱运输”，国际货物集装箱联运简称“大陆桥联运”。

(二) 西伯利亚大陆桥

西伯利亚大陆桥（Siberian Land Bridge）地跨亚欧两洲，所以又被称为亚欧大陆桥路线（Asia-Europe Land Bridge Line）。它以西伯利亚铁路作为陆地桥梁，把太平洋远东地区与波罗的海和黑海沿岸以及西欧大西洋口岸连接起来，是世界上最长的大陆桥运输线。

西伯利亚大陆桥东起位于符拉迪沃斯托克的纳霍德卡港，横贯亚欧大陆，至莫斯科，然后分三路：一路自莫斯科至波罗的海沿岸的圣彼得堡港，转船往西欧、北欧港口。一路自莫斯科至俄罗斯西部国境站，转欧洲其他国家铁路或公路直达欧洲各国。一路自莫斯科至黑海沿岸，转船往中东、地中海沿岸。从远东地区运往欧洲的货物通过西伯利亚大陆桥要比经苏伊士运河的路程短约 8 000 千米，可节省 20 天左右的时间。

西伯利亚大陆桥分东行和西行两个方向，所运送货物主要是汽车零件和其他配件、电器设备和纺织品，去向主要是北欧国家、德国、奥地利、瑞士和东欧国家。多年来，西行方向一直占据主导地位，主要是日本将货物运往欧洲和中东等地。

我国利用西伯利亚大陆桥的进出口贸易运输包括以下几种方式：

（1）铁/铁方式。由国内各车站至满洲里或二连浩特，通过后贝加尔站或蒙古扎门乌德站至纳乌什基站，利用西伯利亚铁路转运至亚洲伊朗、阿富汗或东欧、西欧铁路再运至欧洲等地及相反方向。

（2）铁/海方式。由国内各火车站至满洲里、后贝加尔站或二连浩特、蒙古扎门乌德站、纳乌什基站，利用西伯利亚铁路运至波罗的海和黑海港口，再装船转运至西欧、北欧和巴尔干地区主要港口及相反方向。

（3）铁/卡方式。由国内各火车站至满洲里或二连浩特，通过蒙古、东欧铁路转运至布列斯特，再转公路运至欧洲各地及相反方向。

（三）美加大陆桥

加拿大和美国都有一条横贯东西的铁路（公路）大陆桥，其中美国大陆桥的作用更为突出。它有两条运输路线：一条是从西部太平洋口岸至东部大西洋口岸的铁路（公路）运输系统，另一条是从西部太平洋口岸至南部墨西哥湾口岸的铁路（公路）运输系统。

美加大陆桥运输的具体路线是将远东货物通过海洋运输方式运至美国西部太平洋口岸，转铁路运至东部大西洋口岸或南部墨西哥湾口岸，再用卡车运输直到市内卸货。全程使用一张海运提单，由海运承运人支付铁路运费。

（四）新亚欧大陆桥

新亚欧大陆桥横贯亚欧大陆中部，在中国境内长 4 134 千米，途经中国中部的多个省份，1992 年正式通车。东起中国连云港，沿陇海铁路、兰新铁路、北疆铁路到阿拉山口，与哈萨克斯坦境内的德鲁日巴站接轨，经哈萨克斯坦、俄罗斯、白俄罗斯、波兰、德国，西至荷兰鹿特丹，横跨亚洲、欧洲，与太平洋、大西洋相连，全长约 11 000 千米。新亚欧大陆桥运输距离短，辐射面广，地理位置和气候条件优越，而且整个陆桥避开了高寒地区，港口无封冻期，自然条件好，吞吐能力强，可以常年作业。

二、OCP 运输条款

OCP 是 Overland Common Points 的缩写，意即“内陆地区”，在区域内运输可享受优惠费率，是通过陆路运输可抵达的区域。

根据美国费率规定，以美国西部 9 个州为界，也就是落基山脉以东地区均为内陆地区，约占美国 2/3 的面积。凡是通过美国西海岸港口转往上述内陆地区的货物，如果按 OCP 条款运输，都可享受比一般直达西海岸港口优惠的内陆运输费率，一般为 3%～5%。这种优惠费率即所谓的 OCP 费率。

采用 OCP 条款必须满足如下条件：

（1）货物的最终目的地必须属于 OCP 范围。

（2）货物必须经由美国西海岸港口中转。

（3）提单备注栏内及货物唛头上应注明最终目的地 OCP××（城市）。

本章小结

班轮运输是海洋运输中一种常见的运输方式，它具有“四固定”的特点，运费计算含基本运费和附加运费。租船运输分为定程租船和定期租船两种，通常适用于大宗货物。定程租船需要确定滞期费和速遣费。在国际货物买卖合同中，明确、合理地约定装运条款，是保证进出口合同顺利履行的重要条件。装运条款通常包括装运期、装运港与目的港、分批装和转运。

国际货物运输的方式除海洋运输外，还包括铁路运输、航空运输、集装箱运输、国际多式联运、大陆桥运输和OCP运输等。国际货运代理可以代替发货人开展各个不同阶段的货物运输中的任何一项业务。不同的运输方式使用的运输单据各有不同，主要有海运提单、海运单、铁路运单、CIFA多式联运提单、航空运单和多式运输单据等，各种单据的性质和作用也有所不同。大陆桥运输是以集装箱为媒介，将大陆两端的海洋连接起来的运输方式。在采用OCP条款时，通过美国西海岸港口中转至美国内陆地区的货物运输可享受优惠费率。

复习思考

1. 班轮运输的特点及运费计算标准有哪些?
2. 如何理解“装运”与“交货”的含义?
3. 装运港和目的港应如何规定?
4. 提单的性质与作用是什么?
5. 指示性抬头的提单有哪几种写法? 其中哪种写法需要发货人背书?
6. 如何在收妥备运提单上加注“已装船”批注，使之成为已装船提单?
7. 何谓整箱货? 何谓拼箱货? 集装箱的托运方式有哪几种?
8. 常用的集装箱规格有哪几种? 何谓TEU?
9. 简述中欧班列及CIFA多式联运提单的基本特点。

计算练习

1. 福建某公司出口一批茶叶到菲律宾，共计200箱，每箱毛重为30千克，每箱体积为45CM×35CM×25CM，计费标准为W/M，基本运费为USD 100，到马尼拉港需加收燃油附加费20%和港口拥挤费20%。试计算该批货物的总运费。

2. 从上海装运300箱胶木制品经马六甲海峡转运至尼日利亚拉各斯。货物毛重为8 000千克，体积为28立方米，计费标准为M10级，上海至拉各斯的基本运费为USD 70.00/FT，燃油附加费为20%，转船附加费为USD 10.00/FT，货币贬值附加费为5%。这批货物的总运费应是多少?

案例分析

1. A公司的解聘人员B经常打着D运输公司的招牌回A公司揽货。因为彼此关系都很熟，A公司常常将相当数量的出口货物交给B运输，且都用D运输公司的提单和发票。其间，大家都没有提到要签订协议或合同。突然有一天，国外客户来急电称：A公司发来的货物在目的港被船公司扣下了，理由是A公司欠D运输公司大量运费。A公司闻讯大吃一惊："这些运费不是早就逐笔按B的要求付给D运输公司了吗？"正当双方准备把B找来做证的时候，才发现B早在半个月以前就销声匿迹了。这个案例的主要教训是什么？

2. 信用证规定某批货物共计300 MT，不允许分批装运。受益人于某年9月10日在大连港装红星轮100 MT，于该年9月15日在秦皇岛港装同一航次的红星轮100 MT，又于该年9月18日在天津港装同一航次的红星轮100 MT，并分别出具上述不同日期、不同地点和不同装运港，但目的港和收货人都相同，且同为信用证规定的港口的三套提单。银行是否会因此拒付？为什么？

3. 某服装进出口公司出口一批儿童服装到新加坡，信用证规定：金额为USD 100 200.00（金额不允许浮动）；允许分批装运；货物描述表明，装运500箱（每箱30件）儿童服装；附加条款约定，当未来还有货物装运时，受益人必须提交一份证明，表明该信用证项下未来还会支款；当为最终支款时，必须提交一份最终发货的证明。交单行收到受益人提交的单据后审核无误，随后寄至开证行。开证行在审核单据时发现，该单据显示本次装运货物共计380箱，到单所支取款项为USD 76 152.00，且其中包含一份表明未来不会再有货物装运的由受益人出具的证明。开证行遂以短装及短支为不符点，提出拒付。请分析开证行拒付是否合理。

4. M银行作为交单行收到A公司交来的单据，金额为USD 68 686.88。M银行审核后确认单证相符，随后根据信用证指示将该套单据寄往开证行。几日后M银行收到开证行的拒付报文，声称"B/L: shows additional charges to the freights"（提单显示了运费以外的额外费用）。对此，M银行重新核实了单证。信用证明确规定：提单上不能显示UCP 600第26条所提及的运费以外的额外费用。而提单除显示滞港15天之内免收集装箱滞港费，超过15天按货柜尺码和滞港天数加收相应的滞港费之外，并无其他与"费用"相关的内容。开证行拒付合理吗？

5. A银行开出信用证，要求受益人提交一式三份的全套正本联合运输提单，空白抬头、空白背书，注明运费预付，通知申请人（全称及地址）。受益人交单办理结汇，提单上船长签名处加盖与承运人不同的另一实体印戳，且未表明该实体的身份，开证行认为存在不符点而拒付。理由为按UCP 600要求联合运输提单须表明承运人名称，并由承运人、船长或各自的具名代理签署，而该提单并未表明船长签名处是谁签署的。开证行的拒付理由成立吗？

延伸学习

中欧班列：“一带一路”的钢铁驼队

第五章 国际货物运输保险

目标要求

掌握国际货物运输面临的风险以及损失，熟悉我国海运货物保险的险别和一切险条款的特点，熟练掌握保险费的计算方法，了解《伦敦保险协会海洋运输货物保险条款》，合理运用买卖合同的保险条款。

案例导入

某外贸公司按CIF术语出口一批货物，装运前已向保险公司投保了平安险。载货船舶在海上遇到暴风雨，致使一部分货物产生水渍，损失价值达3 000美元。数日以后，该轮船在航行途中又突然触礁，致使该批货物又遭受部分损失，价值达8 000美元。根据《中国人民财产保险股份有限公司海洋运输货物保险条款（2018版）》［以下简称《海洋运输货物保险条款（2018版）》］有关平安险责任范围的规定，触礁受损的8 000美元是运输工具遇到意外事故造成的部分损失，保险公司负责赔偿。遇暴风雨受损的3 000美元是在运输过程中由自然灾害造成的部分损失，但因为是在触礁这一意外事故发生之前造成的，因此，保险公司对该批货物的上述两项损失都负责赔偿。

关键概念

部分损失（Partial Loss），推定全损（Constructive Total Loss，CTL），共同海损（General Average），施救费用（Sue and Labor Expenses），平安险（Free from Particular Average，FPA），水渍险（With Average/With Particular Average，WA/WPA），一切险（All Risks），保险金额（Insured Amount），投保加成（Insurance Addition），出口信用保险（Export Credit Insurance）。

知识要点

海洋货物运输保险保障的风险、损失和费用，基本险和附加险的责任范围，一切险条款的特点，仓至仓条款及其适用条件，《伦敦保险协会海洋运输货物保险条款》，保险金额的确定、保险费的计算以及保险单据。

第一节 保险概述

一、保险的概念

1. 含义

按照中国保险行业国家标准《保险术语》的解释，保险是指投保人根据合同约定，向保险人支付保险费，保险人对于合同约定的可能发生的事故因其发生所造成的财产损失承担赔偿保险金责任，或者当被保险人死亡、伤残、疾病或者达到合同约定的年龄、期限等条件时承担给付保险金责任的商业保险。

保险是一种经济补偿手段，包括财产保险和人身保险。国际货物运输保险属于财产保险的范畴。

2. 性质

（1）从经济的角度看：保险是一种经济行为、一种商业活动和一种金融行为。

（2）从法律的角度看：保险是一种合同行为。

（3）从社会功能的角度看：保险是个人或组织转移自身所面临风险的一种方法。

二、保险的基本原则

1. 可保利益原则

可保利益是指投保人或被保险人对保险标的具有的法律上承认的利益。可保利益是保险合同生效的先决条件，也是向保险公司索赔的必备条件。

可保利益的必备条件如下：

（1）可保利益必须是合法的利益，而不应是违反法律规定或通过不正当手段获得的利益。

（2）可保利益必须是一种确定的、可实现的利益，而不是仅凭主观臆断、推断可能获得的利益。

（3）可保利益必须是可以用货币计算的经济利益，而不是恢复原样或物质补偿。

2. 最大诚信原则

保险合同双方当事人在订立和履行合同时，必须本着绝对诚意办事，恪守信用，将据以订立合同的主要情况和条件诚实地、无保留地告知对方。最大诚信原则主要涉及以下三方面的内容：

（1）告知（Disclosure）。它是指在投保时被保险人把所知道的有关保险标的的重要事项都告诉保险人。若投保时被保险人对重要事项故意隐瞒，即构成不告知（Non-disclosure）。不告知就要承担相应的法律后果。

（2）陈述（Representation）。它是指在磋商保险合同时或在合同订立前被保险人对所知道的有关保险标的的情况向保险人所做的说明。如果所做的陈述不真实，即为错误陈述（Misrepresentation）。

（3）保证（Warranty）。保证也称担保，一般是指在保险合同中，被保险人所做的要做或不做某件事情的保证，如保证某种情况存在或不存在，保证履行某项条件，等等。对于保险合同中的保证条件，不论其重要性如何，被保险人均需严格遵守，如有违反，保险人可以自保证被违反之日起解除合同；而且，被保险人即使在损失发生之前就已对违反的保证作出弥补，也不能以此为由为其违反保证的事实辩护，保险人仍可按违反保证处理。

3. 补偿原则

保险的补偿原则（Principle of Indemnity）是指当保险标的发生保险责任范围内的损失时，保险人应按照合同条款的规定履行赔偿责任。

保险人履行补偿原则必须掌握三个限度，即以实际损失为限、以保险金额为限和以保险利益为限，确保被保险人既能恢复失去的经济利益，又不会因保险赔款额外受益。

4. 代位追偿原则

代位追偿（Subrogation）是指在保险标的发生了保险责任范围内的由第三方造成的损失，保险人向被保险人履行了损失赔偿责任后，保险人在已赔付的金额限度内，有权取得被保险人在该项损失中向第三方索赔的权利，保险人取得该权利后，即可站在被保险人的地位向责任方进行追偿。

代位追偿的构成条件如下：

（1）损失必须是第三方因疏忽或过失产生的侵权行为或违法行为所造成的，而且，根据法律的规定或双方在合同中的约定第三方对这种损失负有赔偿责任。

（2）第三方的这种行为是保险合同中订明的保险责任。如果第三方的行为与保险无关，就构不成保险上的代位追偿。

（3）保险人向第三方行使代位追偿权所获得的补偿不能超过其赔付给被保险人的损失金额。

5. 重复保险分摊原则

重复保险（Double Insurance）亦称“双重保险”，是指被保险人以同一保险标的向两家或两家以上的保险公司投保了相同的保险，在保险期限相同的情况下，保险金额的总额超过了该保险标的的价值。

重复保险分摊原则主要可分为以下三种：

（1）比例责任分摊。按保险金额与各保险人承保金额总和之比再乘以实际损失分摊保险责任。《中华人民共和国保险法》规定，重复保险分摊采用该原则。

（2）限额责任分摊。各保险人按无他保时实际承担的责任与各保险人在无他保时实际承担的责任总和之比承担保险责任。

（3）顺序责任分摊。按各保险人开具保险单的先后顺序分摊损失，先开具保险单的保险人先承担损失赔偿，后开具保险单的保险人只有在承保标的损失超过前一保险人的承保金额时才依次承担超出部分。

6. 近因原则

所谓近因（Proximate Cause），是指造成损失的最根本、可追溯并对损失的发生起主导作用或支配作用的原因，而不一定是时间或空间上与损失最接近的原因。近因原则是保险人仅对以保险事故为近因造成的损失承担保险责任的原则。

在实际业务中，造成保险标的损失的原因有很多，有时只有一个原因，有时有两个或两个以上的原因，有些原因是同时发生的，有些原因是连续发生的。

（1）只有一个单独的损失原因。在这种情况下，这个单独的损失原因若属于保险单承保的风险，则保险人对损失应予以赔偿。

（2）多种损失原因组成了因果链。如果先前发生的原因是保险责任范围内的，随后发生的原因是保险责任范围外的，但随后发生的原因是先前的原因导致的结果，则先前的原因是近因，保险人应予以赔偿。如果该近因不属于保险责任范围，则保险人无须赔偿。

（3）多种独立的原因共同存在的情况。在这种情况下，多种原因似乎都对损失有作用，它们之间不存在明显的因果关系，此时，寻找近因仍然要从这些原因对损失的影响入手，那些在效果上对损失起主导作用或支配作用的原因就是近因。

第二节 海上货物运输保险的保障范围

国际货物运输一般距离长、风险大，容易遭受各种损失。投保人为了转嫁运输途中的风险，在货物受损后得到经济补偿，往往需要办理货物运输保险。海上货物运输保险人主要承保海上货物运输风险、海上损失及海上费用。

一、海上货物运输风险

（一）海上风险

海上风险（Maritime Peril）在保险界又被称为海难，包括海上发生的自然灾害和意外事故。海上风险不仅包括海上航运过程中发生的风险，还包括与海上航运相关联的内陆、内河、内湖运输过程中发生的一些自然灾害和意外事故。

1. 自然灾害

自然灾害（Natural Calamity）是指由于自然界的变化引起破坏力量所造成的灾害。在我国海运保险中，自然灾害仅指恶劣气候、雷电、海啸、地震、洪水和火山爆发等人力不可抗拒的灾害。

2. 意外事故

意外事故（Accident）是指不可预料的以及被保险人无法控制并造成物质损失的突发事件。在我国海运保险中，意外事故仅指船舶的搁浅、触礁、沉没、碰撞、火灾和爆炸等。

（二）外来风险

外来风险一般是指由海上风险以外的其他外来原因引起的风险，它可分为一般外来风险和特殊外来风险。

1. 一般外来风险

一般外来风险是指在运输途中由偷窃、雨淋、短量、渗漏、破碎、受潮、受热、霉变、串味、沾污、钩损、生锈和碰损等原因所导致的货物遭受损失的风险。

2. 特殊外来风险

特殊外来风险是指由战争、罢工、拒绝交付货物等政治、军事、国家禁令及管制措施所造成的风险，即战争风险、罢工风险和拒收风险等。

二、海上损失

被保险货物因遭受海洋运输中的风险所导致的损失被称为海上损失，简称海损。海损按损失程度的不同，可分为全部损失和部分损失。

（一）全部损失

全部损失（Total Loss）简称全损，是指被保险货物在海洋运输中完全损毁或灭失。从损失的性质看，全损又可分为实际全损、推定全损与协议全损。

1. 实际全损

实际全损（Actual Total Loss，ATL）又称绝对全损，是指被保险货物在运输途中发生保险事故后灭失，或者受到严重损坏完全失去原有形体、效用，或者不能再归被保险人所有。

2. 推定全损

推定全损（Constructive Total Loss，CTL）是指被保险货物发生保险事故后实际全损已经不可避免，或者为避免发生实际全损所需支付的费用超过保险价值。

在推定全损的情况下，被保险人获得的损失赔偿有两种情况：一种是被保险人获得全损的赔偿，另一种是被保险人获得部分损失的赔偿。若想获得全损的赔偿，被保险人必须无条件地把被保险货物委付给保险人。值得注意的是，保险人可以接受委付，也可以不接受委付。

所谓委付（Abandonment），是指被保险货物处于推定全损状态时，被保险人向保险人声明愿意将被保险货物的一切权益（包括财产权及由此产生的一切权利与义务）转让给保险人，并要求保险人按全损给予赔偿的一种行为。若被保险人不办理委付而保留对残余货物的所有权，则保险人将按部分损失予以赔偿。

启发思考

推定全损发生后被保险人是否一定获得全额赔偿？

3. 协议全损

协议全损（Compromised Total Loss）是指在发生保险事故后，被保险货物的损失程度未达到实际全损，也不符合推定全损，但经被保险人请求，保险公司同意对被保险货物按全损赔偿。

（二）部分损失

部分损失（Partial Loss）是指在海运保险中，作为保险标的的一批货物中可以分割的一件或数件货物发生的全部损失。

在海运保险中，保险人对被保险货物的部分损失所应承担的赔偿金额的计算公式如下：

$$部分损失的赔偿金额=保险金额\times\frac{实际完好价值-受损后的实际价值}{实际完好价值}$$

其中，货物的实际完好价值和受损后的实际价值一般以货物抵达目的地的市场价值为准。如果受损货物在途中被处理，不再运往目的地，则以处理地货物的市场价值为准。

部分损失按性质又可分为共同海损和单独海损。

1. 共同海损

共同海损（General Average）是指为使同一航程中的船舶、货物及人员免受正在发生的共同危险的侵袭，即为共同的安全和利益而有意采取合理措施、人为地使一部分船货作出的特殊牺牲，或者由一方或多方当事人为保护各方的总体利益而支出的特殊费用。例如，船舶在海上航行时遇到特大风浪，船长不得不抛弃甲板上的部分货物，以确保船、货的安全，所抛弃的货物构成共同海损。

构成共同海损需要满足以下几个条件：

（1）共同海损的危险必须是实际存在的，或者是不可避免的，而非主观臆测的。

（2）共同海损必须是自愿地和有意识地采取合理措施所造成的损失或发生的费用。

（3）共同海损必须是为船、货的共同安全采取谨慎行为或措施时所作出的牺牲或引起的特殊费用。

（4）共同海损必须属于非常性质的牺牲或发生的费用，并且以脱险为目的。

2. 单独海损

单独海损（Particular Average）是指被保险货物在海上遭受承保范围内的风险所

造成的部分灭失或损毁，即除共同海损以外的损失。这种损失只能由受损被保险货物所有人单独负担。

3. 共同海损与单独海损的区别与联系

（1）造成损失的原因不同。共同海损是为了解除或减轻承保风险而人为造成的一种损失；单独海损是由承保风险所直接造成的损失。

（2）损失的承担方不同。共同海损行为所作出的牺牲或引起的特殊费用的目的都是为使船主、货主和承运方不遭受损失，因此，不管其大小如何，都应由船主、货主和承运方按获救的价值，依一定的比例分摊。这种分摊叫共同海损分摊。在分摊共同海损时，不仅要包括未受损的利害关系人，而且要包括受损的利害关系人。单独海损由受损的被保险人单独承担，但其可根据损失情况从保险人那里获得赔偿。

启发思考

共同海损属于部分损失吗？为什么？

三、海上费用

由海上风险所造成的海上费用主要包括施救费用、救助费用、续运费用和额外费用。其中，续运费用（Forwarding Charge）是指因保单承保风险引起的被保险货物的运输在非保单载明的目的港终止时，保险人对被保险货物的卸货费用、仓储费用以及继续运往保单载明的目的港的费用等额外费用。在海上费用中施救费用和救助费用最为常见。

（一）施救费用

施救费用（Sue and Labor Expense），是指在保险事故发生后，在被保险人或其代理为了防止或者减少保险标的的损失而采取抢救、保护和清理等行为的过程中所发生的必要的、合理的费用。

（二）救助费用

救助费用（Salvage Charge），是指在保险事故发生后，在保险人和被保险人以外的第三者为了防止或者减少保险标的的损失而采取施救行为的过程中所发生的必要的、合理的费用。救助费用是救助成功后由被救方支付给救助人的一种报酬。救助费用主要包括以下两种。

1. 雇佣性救助费用

雇佣性救助的特点是，不论救助是否有效，被救方均应按约定的费率（固定金额、工作时间）支付救助费用；同时，救助工作在被救方的指挥下进行。

2. “无效果、无报酬”救助费用

“无效果、无报酬”救助的特点是，在救助完成之后，根据救助效果、获救财产价值、救助工作危险程度和技术水平以及救助工作时间和耗费的费用等，通过协商或仲裁来确定救助费用。如果救助没有效果，被救方便可不支付报酬。救助人为了保证在救助之后获得报酬，一般都要求被救方提供担保，对未提供担保的被救财产，救助人享有留置权。

（三）施救费用与救助费用的区别

（1）采取行为的主体不同。施救是由被保险人及其代理人等采取的行为，而救助是由保险人和被保险人以外的第三者采取的行为。

（2）给付报酬的原则不同。施救是不论施救有无效果，都应支付报酬，而救助则有可能是“无效果、无报酬”。

（3）保险人的赔偿责任不同。施救费用可在被保险货物本身的保额以外再赔付一个保额，而保险人对救助费用的赔偿责任以不超过被救财产的价值为限，亦即救助费用与被保险货物本身损失的赔偿金额二者相加不得超过被保险货物的保额，而且是按保险金额占被救财产的价值比例承担责任。

启发思考

理解施救费用与救助费用的异同。

第三节 我国海洋运输货物保险的险别

中国人民财产保险股份有限公司发布的《海洋运输货物保险条款（2018 版）》的主要内容包括投保人和被保险人、责任范围、除外责任、责任起讫、保险人义务、投保人和被保险人义务、赔偿处理及索赔期限等。有冷藏等特殊要求的商品运输保险应按各专项保险条款办理。

保险险别是指保险人对风险和损失的责任范围。我国海洋运输货物保险险别按照能否单独投保来划分，可分为基本险和附加险两大类。基本险又称主险，是可以单独投保的保险产品，不必依附于其他险别。附加险是附加于主险或基本险的保险产品。

一、基本险

基本险所承保的主要是由自然灾害和意外事故所造成的货物损失或费用。《海洋运输货物保险条款（2018 版）》的基本险别包括三种，即平安险（Free from Particular Average，FPA）、水渍险（With Average/With Particular Average，WA/WPA）和一切险（All Risks）。

1. 平安险的责任范围

（1）被保险货物在运输途中由于恶劣气候、雷电、海啸、地震、洪水自然灾害造成整批货物的全部损失或推定全损。

（2）由于运输工具遭受搁浅、触礁、沉没、互撞、与流冰或其他物体碰撞以及失火、爆炸意外事故造成的被保险货物的全部或部分损失。

（3）在运输工具已经发生搁浅、触礁、沉没和焚毁意外事故的情况下，货物在此前后又在海上遭遇恶劣天气、雷电和海啸等自然灾害所造成的部分损失。

（4）在装卸或转运时，由于一件或数件整件货物落海造成的全部损失或部分损失。

（5）被保险人对遭受承保责任内危险的货物采取抢救、防止或减少货损的措施而支付的合理费用，但以不超过该批被救货物的保险金额为限。

（6）运输工具遭遇海难后，在避难港由于卸货所引起的损失以及在中途港、避难港由于卸货、存仓和运送货物所产生的特别费用。

（7）共同海损的牺牲、分摊和救助费用。

（8）若运输契约中订有"船舶互撞责任"条款，则根据该条款的规定应由货方偿还船方的损失。

值得注意的是，第（3）点应理解为负责赔偿载运被保险货物的船舶在海上航行中遭遇恶劣天气、雷电、海啸等自然灾害使被保险货物遭受损害，且在该自然灾害对被保险货物的损害还没有完全解除的情况下，载货船舶又发生搁浅、触礁、沉没、焚毁这四种意外事故，或者在载货船舶发生了搁浅、触礁、沉没、焚毁这四种意外事故且其对被保险货物的损害或损害威胁还没有完全解除的情况下，被保险货物又遭遇恶劣天气、雷电、海啸等自然灾害造成的部分损失。也就是说，"在运输工具已经发生搁浅、触礁、沉没和焚毁意外事故的情况下"，在载货船舶从装运港到目的港的海上航行中，凡是因"在海上遭遇恶劣天气、雷电、海啸等自然灾害"所造成的部分损失，保险公司都负责赔偿。

案例 5-1

我国某外贸公司按照 CIF 术语出口了一批货物，装运前已向保险公司按照发票金额的 110%投保平安险；6 月初货物装妥并顺利开航。载货船舶于 6 月 13 日在海上遇到暴风雨，致使一部分货物产生水渍，损失价值为 2 100 美元；数日后该货轮突然触礁，致使该批货物又遭受部分损失，价值为 8 000 美元。保险公司对该批货物是否应该赔付？为什么？

分析

本案涉及对《海洋运输货物保险条款（2018 版）》关于平安险责任范围的相关条款的运用：如果运输工具在运输途中发生意外事故，而在该意外事故之前或者之后又发生自然灾害并引起单独海损，则该单独海损也在平安险的赔付范围内。即在运输途中，只要有过意外事故，则对于海上风险，保险公司就都应该赔偿，不再区分单独海损和共同海损。在该情况下，平安险的责任范围基本上接近水渍险。所以对于本案中的两次海损，保险公司都应该赔付。

2. 水渍险的责任范围

水渍险的责任范围除包括前文平安险的各项责任外，还包括由于恶劣气候、雷电、海啸、地震和洪水自然灾害所造成的被保险货物的部分损失。

案例 5－2

一批货物投保了中国人民财产保险股份有限公司的水渍险，在运输途中，下雪导致部分货物被打湿造成水渍。这一损失是否在水渍险的责任范围之内？

分析

水渍险包含单独海损。它所承保的是所有海上风险，但是本案中的损失不在水渍险的赔付之列。因为下雨、下雪、舱汗和船上水管漏水等对货物所造成的损失属于淡水雨淋险，这些风险属于一般外来风险，只有投保了一切险，保险公司才会赔偿。对于水渍险，保险公司只赔偿海水水渍，不赔偿淡水水渍。

3. 一切险的责任范围

一切险的责任范围除包括平安险和水渍险的各项责任外，还包括被保险货物在运输途中由于外来原因所致的全部或部分损失。

这种一切险条款具有如下特点：

（1）一切险并非列明的风险，而是非列明的风险。在《海洋运输货物保险条款（2018 版）》中，平安险、水渍险保障的是列明的风险，而一切险则保障平安险、水渍险再加上未列明的在被保险货物运输途中由于外来原因造成损失的风险。

（2）损失必须是外来原因造成的。被保险人在向保险人索赔时，必须证明损失是由运输途中的外来原因引起的。外来原因既可以是自然原因，也可以是人为的意外事故。但是一切险承保的风险具有不确定性，要求是不能确定的、意外的、无法列举的承保风险。那些预期的、确定的、正常的风险，则不属于一切险的承保范围。

（3）外来原因应当是在被保险货物运输途中发生的，排除了运输开始前和运输结束后发生的事故。只要被保险人证明损失并非自身原因造成的，而是由运输途中的意外事故造成的，保险人就应当承担保险赔偿责任。

《中华人民共和国保险法（2015 修正）》第三十条规定：采用保险人提供的格式条款订立的保险合同，保险人与投保人、被保险人或者受益人对合同条款有争议的，应当按照通常理解予以解释。对合同条款有两种以上解释的，人民法院或者仲裁机构应当作出有利于被保险人和受益人的解释。

案例 5－3

某年 11 月 28 日，国内 A 公司在保险公司为由 HK 轮所运载的自印度尼西亚杜迈港至中国洋浦港的一批桶装棕榈油投了保，投保险别为一切险。上述投保货物是由 A 公司以 CFR 价格向新加坡 B 公司购买的。根据买卖合同的约定，发货人 B 公司与船东代理C签订了一份租约。该租约约定由HK轮将A公司投保的该批桶装棕榈油运至中国洋浦港，将另一批桶装棕榈油运往香港。HK轮启航后，由于HK轮船东印度尼西亚M公司与实际承运人印度尼西亚P公司因船舶租金发生纠纷，因而HK轮中止了提单约定的航程并对外封锁了该轮的动态。次年1月至3月，HK轮船长根据船东印度尼西亚M公司的指令，指挥船员将其中部分数量棕榈油转载到属于同一船公司的其他货船上运走并销售，又让船员将船名HK轮涂改变更。4月走私船因载剩余货物若干桶棕榈油被查获。8月20日A公司向保险公司提出书面赔偿申请，保险公司拒赔。保险公司能否拒赔？

分析

保险公司不能拒赔。海上货物运输保险合同中的一切险，其责任范围除包括平安险和水渍险的各项责任外，还包括被保险货物在运输途中由于外来原因所致的全部或部分损失。在被保险人不存在故意或者过失的情况下，由于相关保险合同中除外责任条款所列明情形之外的其他原因造成被保险货物损失的，可以认定属于导致被保险货物损失的外来原因，保险人应当承担运输途中由该外来原因所致的一切损失。

所谓外来原因，就是被保险货物内在原因以外的其他原因，即被保险货物之外的原因。本案被保险货物损失的原因是船东监守自盗，该原因显然不属于被保险货物内在原因，而属于外来原因。本案保险标的已经发生实际全损，对此发货人B公司没有过错，亦无证据证明被保险人A公司存在故意或过失。因此，应认定本案保险事故属一切险的责任范围。保险公司应当赔偿损失。

二、附加险

在海运保险业务中，进出口商除了投保货物的基本险外，还可根据货物的特点和实际需要，酌情再选择若干适当的附加险。附加险包括一般附加险和特殊附加险。

1. 一般附加险

一般附加险不能作为一个单独的项目投保，只能在投保平安险或水渍险的基础上，根据货物的特性和需要加保一种或若干种。如果加保所有一般附加险，就是投保一切险。

一般附加险的种类有很多，主要包括以下11种：

(1) 偷窃、提货不着险（Theft，Pilferage and Non-delivery）。在保险有效期内，本保险对保险货物因偷窃行为所致的损失及整件提货不着遭受的损失，按保险价值负责赔偿。

(2) 淡水雨淋险（Fresh Water and/or Rain Damage）。本保险对被保险货物因直接遭受雨淋或淡水所致的损失负责赔偿。

(3) 短量险（Risk of Shortage）。本保险对被保险货物在运输过程中因外包装破裂或散装货物发生数量散失和实际重量短缺所致的损失负责赔偿。

（4）混杂、沾污险（Risk of Intermixture and Contamination）。本保险对被保险货物在运输过程中因混杂、沾污所致的损失负责赔偿。

（5）渗漏险（Risk of Leakage）。本保险对被保险货物在运输过程中因容器损坏而引起的渗漏损失或用液体储藏的货物因液体的渗漏而引起的货物腐败等损失负责赔偿。

（6）破损、破碎险（Risk of Clash and Breakage）。本保险对被保险货物在运输过程中因震动、碰撞、受压造成的破碎和碰撞损失负责赔偿。

（7）串味险（Risk of Odour）。本保险对被保险食品、中药材、化妆品原料等货物在运输过程中因受其他物品的影响而引起的串味损失负责赔偿。

（8）钩损险（Hook Damage）。本保险对被保险货物在装卸过程中因遭受钩损而引起的损失以及对包装进行修补或调换所支付的费用均负责赔偿。

（9）受潮、受热险（Damage Caused by Sweating and Heating）。本保险对被保险货物在运输过程中因气温突然变化或由于船上通风设备失灵致使船舱内水汽凝结、发潮或发热所造成的损失负责赔偿。

（10）包装破裂险（Breakage of Packing）。本保险对被保险货物在运输过程中因搬运或装卸不慎而导致包装破裂所造成的损失以及为了继续安全运输而对包装进行修补或调换所支付的费用均负责赔偿。

（11）锈损险（Risk of Rust）。本保险对被保险货物在运输过程中发生的锈损负责赔偿。

2. 特殊附加险

特殊附加险是指承保由军事、政治、国家政策法令以及行政措施等特殊外来原因所引起的风险与损失的险别。中国保险条款承保的特殊附加险包括：

（1）战争险（War Risk）。本保险的责任范围包括因战争、类似战争行为和敌对行为、武装冲突或海盗行为以及由此引起的捕获、拘留、禁止、扣押所造成的损失，或者由各种常规武器（包括水雷、鱼雷、炸弹）所造成的损失，以及由上述原因所引起的共同海损的牺牲、分摊和救助费用。但对原子弹、氢弹等核弹所造成的损失，保险公司不予赔偿。

（2）罢工险（Strike Risk）。本保险承保由罢工者、被迫停工工人或参加工潮、暴动、民众斗争的人员采取行动所造成的被保险货物的直接损失。对于任何人的恶意行为所造成的损失，保险公司也予以赔偿。

（3）舱面险（On Deck Risk）。本保险除承保存放在舱面的货物按保险单所载条款遭受的损失外，还承保被抛弃或被风浪冲击落水所致的损失。

（4）进口关税险（Import Duty Risk）。如果被保险货物虽然遭受了本保险单责任范围以内的损失，但到达目的港后被保险人仍需按完好货物完税，保险公司就对该项被保险货物损失部分的进口关税负赔偿责任。

（5）拒收险（Rejection Risk）。本保险承保被保险货物在目的港被进口国政府或有关当局拒绝进口或没收所造成的货物损失。

（6）黄曲霉素险（Aflatoxin Risk）。在承保本险之后，如果被保险货物在保险责任有效期内，在进口港或进口地经当地卫生当局检验，因黄曲霉素的含量超过了进口国对该毒素的限制标准而被拒绝进口、没收或强制改变用途，保险公司负责赔偿。

(7) 交货不到险 (Failure to Deliver Risk)。在承保本险之后，自被保险货物装上船舶开始，不论由于何种原因，如货物不能在预定抵达目的地的日期起六个月以内交讫，保险公司都同意按全损予以赔付，但该货物的全部权益应转移给保险公司。被保险人保证已获得一切许可证。所有运输险及战争险项下应予负责的损失，概不包括在本险责任范围之内。

(8) 货物出口到香港（包括九龙在内）或澳门存仓火险。本保险承保被保险货物直接存放于保险单载明的过户银行所指定的仓库所造成的存仓火险损失，直至银行收回押款解除货物的权益为止或运输责任终止后满 30 天为止。

? 启发思考

一切险是否包括所有附加险?

三、除外责任

基本险的除外责任包括以下几个方面：

(1) 被保险人的故意行为或过失所造成的损失。

(2) 属于发货人责任所引起的损失。

(3) 在保险责任开始前，被保险货物已存在的品质不良或数量短差所造成的损失。

(4) 被保险货物的自然损耗、本质缺陷、特性以及市价跌落、运输延迟所造成的损失或费用。

(5) 海洋运输货物战争险条款和货物运输罢工险条款规定的责任范围和除外责任。

《中华人民共和国保险法（2015 修正）》第十七条规定：订立保险合同，采用保险人提供的格式条款的，保险人向投保人提供的投保单应当附格式条款，保险人应当向投保人说明合同的内容。

对保险合同中免除保险人责任的条款，保险人在订立合同时应当在投保单、保险单或者其他保险凭证上作出足以引起投保人注意的提示，并对该条款的内容以书面或者口头形式向投保人作出明确说明；未作提示或者明确说明的，该条款不产生效力。

四、保险期限与索赔时效

（一）保险期限

保险期限 (Duration of Insurance)，又叫“保险期间”或“责任起讫”，是指保险公司承担保险标的风险责任的起止时间。在这个规定的期限之外，无论保险标的发生了何种风险与损失以及多大程度的风险与损失，保险公司都将不予赔偿。

1. 基本险保险责任的起讫

我国海运保险基本险的责任起讫以运输过程为限，在保险实务中通常被称为仓至仓原则，即基本险适用仓至仓条款（Warehouse to Warehouse Clause，W/W），如图 5-1 所示。

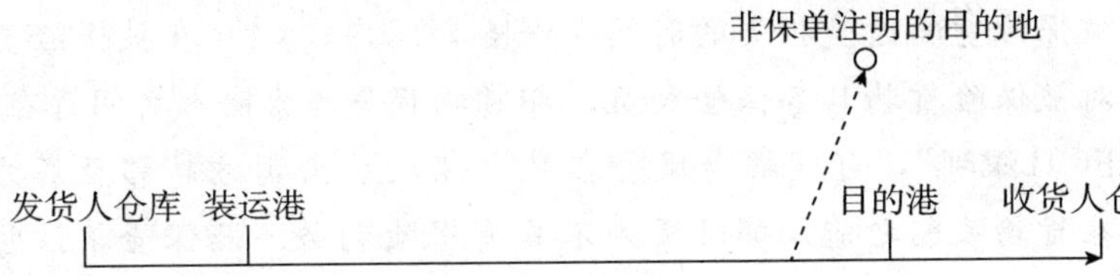

图 5-1 仓至仓条款示意

仓至仓条款的责任起讫主要包括以下几层含义：

(1) 自被保险货物运离保险单所载明的起运地仓库或储存处所开始运输时生效，包括正常运输过程中的海上、陆上、内河和驳船运输在内，直至该项货物到达保险单所载明目的地收货人的最后仓库或储存处所或者被保险人用于分配、分派或非正常运输的其他储存处所为止；

(2) 如未抵达上述仓库或储存处所，则以被保险货物在最后卸载港全部卸离海轮后满 60 天为止；

(3) 如在上述 60 天内被保险货物需转运到非保险单所载明的目的地，则该项货物开始转运时终止。

仓至仓条款的适用条件如下：

(1) 保险公司与索赔人之间必须存在合法有效的合同关系。由保险公司签发的保险单与被保险人填写的投保单合在一起构成了保险人与被保险人之间的合同。

(2) 向保险公司行使索赔权利的人，必须对保险标的享有保险利益。所谓保险利益，是指投保人或被保险人对保险标的所具有的利害关系。投保人或被保险人因保险事故的发生致使保险标的不安全而受损，或因保险事故不发生而受益，这种利害关系即保险利益。保险利益是保险法律关系的基本要素。

(3) 在被保险人或受让人索赔时，该项损失必须属于保险单的承保范围。

此外，罢工险的责任起讫也适用仓至仓条款。

值得注意的是，在 FOB 贸易术语下，买方投保基本险“仓至仓条款”实质上是“船至仓”，货物被装上船之前，风险由卖方承担，买方对货物没有可保利益。

案例 5-4

某年 2 月，A 物流公司受货代委托，将成交方式为“FOB 深圳”的指定货物从起运地东莞运往目的港埃及亚历山大。东莞 B 工厂代收货人 M 投保了含有仓至仓条款的一切险，保险单注明被保险人是收货人 M。但是，货物在东莞至深圳的拖车运输期间由于意外事故发生货损。事后，B 工厂向保险公司索赔，但被拒赔。而后收货人 M 凭保险单向保险公司索赔，同样被拒赔。在本案中保险公司可以拒赔吗？为什么？

分析

保险公司可以拒赔。保险理赔应同时满足以下几点要求：（1）所遭受的损失与发生的风险之间具有直接的因果关系；（2）所发生的风险在保险责任范围内；（3）依照仓至仓条款，被保险货物遭受损失的时间在保险期间内；（4）在被保险货物遭受风险时，索赔人对被保险货物具备保险利益，即货物损失与索赔人之间存在利害关系。成交方式为“FOB深圳”，可理解为风险在装上船之后由卖方转移至买方。在本案中，货损发生在货物装船之前，那时买方不具有保险利益。而保险单注明的被保险人是收货人M，所以东莞B工厂也没有保险利益，不符合第四个条件。因而保险公司可以拒赔。

2. 战争险保险责任的起讫

战争险仅限于“水上危险”或运输工具上的危险，其保险责任起讫如下：

（1）从货物装上保险单所载明的装运港的海轮或驳船开始，到卸离保险单所载明的目的港的海轮或驳船为止；

（2）如果不卸离海轮或驳船，保险责任从海轮到达目的港当天午夜起算满15天为止；

（3）如果货物中途需要转船，卸离海轮的时间也不得超过15天，只有在此期限内装上续运海轮，保险责任才继续有效。

（二）索赔时效

索赔时效又称索赔期限，是在被保险货物发生保险责任范围内的风险与损失时，被保险人向保险人索赔的有效期限。相关保险条款规定，被保险人索赔的时效为两年，从保险事故发生之日起算。如果逾期，被保险人就丧失了向保险人索赔的实体权利。

五、被保险人的义务

（1）当被保险货物运抵保险单所载明的目的港（地）以后，被保险人应及时提货。如发现货损，被保险人应立即向保险单上所载明的检验、理赔代理人申请检验。如发现被保险货物整件短少或明显残损痕迹，应立即向承运人、受托人或有关当局（海关、港务当局等）索取货损货差证明。如果货损货差是由承运人、受托人或其他有关方面的责任所造成的，则应以书面方式向其索赔。

（2）对遭遇承保责任范围内危险的货物，被保险人和保险人都可迅速采取合理的抢救措施，防止或减少货物的损失。

（3）如遇航程变更或发现保险单所载明的货物、船名或航程有遗漏或错误，被保险人应在获悉后立即通知保险人并在必要时加交保险费，保险才继续有效。

（4）在向保险人索赔时，必须提供下列单证：保险单正本、提单、发票、装箱单、磅码单、货损货差证明、检验报告及索赔清单。如涉及第三者责任，还须提供向责任方追偿的有关函电及其他必要单证或文件。

（5）在获悉有关运输合同中“船舶互撞责任”条款的实际责任后，应及时通知保险人。

若被保险人未履行上述义务，保险人则对有关损失或无法核实的损失不负赔偿责任。

启发思考

当海上风险事故发生时，哪些情况不是《海洋运输货物保险条款（2018 版）》的责任范围？

第四节 《伦敦保险协会海洋运输货物保险条款》

一、保险条款种类

《伦敦保险协会海洋运输货物保险条款》，简称《协会货物条款》，最早制定于 1912 年，后来经过修订，目前采用的条款于 2009 年 1 月 1 日生效，即 ICC 2009。

（1）《协会货物条款（A）》[Institute Cargo Clauses（A），ICC（A）]；

（2）《协会货物条款（B）》[Institute Cargo Clauses（B），ICC（B）]；

（3）《协会货物条款（C）》[Institute Cargo Clauses（C），ICC（C）]；

（4）《协会战争险条款（货物）》（Institute War Clauses—Cargo）；

（5）《协会罢工险条款（货物）》（Institute Strikes Clauses—Cargo）；

（6）《恶意损害险条款》（Malicious Damage Clauses）。

上述六个部分分别对应六种险别，ICC（A）、ICC（B）、ICC（C）都可以单独投保，属于主险。协会战争险和协会罢工险，如征得保险公司的同意，必要时也可以作为独立的险别投保。而恶意损害险因条款内容比较简单，故属于附加险。

二、ICC (A)、ICC (B)和 ICC (C)的责任范围与除外责任

（一）ICC（A）的主要内容

1. 承保风险

该部分的内容包括三个条款，即风险条款、共同海损条款和双方过失碰撞条款。从承保范围看，ICC（A）主要承保除不保的损失及费用以外被保险标的物的一切灭失或毁损风险，承保依据运送契约及/或有关适用法律与惯例所理算或认定之共同海损与施救费用，系为了避免有关避免不保的损失及费用之规定或其他条款以外之任何原因所致之损失，责任范围广泛。

2. 不保条款

（1）一般不保条款。

本保险不承保下列各项损失、损害或费用：

①由可归责于被保险人的故意或过失引起的损害或费用。

②被保险标的物的正常渗漏，正常失重或失量或者正常耗损。

③由被保险标的物的不良或不当包装（所谓的包装包括货柜或货箱装载内之装置，但以此种装置于本保险开始前已由被保险人或其雇员完成者为限）或配制引起的损害或费用。

④被保险标的物的固有瑕疵或本质引起的损害及费用。

⑤主因为延滞引起的损害或费用，包括由承保的危险引起的延滞（依照共同海损条款可予赔付的费用则不在此限）。

⑥由船主、经理人、租船人或运营人的破产或债务积欠引起的损害或费用。

⑦任何使用原子或核子武器或者类似武器引起的被保险标的物的损害或费用。

（2）不适航及不适运不保条款。

①不承保由载运船舶或驳船的不适航及载运船舶、驳船、货柜或货箱的不适运引起的被保险标的物的损害或费用，而此种不适原因于被保标的物装载之时为被保险人或其雇员所知。

②除被保险人或其雇员已知情的不适航或不适运原因外，保险人放弃任何违反载运船舶应具备适航能力及适运条件运送被保险标的物至目的地的默示保证规定。

（3）战争险（兵险）不保条款。

本保险绝不承保以下原因所致的损失、损害或费用：

①战争、内战、革命、叛乱、造反和由此引起的内乱，或交战方或针对交战方的任何敌对行为。

②捕获、扣押、扣留、拘禁或羁押（海盗除外）和此种行为引起的后果或采取此种行为的企图。

③被遗弃的水雷、鱼雷、炸弹或被遗弃的其他战争武器。

（4）罢工险不保条款。

本保险绝不承保下列损失、损害或费用：

①罢工者、被迫停工工人或参加工潮、暴动、民变的人员造成的损失或费用。

②罢工、被迫停工、工潮、暴动或民变造成的损失或费用。

③恐怖分子或出于政治动机而作出某些行为的人员造成的损失或费用。

（二）ICC（B）的主要内容

1. 承保风险

（1）火灾或爆炸。

（2）船舶或驳船搁浅、擦浅、沉没或倾覆。

（3）陆上运输工具翻倒或出轨。

（4）船舶、驳船或运输工具与水以外的任何外部物体碰撞或接触。

（5）在避难港卸货。

（6）地震、火山爆发或闪电。

（7）共同海损牺牲。

(8) 抛弃和浪击落水。

(9) 海水、湖水或河水进入船舶、驳船、船舱、运输工具、集装箱、托盘或储存处所。

(10) 因装上或卸离船舶或驳船过程中掉落或从船上落入水中或坠落而发生的整件货物的全损。

2. 除外责任

在 ICC (A) 不保的损失、损害或费用的基础上加上“可归咎于被保险人的蓄意恶行的损失、损害或费用”就是 ICC (B) 的除外责任。

(三) ICC (C) 的主要内容

1. 承保风险

(1) 火灾或爆炸。

(2) 船舶或驳船遭受搁浅、擦浅、沉没或倾覆。

(3) 陆上运输工具翻倒或出轨。

(4) 船舶、驳船或运输工具与水以外的任何外部物体碰撞或接触。

(5) 在避难港卸货。

(6) 共同海损牺牲。

(7) 抛弃。

2. 除外责任

ICC (C) 的除外责任与 ICC (B) 完全一致。

三、 ICC (B)、ICC (C)战争险的除外责任

本保险绝不承保以下原因所致的损失、损害或费用：

(1) 战争、内战、革命、叛乱、造反和由此引起的内乱，或交战方或针对交战方的任何敌对行为。

(2) 捕获、扣押、扣留、拘禁或羁押（海盗除外）和此种行为引起的后果或采取此种行为的企图。

(3) 被遗弃的水雷、鱼雷、炸弹或被遗弃的其他战争武器。

四、 ICC (B)、ICC (C)罢工险的除外责任

本保险绝不承保下列损失、损害或费用：

(1) 罢工者、被迫停工工人或参加工潮、暴动、民变的人员造成的损失或费用。

(2) 罢工、被迫停工、工潮、暴动或民变造成的损失或费用。

(3) 恐怖分子或出于政治动机而作出某些行为的人员造成的损失或费用。

五、恶意损害险的承保风险

恶意损害险属于附加险。它所承保的是被保险人以外的其他人（如船员等）的故意破坏行为所致被保险货物损毁或灭失的风险。这种风险仅在 ICC (A) 中被列入承保风

险的范畴，而在ICC（B）和ICC（C）中均被列为“除外责任”。因此，如果被保险人想获得对该风险的保障，应在投保ICC（B）和ICC（C）的同时加保恶意损害险。

六、保险期限

英国《伦敦保险协会海洋运输货物保险条款》对保险期限的规定，与中国《海洋运输货物保险条款（2018版）》对保险期限的规定大体相同，均采用仓至仓条款，以ICC（A）为例说明如下：

（1）本保险自被保险货物离开本保险单所载起运地仓库或储存处所时开始生效，并于通常的运输过程中继续有效，以运输至下述地点之一时为止：

①至本保险单所载目的地之收货人或其他最终仓库或储存处所。

②至本保险单所载目的地或中途之任何其他仓库或储存处所而为被保险人用作通常运输过程以外之储存，或分配或分送，或至被保险货物自海轮在最终卸货港完全卸载后起算满60天（这三种终止情形，以先发生者为准）。

（2）如被保险货物自海轮在最终卸货港卸载完毕后，但在本保险失效以前，将被保险货物运往本保险单所载明以外之目的地，则本保险之效力仍受前述终止规定之限制，并于该货物开始运往其他目的地之时起失效。

（3）本保险之效力，除因前述规定而终止外，在下列情形下仍继续有效：被保险人无法控制的延滞，船舶驶离航线、被迫卸载，重新装船或转船，以及由于船东或船舶租用人行使运送契约所授予的自由运输权而引起的危险变更。

启发思考

英国《伦敦保险协会海洋运输货物保险条款》与中国《海洋运输货物保险条款（2018版）》有何异同？

案例5-5

我方某外贸公司与荷兰进口商签订了一份皮手套出口合同，价格为CIF鹿特丹，向中国人民财产保险股份有限公司投保了一切险。生产厂家在生产的最后一道工序将手套的温度降到了最低温度，然后用牛皮纸包好装入双层瓦楞纸箱，再装入20英尺集装箱。在货物到达鹿特丹后，检验结果表明：全部货物湿、霉、沾污、变色，损失价值达8万美元。据分析：该批货物的出口地非异常热，进口地鹿特丹非异常冷，在运输途中无异常，完全属于正常运输。试问：

（1）保险公司对该损失应否赔偿？为什么？

（2）进口商对受损货物应否支付货款？为什么？

（3）你认为出口商应如何处理此事？

分析

(1) 保险公司不应赔偿。因为商品本身的内在缺陷属于除外责任，保险人对此不负责。(2) 进口商应支付货款。因为CIF合同是凭单付款，本案的进口商付款后可凭检验证书向出口商索赔。(3) 出口商应对此负赔偿责任。

第五节 陆上、航空、邮包运输货物保险

一、陆上运输货物保险险别与条款

(一) 基本险

根据中国人民财产保险股份有限公司制定的《陆上运输货物保险条款(2018版)》的规定，陆上运输货物保险的基本险有陆运险(Overland Transportation Risks)和陆运一切险(Overland Transportation All Risks)。此外，还有《陆上运输冷藏货物保险条款(2009版)》，陆上运输冷藏货物保险也具有基本险的性质。

1. 陆运险的责任范围

(1) 被保险货物在运输途中遭受暴风、雷电、洪水、地震自然灾害，或由于运输工具遭受碰撞、倾覆、出轨，或在驳运过程中因驳运工具遭受搁浅、触礁、沉没、碰撞，或由于遭受隧道坍塌，崖崩，或失火、爆炸意外事故所造成的全部或部分损失。

(2) 被保险人对遭受承保责任范围内危险的货物采取抢救、防止或减少货损的措施而支付的合理费用，但以不超过该批被救货物的保险金额为限。

2. 陆运一切险

除包括上述陆运险的责任外，陆运一切险还负责被保险货物在运输途中由于外来原因所致的全部或部分损失。

以上责任范围均适用于火车和汽车运输，并以此为限。

(二) 除外责任

保险公司规定，对于下列风险引起的损失不予承保：

(1) 被保险人的故意行为或过失。

(2) 属于发货人的责任。

(3) 在保险责任开始前，被保险货物已经存在品质不良或数量短差现象。

(4) 被保险货物的自然损耗、本质缺陷、特性以及市价跌落、运输延迟。

(5) 陆上运输货物战争险条款和货物运输罢工险条款规定的责任范围和除外责任。

(三) 保险责任起讫

陆运险与陆运一切险的责任起讫也采用仓至仓条款。自被保险货物运离保险单所载

明的起运地仓库或储存处所开始运输时生效，包括正常运输过程中的陆上和与其有关的水上驳运在内，直至该项货物运达保险单所载目的地收货人的最后仓库或储存处所或被保险人用于分配、分派的其他储存处所为止。如果未运抵上述仓库或储存处所，则以被保险货物运抵最后卸载的车站满 60 天为止。如果中途转车，则不论货物在当地卸车与否，保险责任都是从火车到达中途站的当天午夜起满 10 天为止。

（四）被保险人的义务

（1）当被保险货物运抵保险单所载明的目的地以后，被保险人应及时提货。如发现货损，被保险人应立即向保险单上所载明的检验、理赔代理人申请检验。如发现被保险货物整件短少或明显残损痕迹，应立即向承运人、受托人或有关当局（海关、港务当局等）索取货损货差证明。如果货损货差是由承运人、受托人或其他有关方面的责任造成的，则应以书面方式向其索赔，必要时还需取得延长时效的认证。

（2）对遭受承保责任范围内危险的货物，应迅速采取合理的抢救措施，防止或减少货物的损失。

（3）在向保险人索赔时，必须提供下列单证：保险单正本、提单、发票、装箱单、磅码单、货损货差证明、检验报告及索赔清单。如涉及第三者责任，还须提供向责任方追偿的有关函电及被保险人所能提供的其他与确认保险事故的性质、原因、损失程度等有关的证明和资料。

若被保险人未履行上述义务，保险人则对有关损失或无法核实的损失不负赔偿责任。

二、航空运输货物保险险别与条款

（一）基本险

根据中国人民财产保险股份有限公司的《航空运输货物保险条款（2018 版）》的规定，航空运输货物保险的基本险有航空运输险（Air Transportation Risks）和航空运输一切险（Air Transportation All Risks）。这两种基本险都可单独投保，在投保其中一种的基础上，经投保人与保险公司协商可以加保战争险等附加险。加保时需另付保险费。

1. 航空运输险的责任范围

（1）被保险货物在运输途中遭遇雷电、火灾、爆炸或由于飞机遭遇恶劣天气或其他危难事故而被抛弃，或由于飞机遭遇碰撞、倾覆、坠落或失踪意外事故所造成的全部或部分损失。

（2）被保险人对遭受承保责任范围内危险的货物采取抢救、防止或减少货损的措施而支付的合理费用，但以不超过该批被救货物的保险金额为限。

2. 航空运输一切险

除包括上述航空运输险的责任外，本保险还负责被保险货物由于外来原因所致的全部或部分损失。

（二）除外责任

航空运输险与航空运输一切险的除外责任与《陆上运输货物保险条款（2018 版）》的除外责任基本相同。

（三）保险责任起讫

航空运输险与航空运输一切险的责任起讫也采用仓至仓条款。所不同的是，如果未运抵保险单所载明的仓库或储存处所，则以被保险货物在最后卸载地卸离飞机后满 30 天为止。如果在上述 30 天内被保险货物需转运到非保险单所载明的目的地，则从该项货物开始转运时终止。

（四）被保险人的义务

被保险人的义务与《陆上运输货物保险条款（2018 版）》的内容大致相同。若被保险人未履行上述义务，保险人则对有关损失或无法核实的损失不负赔偿责任。

三、邮包运输货物保险险别与条款

（一）基本险

根据中国人民财产保险股份有限公司的《邮包险条款（2009 版）》的规定，我国邮包运输货物保险有邮包险和邮包一切险两种基本险。

1. 邮包险的责任范围

（1）被保险邮包在运输途中由于恶劣气候、雷电、海啸、地震、洪水自然灾害或由于运输工具遭受搁浅、触礁、沉没、碰撞、倾覆、出轨、坠落、失踪，或由于失火、爆炸意外事故所造成的全部或部分损失。

（2）被保险人对遭受承保责任范围内危险的货物采取抢救、防止或减少货损的措施而支付的合理费用，但以不超过该批被救货物的保险金额为限。

2. 邮包一切险

除包括上述邮包险的各项责任外，该保险还负责被保险邮包在运输途中由于外来原因所致的全部或部分损失。

（二）除外责任

邮包险和邮包一切险的除外责任与《陆上运输货物保险条款（2018 版）》的除外责任基本相同。

（三）保险责任起讫

邮包险与邮包一切险的保险责任自被保险邮包离开保险单所载起运地寄件人的处所运往邮局时开始产生，直至该项邮包运达保险单所载目的地邮局，自目的地邮局签发到货通知书当日午夜起满 15 天终止。但是在此期限内，邮包一经交至收件人的处所，保险责任即行终止。

（四）被保险人的义务

被保险人的义务与《陆上运输货物保险条款（2018 版）》的内容大致相同，若被保险人未履行上述义务，保险人则对有关损失或无法核实的损失不负赔偿责任。

启发思考

比较陆上、航空、邮包运输货物保险及海洋运输货物保险的保险期限。

第六节 海洋运输货物保险投保

一、投保手续

（一）进出口货物投保方式

目前，我国进出口贸易采用海洋运输方式的，若出口采用 CIF 条件、进口采用 FOB 条件和 CFR 条件成交，通常都按中国人民财产保险股份有限公司的《海洋运输货物保险条款（2018 版）》办理，但在实际出口业务中，如果国外客户要求采用《伦敦保险协会海洋运输货物保险条款》，我方出口公司也可酌情接受。

凡按 CIF 条件成交的出口货物，由出口企业向当地保险公司办理投保手续。在办理投保手续时，应根据出口合同或信用证的规定，在备妥货物并确定装运日期和运输工具后，按规定格式逐笔填制投保单，具体列明被保险人名称，被保险货物项目、数量、包装及标志，保险金额，起止地点，运输工具名称，航程或路线，起止日期和投保险别，然后送保险公司投保，缴纳保险费，并领取保险单据。

（二）投保人及投保时间的确定

在国际买卖中，如果交易双方以 CIF 条件成交，则由卖方作为投保人向保险公司投保，并从保险公司处取得以自身为被保险人即保险受益人的保险单据。在向进口商交单时（或通过银行交单时），出口商要在保险单的背面做必要的背书（Endorsement），以便将保险单项下的保险利益，即在货物发生承保风险造成损失时获得保险公司赔偿的权利，转让给进口商。这样，一旦货物在运输途中发生了承保风险造成的损失，进口商就可以向保险单上列明的保险代理索赔。若以 FOB 条件或 CFR 条件成交，则由买方投保。

此外，由于在 CIF、FOB 和 CFR 三个术语下，买卖双方的风险划分是以装运港船上为界，也就是说，货物装上船起的一切风险均要由买方来承担，因此，投保人一般要在装运前向保险公司投保，相应地，作为保险凭证的保险单据的出单日期应不迟于装运日期（一般为提单日期）。特别是以 CFR 条件成交的，装船与投保分别由不同的两个当事人操作，投保衔接工作尤显重要，故卖方在装运时应及时通知买方投保。否则，由于卖方未尽到及时通知义务导致买方延迟投保而遭受风险或损失的，应由卖方承担责任。

（三）注意要点

（1）投保申报情况必须属实。

（2）投保险别、币种与其他条件必须和信用证上所列保险条件一致。

（3）投保险别等条件要与买卖合同上所列保险条件相符。

（4）投保后发现投保项目有错漏，要及时向保险公司申请批改，如保险目的地变动、船名错误以及保险金额增减等。

(5) 在实务中大部分海洋运输货物保险都按一切险加保战争险投保。

(6) 在保险合同中保险公司对单独海损中的部分损失规定一定免于赔偿的额度，通常有“不计免赔率”和“免赔率”两种规定方法。不计免赔率是保险责任范围内的损失，无论比例大小，保险公司均按实际损失赔偿；免赔率是保险责任范围内损失达到一定比例，保险公司才予以赔偿。一般免赔率为3%～10%，在实际业务中由投保人与保险公司具体协商。

二、保险金额的确定与保险费的计算

(1) 保险金额（Insured Amount），又被称为“投保金额”，是指保险人依据保险合同所应承担的最高赔偿金额，也是计算保险费的基础。在出口贸易保险中，保险金额不同于保险价值，它一般要在保险价值的基础上加一定比例，这部分金额通常被称为“投保加成”。投保加成一般包括先前对投保价值的业务费用支出和预期利润，以期在货物遭受损失时，被保险人不但可以获得货物价值的赔偿，而且可以获得相关业务费用和预期利润的补偿。保险金额通常按照CIF合同发票价加成10%～20%计算，如发票价为FOB或CFR，应将运费、保险费相应加上去，再另行加成。

保险金额＝保险标的的价值×(1＋投保加成率)。

投保加成率一般为标的价值的10%，通常不超过30%。但如果买方要求投保加成率超过10%而买卖合同又准备以CIF或CIP条件成交，则卖方应该在签署买卖合同之前征得保险公司的同意，以免保险公司因为投保加成率过高而拒绝承保。

(2) 保险费（Premium）是指保险人因为承保风险而向投保人收取的报酬。

保险费＝保险金额×保险费率

在出口业务中，如果以FOB或CFR条件成交，则保险由买方自理，卖方无须投保及计算保险费；如以CIF或CIP条件成交，卖方就需要投保并计算保险费。

在进口业务中，如果以FOB或CFR条件成交，买方则需要投保并计算保险费。至于如何确定保险金额，并无统一标准。一般以CFR价值推算出CIF价值作为保险金额计算基础较为准确，按CIF价值加成10%来计算保险金额。

按照我国现行的保险费率水平，将一般货物运到一般地区，按一切险加战争险加罢工险投保，保险费率一般为1.5‰～4‰。

启发思考

保险金额一般在什么价格基础上加成?

例题5-1

我方出口CIF合同规定按发票金额的110%投保一切险和战争险，假设出口金额为15 000美元，一切险的保险费率为0.6%，战争险的保险费率为0.03%。试问：投保金额是多少？应付保险费是多少？

解：

保险金额=CIF价×(1+投保加成率)=15 000×(1+10%)=16 500(美元)

保险费=保险金额×保险费率=16 500×(0.6%+0.03%)=103.95(美元)

三、保险单据

保险单据具有保险合同证明和索赔权凭证的功能，常用的保险单据主要有保险单、预约保险单项下的保险证明和保险声明。出具保险单据无须显示份数，如果保险单据显示了份数，则必须提交标明的全部份数。无论是否发生损失，保险单据都可以经背书或其他转让方式进行转让，无须经保险人同意或通知保险人。实务中因各保险公司保险单据格式不同，有一些保险单据会额外要求“会签”，并提示“除非会签否则不可转让(NOT TRANSFERABLE UNLESS COUNTERSIGNED)”或“只有经被保险人会签后才生效（ONLY VALID UNLESS COUNTERSIGNED BY THE INSURED)”等相关语句。会签是某些保险单据特有的要求，是否需要会签，应根据保险单据本身的要求来确定。ISBP 821 规定，如单据含有“未经个人或实体会签或签署，本单据无效”或类似措辞，相应的方框、栏位或空白处须载有会签此单据的个人或实体的签字或名称。如果保险单据要求由出具人、被保险人或某具体实体会签，保险单据必须会签。因此，保险单据如显示“除非会签否则转让无效”，则转让的前提是会签。即在保险单据的签发过程中，相关责任人在已经签署的保险单据上再签字确认。

（一）保险单

保险单（Insurance Policy)，俗称“大保单”，背面附有保险公司印就的保险条款，是一种正规的保险合同。它具有法律效力，对双方当事人均有约束力。我国国内的保险公司大都以保险单为出口保险凭证。如保险单需补充或变更内容，经申请同意后由保险人出具注明补充或变更原保险内容的书面凭证即批单，批单原则上须粘贴在原保险单上并加盖骑缝章，作为保险单不可分割的一部分。

（二）预约保险单项下的保险证明和保险声明

在买方自办保险的贸易条款下，因买方与保险公司签订有预约保险合同，即预约保险单（Open Policy)，一旦卖方装运货物，卖方便可按买方事先的指示，将相关货物装运的详细资料及预约保险单号一起书面通知该保险公司，以此作为正式投保的凭证。这种由买方或卖方在承保货物装运以后发给保险公司的书面装运通知就叫“保险通知书”。在预约保险单项下，一般包括先后两份文件：(1) 预约保险单本身。(2) 买方或者卖方随后发给保险公司的装运通知。由于进出口双方在国际贸易中常常频繁投保，手续繁杂，为简化投保手续，进出口双方往往在正式投保前先与保险人签订一个长期的预约保险合同，但上面没有货物实际装运细节。因此，预约保险合同不是一个独立的文件，不可作为独立的保险单据使用。在实际出货时，投保人只需在保险人或其代理预先印就的带有其签字并声明在某预约保险单项下的保险证明或保险声明（俗称“小保单”）格式内填制装运细节，与装运通知一并通知保险人，出险时被保险人即可据以向保险人索赔。

四、保险索赔

保险索赔是当被保险货物遭受保险责任范围内的损失时，被保险人向保险人提出的赔偿要求。

具体条件有以下三个：

(1) 被保险人要求赔偿的损失，必须是保险责任范围内的风险造成的损失。

(2) 被保险人是保险单据的合法持有人。

(3) 被保险人必须拥有可保利益。

五、注意要点

(1) UCP 600 对信用证项下的保险单据及保险范围作出了规定。保险单据，如保险单或预约保险单项下的保险证明和保险声明，必须看似由保险公司或承保人或其代理或代表出具并签署；可以接受保险单代替预约保险单项下的保险证明和保险声明。

(2) 保险单或预约保险单项下的保险证明和保险声明均为可接受的保险单据，保险单优先于保险证明。即使信用证规定保险单据为保险证明，提交保险单也可以接受。

(3) 保险单与保险证明的数据内容和审核标准完全一致。

(4) 如单据上有预约保险单号，即使单据名称为保险单，该单据实际为保险证明。

(5) 如单据为有保险证明号的保险证明和保险声明而无预约保险单号，该单据实际为保险单。

启发思考

如何理解保险单与保险凭证的差异？

第七节　出口信用保险

一、概述

在国际贸易中，买方不能按时付款的风险时有发生，如买方失信不肯按时付款或资金周转不灵无力付款，战争、政治动乱和政策法令变更等原因导致买方无法付款，等等。对此，如果出口商投保了出口信用保险，则承保机构会对保险责任范围内的损失给予赔偿。这样一来，出口商收取货款可以得到保证，而且该项出口容易获得银行贷款，便于融通资金。

二、出口信用保险的类型

出口信用保险（Export Credit Insurance）是对出口商按信贷条款出口商品，在买方不能按期付款时，保险人承担赔付货款责任的一种保险。出口信用保险的承保范围包括商业风险和政治风险。

目前，中国出口信用保险公司开办的出口信用保险主要有短期出口信用保险和中长期出口信用保险。下面分别加以介绍。

（一）短期出口信用保险

1. 短期出口信用保险的主要种类

短期出口信用保险是指相关出口合同的信用期限最长不超过一年的保险。该类保险一般采用总括方式进行承保，即要求出口企业投保保险单适用范围内的全部出口产品，不得仅选择其中一部分客户或一部分业务投保，又称短期出口综合保险。主要险种有以下几类：

（1）综合保险。它承保出口企业以非信用证支付方式和以信用证支付方式出口的收汇风险。补偿出口企业按照合同或信用证规定出口货物或提交单据后，因政治风险或商业风险发生而导致的出口收汇损失。其特点是保险金额高、承保范围大、保险费率低。

（2）统保保险。它承保出口企业所有以非信用证支付方式出口的收汇风险。统保保险的适保条件有：货物、技术或服务从中国出口或转口；支付方式为D/P、D/A或O/A；付款期限一般在180天以内；有明确、规范的出口贸易合同。

（3）信用证保险。它承保出口企业以信用证支付方式出口的收汇风险，补偿出口企业作为信用证受益人按照信用证要求提交了单证相符、单单相符的单据后，由于政治风险或商业风险的发生而导致的不能如期收汇的损失。信用证保险的费率较低。

（4）特定买方保险。它承保出口企业对一个或几个特定买方以非信用证支付方式出口的收汇风险，其适保条件与统保保险相同。但由于出口企业是选择性投保，保险金额小，费率相对较高。

（5）特定合同保险。它承保出口企业在某一特定出口合同项下的应收账款收汇风险，适用于较大金额的机电产品和成套设备等产品的出口。适保条件有：货物、技术或服务从中国出口或转口；出口产品为机电产品或成套设备；合同金额在200万美元以上；支付方式为D/A、D/P或O/A等；付款期限一般在180天以内，可扩展到360天；有明确、规范的出口贸易合同。

（6）农产品出口特别保险。它主要承保农产品在出口之后、买方办理通关手续之前，因买方所在地颁布禁止进口令、提高检验检疫标准、增加检验检疫项目或突然变更许可文件等，致使我国农产品无法出口的风险，对我国出口企业遭受的损失予以补偿。

2. 短期出口信用保险的责任范围及除外责任

短期出口信用保险承保的风险包括买方或国外开证行或保兑行因出现信用问题所造

成的信用风险及其所在国家或地区因政治或经济环境变化所引起的政治风险。

短期出口信用保险的除外责任主要有以下几个方面：

（1）由汇率变更所引起的损失；由货运险或其他保险承保的损失；由银行擅自放单、运输代理人或承运人擅自放货所引起的损失。

（2）由被保险人或其代理人违约、欺诈以及其他违法行为所引起的损失；由被保险人的代理人破产所引起的损失；由买方代理人破产、违约、欺诈以及其他违法行为所引起的损失；由被保险人或者买方未能及时获得各种许可证，致使销售合同无法履行所引起的损失。

（3）被保险人未获得有效信用限额且不适用自行掌握信用限额而向买方出口所发生的损失；被保险人已知风险继续出运所造成的损失；被保险人向关联公司出口，由商业风险所引起的损失。

（4）在信用证支付方式下，由虚假或者无效信用证所造成的损失；因单据不符点或单据在传递过程中迟延、遗失、残缺不全或者误邮所造成的损失。

（5）在非信用证支付方式下，在货物出口前所发生的一切损失；在信用证支付方式下，在被保险人提交单据前所发生的一切损失。

3. 短期出口信用保险的索赔

（1）被保险人获悉损失已经发生或引起损失的事件已经发生后，应在保险单规定的时间内向保险人填报可能损失通知书，告知保险人已经发生可能引起损失的事件、造成损失的原因和自己已经采取或准备采取的减少损失的措施等。但是被保险人填报可能损失通知书并不代表索赔开始。

（2）被保险人出险报损后，经过减损努力，确定损失已发生且不可挽回即可向保险人提出赔偿要求，在保险单规定期限内填报索赔申请书及索赔单证明细表，并提供其他相应单证和文件。索赔单证和文件包括：报损索赔文件、有关保险证明、相关贸易单证和贸易双方往来函电、未收汇证明、被保险人已经履行保险单义务的证明、采取了减损措施的证明以及其他损失证明文件等。

（二）中长期出口信用保险

中长期出口信用保险是指相关出口合同的信用期限超过一年的保险，主要适用于资本性货物的出口，如机电产品、成套设备、飞机和船舶。这些资本性货物的出口往往伴随着技术和劳务的出口，表现为工程项目的承包。这类货物的出口合同金额较大，买方通常要求延期付款。由于延期付款时间长，出口商存在较大的收汇风险。按照融资方式的不同，中长期出口信用保险可分为出口买方信用保险和出口卖方信用保险。

1. 出口买方信用保险

出口买方信用保险是指在买方信用融资方式下，出口信用机构向贷款银行提供还款风险保障的一项政策性保险。在出口买方信用保险中，贷款银行是被保险人，投保人可以是出口商、贷款银行或借款人，一般要求贷款银行直接投保。出口买方信用保险承保的风险主要包括政治风险和商业风险。

政治风险包括：债务人所在国家或地区颁布法律、法令、命令、条例或采取行政措施，禁止或限制债务人以贷款协议规定的货币或其他可自由兑换货币向被保险人偿还债务；债务人所在国家或地区颁布延期付款令，致使债务人无法履行其在贷款协议项下的还款义务；债务人所在国家或地区发生战争、革命、政变、暴乱或保险人认定的其他政治事件。

商业风险包括：债务人违约，拖欠贷款协议项下应付的本金和利息；债务人破产、倒闭、解散和被清算。

出口买方信用保险的承保要求主要体现在对承保项目的选择上。在承保项目的选择上主要考虑是否满足以下条件：出口项目符合双方国家法律，且不损害我国国家利益；出口商是在我国注册的具有出口经营权的法人，财务状况良好，对于大型工程承包项目，出口商应具有相关资质和项目经验；出口的商品主要为我国生产的资本性货物，出口的成套设备或机电产品的国产化部分应占产品的70%以上，船舶及车辆类产品的国产化部分不低于50%；商务合同金额在200万美元以上；对于进口商现汇支付比例，船舶产品在交船前不低于合同金额的20%，成套设备和机电产品一般不低于合同金额的15%；还款期一般在1年以上，一般机电产品的还款期不超过10年，大型项目的还款期一般不超过12年；进口国政局稳定，经济状况良好；借款人和担保人的资信在中国出口信用保险公司的可接受范围之内；项目的技术和经济利益可行并符合我国的有关政策。

2. 出口卖方信用保险

出口卖方信用保险是指在卖方信用融资方式下，出口信用机构向出口商提供的用于保障出口商收汇安全的一种政策性保险，对因政治风险和商业风险引起的出口商在商务合同项下应收的延付款项的损失承担赔偿责任。中国出口信用保险公司的承保要求包括：合同金额在100万美元以上、还款期在1年以上10年以内且以延期付款方式进行的出口贸易；出口货物属于我国生产的资本性或半资本性货物或者带资承包海外工程等。

出口卖方信用保险所承保的政治风险和商业风险与前述出口买方信用保险承保的风险大致相同，此处不再赘述。出口卖方信用保险的除外责任包括：企业不履行商务合同或违反法律所引起的损失；汇率变动引起的损失；对进口方的惩罚性赔偿；等等。

启发思考

出口信用保险的种类有哪些？其适用范围是什么？

本章小结

国际货物运输保险属于财产保险的范畴。保险的基本原则包括可保利益原则、最大诚信原则、补偿原则、代位追偿原则、重复保险分摊原则和近因原则。保障的风险可分为海上风险和外来风险。海上损失按照损失的程度可分为全部损失和部分损失：全部损失可分为实际全损、推定全损和协议全损，部分损失可分为共同海损和单独海损。我国进出口货物运输最常用的保险条款是《海洋运输货物保险条款（2018 版）》。《海洋运输货物保险条款（2018 版）》包括基本险和附加险。基本险有平安险、水渍险和一切险；附加险有一般附加险和特殊附加险。一切险的责任范围除包括平安险和水渍险的所有责任外，还包括被保险货物在运输途中由于外来原因所致的全部或部分损失。外来原因既可以是自然原因，也可以是人为的意外事故。基本险的保险责任起讫均采用国际保险业所惯用的仓至仓条款。英国伦敦保险协会所制定的《协会货物条款》将险别分成三种主险和三种附加险，即 ICC（A）、ICC（B）、ICC（C）、协会战争险、协会罢工险和恶意损害险。出口信用保险是指对出口商按信贷条款出口商品，在买方不能按期付款时，保险人承担赔付货款责任的一种保险。出口信用保险的承保范围包括商业风险和政治风险。

复习思考

1. 简要介绍在海运货物保险中，保险公司承保的风险、损失和费用。

2. 举例说明什么是实际全损和推定全损。

3. 共同海损的构成条件是什么？共同海损与单独海损的主要区别是什么？

4. 简要介绍中国《海洋运输货物保险条款（2018 版）》中的三种基本险各自的责任范围，并说明它们之间的相互关系。

5. 如果按照下列险别分别规定 CIF 买卖合同中的保险条款，哪些是正确的？哪些是错误的？为什么？

（1）一切险加偷窃、提货不着险加包装破裂险。

（2）平安险加水渍险加战争险。

（3）水渍险加淡水雨淋险。

（4）锈损险加舱面险。

（5）陆运一切险加短量险。

（6）平安险加战争险加罢工险。

6. 简述一切险的特点。

7. 简述仓至仓条款和水上危险的大致含义。

8. 大保单与小保单的主要区别是什么？其法律效力如何？

9. 如果某公司收到外商开来一份信用证，其中规定出口商须按发票金额 110%投保一切险及战争险，该公司该如何应对？

计算练习

1. 某批进口货物的 FOB 价值为 CHF 100 000，假设运费为 CHF 2 000，投保水渍险加战争险，费率一共为 2.5‰。问：（1）如果按不加成投保，保险金额应为多少？

(2) 如果按货物价值的10%加成投保，保险费应是多少？

2. 某批出口货物的CPT价值是USD 20 000，假设按10%加成投保，投保一切险，费率为1.5‰，加保战争险和罢工险，费率皆为0.5‰。问：(1) 货物的CIP价值应是多少？(2) 保险金额应是多少？(3) 保险费应是多少？

案例分析

1. 某货轮在航行中有一船舱发生火灾，危及船、货的共同安全。经船长下令灌水灭火后，原装在该船舱内的500包棉花，除部分烧毁外，剩下部分有严重水渍，只能作为纸浆出售给造纸厂，获得的价值为原货物价值的30%。原装在该舱内的500包大米经检查后发现有水渍损失，而无烧毁或热熏的损失，经晒干后作为次米出售可获得原价值的50%。按上述情况，棉花的损失价值占原价值的70%，大米的损失价值占原价值的50%。试分析两种损失属于何种性质的损失。

2. 某批货物事先投保了一切险。买方在收到货物时，发现这批货物部分严重破损。60天后，买方凭保险单及货损证明向保险公司索赔。保险公司经过调查后得知，是因为船方操作失当，与另一货轮发生碰撞，才造成这批货物部分严重破损，这一损失应该属于“第三方责任人”的过失所致损失，保险公司当即向承运人索赔，结果遭到拒绝。问：(1) 你认为承运人拒绝赔偿的理由可能是什么？数日以后，保险公司凭相关文件又向承运人索赔，结果又遭到拒绝，理由是索赔时间已经超过提单背面条款规定的期限。(2) 承运人的拒绝有无道理？为什么？(3) 如果法院判决承运人不赔，保险公司可否也拒绝理赔？为什么？

3. 某年1月8日，开证行R银行应申请人的申请开出即期自由议付信用证，进口商品为机电设备。贸易条件为CIF，信用证要求提交全套空白背书的保险单/保险证明，投保金额为货物价值的110%，并显示在目的地以汇票币种进行索赔，投保一切险和战争险。该年2月2日，开证行收到该信用证项下单据。其中保险单显示进口商为被保险人，无空白背书，并注明承保一切险和战争险，责任起讫依据仓至仓条款，从声明的发运地至目的地。请分析单证是否构成不符点。

延伸学习

中国出口信用保险投保指南

第六章 进出口商品价格核算

目标要求

掌握出口商品的价格构成和作价方法，熟悉合同的价格条款，熟练掌握常用贸易术语之间的换算和出口成本核算，掌握佣金和折扣的运用方法。

案例导入

某公司出口一种物品架，包装单位是箱，销售单位是件，规格描述是每箱装1件物品架，每箱体积为0.156立方米，采用20英尺集装箱。供应商报价为每件281元（价税合计，包括13%的增值税），出口物品架的退税率为13%。内陆运费为每立方米100元，报关费为130元，公司各项费用总计2 100元。从天津港至日本神户港，一个20英尺集装箱的海运费为200美元，货运保险在CIF成交金额的基础上加投《海洋运输货物保险条款（2018版）》中的一切险（费率为0.8%）和战争险（费率为0.08%）。预期利润按报价的10%计算。假设当时汇率为1美元兑7.14元（买入价）或1美元兑7.16元（卖出价）。外贸业务人员通过分别计算成本核算表中成本栏里的商品含税进价、增值税税率、退税率、退税收入、商品实际采购成本以及费用栏里的进货费、仓储费、包装费、差旅费、商检报关费、国内运杂费、出口总成本和国外运保费、佣金和预期利润，给出的报价为CIF C3% 46.57美元。

关键概念

成本核算（Calculating of the Cost），单价（Unit Price），佣金（Commission）。

知识要点

合同的价格条款，出口商品盈亏率、出口换汇成本以及佣金和折扣的计算与报价方法。

第一节 商品价格的掌握

在进出口贸易中，价格是买卖双方达成交易最为关注的一个重要问题。报价时需在掌握市场行情及其动态的基础上，参照近期的进出口成交价格、市场竞争情况，结合我方的经营意图，适当考虑影响价格的各项因素，准确地核算成本，切实拟好买卖合同中的商品价格。

一、作价的原则

1. 按照国际市场价格水平作价

国际市场价格是以商品的国际价值为基础并在国际市场竞争中形成的价格，是交易双方都能接受的价格，也是进出口商确定进出口商品价格的客观依据。国际市场上某种商品的价格水平主要取决于三个方面：

（1）该商品世界主要产地的价格。

（2）该商品世界主要消费地的价格。

（3）国际市场上该商品的平均价格。

2. 要结合购销意图作价

可根据进出口战略意图，在国际市场价格水平的基础上，制定略高于或略低于国际市场价格水平的价格。比如，某出口企业意在发展、开拓市场或与信誉较好的老客户建立长期的贸易合作关系，或者市场需求萎缩、货源充足，价格就可以定得低一些；如果商品技术含量高且有一定的垄断性，或者货源比较紧张、市场需求大，价格就可以定得高一些。

3. 要结合国别（地区）政策选择

不同国家和地区属于不同的细分市场，消费理念和消费水平千差万别，国际贸易政策也各有差别，因此，为了配合国别（地区）政策，价格可以略高于或略低于国际市场价格水平。

4. 要注意成本核算，综合考虑影响商品价格的各种具体因素

影响商品价格的因素有很多，因此在确定进出口商品的价格时，必须考虑影响价格的种种因素，加强成本和盈亏核算。

二、影响定价的因素

在确定进出口商品的价格时，必须充分考虑影响价格的各种因素，并注意同一商品在不同情况下应有合理的差价，防止全球同一价格的错误做法。

影响进出口商品价格的因素包括：

1. 商品的质量和档次

定价应根据商品的质量和档次差别进行，遵循“按质论价、优质优价”原则。商品质量包括包装和装潢质量，精致的包装和装潢也是提高售价的重要因素。此外，按市场需求情况，新产品价格也会有所不同。

2. 运输距离

一般货物运输距离短，运费就相对低廉，而运输距离长，运费就相对高。另外，航线的“冷热”也是影响运费高低的一个重要因素。所谓“热线”，主要是指通往经济发达、贸易频繁地区的航线，那里过往的船只繁多，交通运输条件十分便利，运费也比较低廉。而所谓“冷线”，主要是指通往位置偏僻、经济不发达地区的航线，那里过往船只稀少，运费也比较昂贵。

3. 成交数量

按照国际贸易的习惯做法，成交数量越大，卖方的交易成本就越低，价格上的优惠也就越大；反之，成交数量越小，卖方的交易成本就越高，价格也就越高。

4. 支付条件和汇率风险

支付条件不同，买卖双方所承担的交易风险也就不同。若采用预付货款或信用证方式，卖方风险较小，商品价格就较低；若采用托收方式，卖方风险较大，商品价格就会较高。另外，以外币计价和结算时，汇率的波动也会带来一定的风险，从而对商品价格产生一定的影响。

5. 市场需求

在市场需求萎缩、货源充足的情况下，价格就可以定得低一些；在货源比较紧张、市场需求大的情况下，价格就可以定得高一些。

6. 季节性需求的变化

有些时令商品，销售的季节性很强：当市场需求旺盛时，价格就看涨；销售季节一过，市场上鲜有人问津，价格就会下跌。

7. 贸易术语的不同

成交时所采用的贸易术语不同，买卖双方的责任、风险和费用也就不同，因此商品价格也会不同。

8. 国际市场价格动态

商品的主要产地价格波动以及各国同种产品的生产力水平的差异，会使价格发生变动。

9. 进出口商的类型

依据进出口商的特点和信誉，商品的价格会有差异。对于长期合作且信誉良好的经销商，价格就低一些；而对于一般的或信誉不佳的经销商，价格就高一些。

10. 自由贸易区或自由贸易协定的影响

依据区域性的贸易协议或是否加入某合作组织，价格也会有所差异。

三、价格的构成

进出口商品价格的构成是指构成进出口商品价格的费用项目，是决定成交价的基础。进出口商品价格的构成因使用的贸易术语不同而有所不同，下面以常用的贸易术语为例进行介绍。

（一）FOB价的构成

FOB价主要包括以下各种费用：

（1）进货成本（出厂价＝工厂生产成本＋税金＋利润）。

（2）商品包装费（如果出口时使用出厂包装，就不另计包装费，包装费已计入工厂生产成本）。

（3）商品仓储费（包括保险费和货物损耗）。

（4）加工整理费。

（5）国内运费和装卸费。

（6）商品检验费。

（7）出口关税。

（8）领取有关出口单证及办理托运、报关和结汇等的手续费。

（9）各种杂费（业务通信费、港区杂费和贷款利息等）。

（10）预期利润。

（二）CFR价的构成

（1）FOB价。

（2）国外海运费。

（三）CIF价的构成

（1）FOB价。

（2）国外海运保险费。

（3）国外海运费。

（4）如有中间商，还包括支付给中间商的佣金。

四、合同的价格条款

国际货物买卖合同的价格条款一般包括单价（Unit Price）和总值或总金额（Total Amount）两个项目。价格条款有时还包括作价方法、佣金和折扣等。

1. 单价

商品的单价通常由四部分组成：计量单位、单位价格金额、计价货币和贸易术语，例如每公吨1 000美元CIF纽约（USD 1 000 Per Metric Ton CIF New York）。

启发思考

国际贸易的价格表示和国内贸易的价格表示为什么会不同？如果单价的四个组成部分缺少某个部分，可以吗？

2. 总值或总金额

总值是单价和数量的乘积。在总值项下，一般也同时列明贸易术语。如果一份合同有两种以上不同单价，就会有两个以上金额，几个金额相加再形成总值。总值所使用的货币必须与单价所使用的货币一致。总值除用阿拉伯数字填写外，一般还用文字表示。填写时，要做到认真细致，计算准确，防止出现差错。

3. 规定价格条款时的注意事项

（1）根据货源与船源选择适当的贸易术语。

（2）合理地确定商品的价格，防止偏高或偏低。

（3）争取选择有利的计价货币或加订保值条款。

（4）价格条款的各项内容应明确清楚。

（5）参照国际贸易的习惯做法，合理运用佣金和折扣。

第二节 作价方法

一、固定价格作价法

在国际贸易实务中，一般采用固定价格，这种做法称为固定价格作价法，即在签订合同时买卖双方约定货物价格不得变更。这也是国际上常见的做法。在合同中规定固定价格具有明确、具体、肯定和便于核算的优点，但同时意味着双方要承担从签约到交货付款以至转售时价格变动的风险。

启发思考

在国际贸易实务中常采用固定价格作价法，这有何实际效果？

二、非固定价格作价法

在实际业务中，有时也采用暂不固定价格、暂定价格以及部分固定价格、部分非固定价格等作价方法，这几种做法统称非固定价格作价法。

（一）非固定价格的种类

从我国进出口合同的实际做法看，非固定价格即一般业务中所说的“活价”，大体上可分为以下几种：

1. 暂不固定价格

它是指只规定作价方式而具体价格留待以后确定。某些货物因国际市场价格变动频繁、变动幅度较大或交货期较长，买卖双方对市场趋势难以预测，但又确有订约的意旨，为了减少价格风险，双方可就其他要件（品质、数量、包装、交货、支付）先达成一致意见，而价格则待定。

在合同价格条款中一般明确规定定价时间和定价方法。例如，“在装船月份前 50

天，参照当地及国际市场价格水平协商确定正式价格”；“按提单日期的国际市场价格确定价格”；“以某月某日某地货物交易所该货物的收盘价再加若干美元确定价格”。如果双方有长期贸易往来，已形成比较固定的交易习惯，也可在合同中只规定作价时间，如“由双方在某年某月某日协商确定价格”。但这种方式由于未就作价方法作出规定，容易给合同带来较大的不稳定性，双方可能因缺乏明确的作价标准而在商定价格时各执己见，相持不下，导致合同无法执行。因此，这种方式一般只应用于资信较好的老客户之间。在这种情况下，《联合国国际货物销售合同公约》规定，如果已签订的有效合同没有明示或默示地规定价格或规定如何确定价格，在没有任何相反表示的情况下，双方当事人应视为已默示地引用订立合同时此种货物在有关贸易的类似情况下销售的通常价格。

2. 暂定价格

买卖双方在洽谈某些价格变化较大、交货期较长的货物的价格时，可先在合同中规定一个暂定价格，即在合同中先订立一个初步价格，作为开立信用证和初步付款的依据，待双方确定最后价格后再进行清算，多退少补。

3. 部分固定价格、部分非固定价格

有时为了照顾买卖双方的利益，解决双方在采用固定价格或非固定价格方面的分歧，也可采用部分固定价格、部分非固定价格的做法，或是分批作价的办法，交货时间临近的货物价格在订约时先固定下来，余者在交货前一定期限内作价。

（二）采用非固定价格作价法的利弊

非固定价格是一种变通做法，在行情变动剧烈或双方未能就价格取得一致意见时，采用这种做法有一定的好处，主要体现在以下方面：

（1）有助于暂时解决双方在价格方面的分歧，先就其他条款达成协议，早日签约。

（2）解除客户对价格风险的顾虑，使之敢于签订交货期长的合同。数量、交货期早日确定，不但有利于巩固和扩大出口市场，也有利于生产、收购和出口计划的安排。

（3）对进出口双方来说，虽不能完全排除价格风险，但对出口方来说可以不失时机地做成生意，对进口方来说可以保证一定的转售利润。

但应当看到，这种做法是先订约后作价，合同的关键条款——价格条款——是在订约后由双方按一定的方式来确定的，这就不可避免地会给合同带来较大的不稳定性，存在双方在作价时不能取得一致意见而使合同无法执行的可能性。而且，如果合同作价条款规定不当，合同还有失去法律效力的危险。

（三）采用非固定价格作价法时应注意的问题

1. 酌情确定作价标准

为减少非固定价格条款给合同带来的不稳定因素，消除双方在作价方面的矛盾，明确订立作价标准是一个重要的、必不可少的前提。作价标准可根据不同货物酌情规定。例如，以某商品交易所公布的价格为准，或以某国际市场价格为准等。

2. 明确规定作价时间

在采用非固定价格时，明确规定作价时间有利于出口方安全收汇和合同顺利履行。作价时间的规定方法如下：

（1）在装船前作价。该方法一般是规定在合同签订后若干天或装船前若干天作价。此种方法是先作价后交货，出口方及时收汇较有保障，但交易双方仍要承担自作价至付款转售的价格变动风险。

（2）在装船时作价。该方法一般是指按提单日期的行市或装船月的平均价作价。该方法实际上只能在装船后进行，除非有明确且客观的作价标准，否则卖方不会轻易采用，因为害怕承担风险。

（3）在装船后作价。该方法一般是指在装船后若干天，甚至在船到目的地后作价。采用这种方法时卖方面临的风险较大，故一般很少使用。

三、价格调整

价格调整也称为滑动价格，是指先在合同中规定一个基础价格，在交货时或交货前一定时间，按工资、原材料价格变动情况做相应调整，以确定最后价格。调整价格的办法则应在合同中一并具体订明。

第三节　汇率对出口盈亏的影响

一、计价货币的选择

计价货币（Money of Account）是指合同中规定用来计算价格的货币。在通常情况下，计价货币与支付货币（Money of Payment）为同一种货币，但有时也不一致。一般来说，既可以使用出口国的货币，也可以使用进口国的货币，还可以使用第三国的货币，由双方协商决定。在通常情况下，合同中的计价货币就是支付货币。

交易双方在决定计价货币时，除必须结合经营意图、国际市场供求情况和国际市场价格水平外，还必须考虑货币可否自由兑换和汇率升降的风险。使用可自由兑换货币，有助于转移汇率风险。在出口业务中，一般应尽可能多地使用在成交期内汇率稳定且有上升趋势的货币，即硬币或强币。而在进口业务中，则应争取多使用在成交期内汇率不稳且有下降趋势的货币，即软币或弱币。

值得注意的是，所谓的硬币或软币，都只是一种相对的概念。

（1）在同一时段，一种货币相对于 A 货币而言，可能是硬币；但相对于 B 货币而言，可能就是软币。

（2）在一定时期内，某种货币可能是硬币；但到了另一时期，可能又变成了软币。

二、计价货币的换算

（一）底价为本币，改报外币，以中国银行公布的人民币对外币的买入价进行折算

$$外币价=\frac{人民币底价}{人民币对外币的买入价}$$

启发思考

这里所说的买入价和卖出价是站在哪一方而言的，是银行还是结汇人？

例题 6-1

我国某出口商的某出口商品单价为 CNY 300 CIF HAMBURG。如改报美元价，应为多少？已知当日银行外汇牌价为 USD 100＝CNY 714.14（买入价）/716.26（卖出价）。

解：$美元价=\frac{300\times100}{714.14}=42.01$（美元）

（二）底价为外币，改报本币，以中国银行公布的人民币对外币的卖出价进行折算

本币价＝外币底价×人民币对外币的卖出价

例题 6-2

我国某出口商品单价为 GBP 56 CIF LONDON。如改报人民币价，应为多少？已知当日外汇牌价为 GBP 100＝CNY 910.54（买入价）/916.74（卖出价）。

解：人民币价＝56×9.167 4＝513.37（元）。

（三）由一种外币改报另一种外币，均以买入价换算或均以卖出价换算

例题 6-3

我国某出口商的某出口商品单价为 USD 200 CFR KARACHI。如改报英镑价，应为多少？已知当日外汇牌价 USD 100＝CNY 714.14/716.26；GBP 100＝CNY 910.54/916.74。

解：先求出 1 美元等于多少英镑，再用求出的金额乘以原报美元数。如用买入价（卖出价）换算，则两种外币都用买入价（卖出价）换算。

1. $USD\ 1=\frac{714.14}{910.54}=GBP\ 0.784\ 3$

英镑价应为 USD 200×0.784 3＝GBP 156.86。

2. $USD\ 1=\frac{716.26}{916.74}=GBP\ 0.781\ 3$

英镑价应为 USD 200×0.781 3＝GBP 156.26。

两种换算方法得出的尾数有一定出入，可选择对我方有利的一种报价。

三、外汇保值条款

（1）若计价货币和支付货币均为同一种软币，则在确定订约时按这种货币与另一硬币的汇率折算成硬币，在支付时再按当日汇率折算成原货币支付。

(2) 若按软币计价，则按硬币支付。

(3) 若按软币计价，则按软币支付。

四、主要国家（地区）货币名称

主要国家（地区）货币名称及其英文缩写见表 6-1。

表 6-1 主要国家（地区）货币名称及其英文缩写

	国家（地区）	国家（地区）英文名称	货币名称	货币英文缩写
1	中国	China	人民币	CNY
2	澳大利亚	Australia	澳大利亚元	AUD
3	加拿大	Canada	加拿大元	CAD
4	日本	Japan	日元	JPY
5	英国	Britain	英镑	GBP
6	中国香港	Hong Kong（China）	港元	HKD
7	欧盟	EU	欧元	EUR
8	瑞士	Switzerland	瑞士法郎	CHF
9	美国	USA	美元	USD
10	俄罗斯	Russia	俄罗斯卢布	RUB
11	韩国	Republic of Korea	韩元	KRW
12	新加坡	Singapore	新加坡元	SGD

第四节 佣金和折扣

一、佣金

（一）佣金的含义

佣金（Commission）是中间商（Middleman）为买卖双方介绍交易或代买代卖而向买方或卖方索取的合理报酬。但在实际业务中，凡是为招揽生意、促成交易提供服务的企业或个人，都可能成为佣金的收受者。

在我国的外贸实践中，正确和灵活运用佣金，可调动中间商或代理人推销我方出口货物的积极性，增强有关货物在国际市场上的竞争力，扩大销售。根据交易的性质，佣金可分为销售佣金（Selling Commission）和采购佣金（Purchasing Commission）。

（二）佣金的规定方法

含佣价的表示方法有以下两种：

(1) 在价格条件后加上代表佣金的字母“C”和佣金率。例如，每公吨 200 美元 CIF C2%伦敦（USD 200 Per Metric Ton CIF C2% London）。

（2）用文字说明。例如，每公吨 250 美元 CIF 伦敦包括佣金 3%（USD 250 Per Metric Ton CIF London including 3% Commission）。

凡价格中含有佣金的，皆称为“含佣价”。佣金在合同中有明确规定的，称为“明佣”；佣金在合同中没有明确规定的，称为“暗佣”。佣金的规定应合理，比例应控制在 1%～5%，不宜偏高。

（三）佣金的计算方法

按照国际贸易的习惯做法，佣金可以按价格的一定百分比进行计算。

（1）不管买卖双方以何种价格成交，均按 FOB 价计算佣金。

（2）按成交价格计算佣金。在我国进出口业务中，一般以发票金额（即含佣价）为基数计算佣金，即发票金额乘以佣金率。例如，每公吨 200 美元 CIF C2%伦敦，发票金额为每公吨 200 美元，佣金即为每公吨 4 美元。

（3）含佣价与净价的换算。

$$\text{净价}=\text{含佣价}-\text{佣金}$$

$$\text{佣金}=\text{含佣价}\times\text{佣金率}$$

$$\begin{aligned}\text{净价}&=\text{含佣价}-\text{含佣价}\times\text{佣金率}\\&=\text{含佣价}\times(1-\text{佣金率})\end{aligned}$$

$$\text{含佣价}=\frac{\text{净价}}{1-\text{佣金率}}$$

在实际业务中一般以成交金额作为计算佣金的基数，即以何种价格术语成交，就以该价格术语为标准计算佣金，比较符合客观要求。至于每笔交易支付多少佣金合理，可以通过调整佣金率来调整佣金，无须过度纠结于佣金计算基数。

例题 6-4

原报价 USD 500 Per M/T CIF 上海，现要求改报为 CIF C2%。

解：按公式

$$\begin{aligned}\text{净价}&=\text{含佣价}-\text{含佣价}\times\text{佣金率}\\&=\text{含佣价}\times(1-\text{佣金率})\end{aligned}$$

则

$$\text{含佣价}=\frac{500}{1-2\%}=510.20(\text{美元})$$

二、折扣

（一）折扣的含义

折扣（Discount）是卖方按原价给予买方的一定百分比的价格减让，属于价格优惠。

在贸易中通常使用的折扣种类包括：

（1）数量折扣。

（2）交易折扣。

（3）现金折扣。

（4）促销折扣。

凡在价格条款中明确规定折扣率的，皆称为“明扣”；凡交易双方就折扣问题已达成协议，而在价格条款中不明确规定折扣率的，皆称为“暗扣”。折扣的高低可根据具体成交条件及买卖双方关系而定。

（二）折扣的规定方法

折扣一般用文字说明，例如，每公吨200美元CIF伦敦减1%折扣（USD 200 Per Metric Ton CIF London Less 1% Discount）。

在实际业务中也有用绝对数来表示折扣的，例如：USD 3.00 Discount Per Dozen。

（三）折扣的计算方法

折扣的计算较为简单，不存在按FOB价还是按CIF价计算的问题。一般实际发票金额乘以约定的折扣率即为折扣金额，即：

折扣金额＝发票金额×折扣率

此外，也可以按商品数量计算折扣金额，即：

折扣金额＝成交商品数量×每单位数量折扣

三、佣金和折扣的支付方法

佣金一般在出口方收到全部货款后再另行支付给中间商。也有在委托人收清货款后，再按事先约定的期限和佣金率，另行支付给中间商的情况。

折扣的支付方法一般是在买方支付货款时预先予以扣除，也有的折扣金额不直接从货价中扣除，而是卖方按暗中达成的协议另行支付给买方，这种做法通常在“暗扣”情形下使用。

启发思考

佣金和折扣的最本质区别是什么？

第五节　成本核算

在对价格的掌握上，要注意加强成本核算，以提高经济效益，防止出现不计成本、不计盈亏和单纯追求交易量的偏向。尤其是在出口方面，强调加强成本核算，掌握出口总成本、出口销售收入（外汇净收入和人民币净收入）的数据，并计算和比较各种商品出口的盈亏情况，这样更有实际意义。

一、常见贸易术语的价格换算

（一）FOB、CFR、CIF 三种价格的换算

1. FOB 价换算为其他价格

CFR 价＝FOB 价＋国外运费

$$CIF\ 价=\frac{FOB\ 价+国外运费}{1-(1+投保加成率)\times 保险费率}$$

2. CFR 价换算为其他价格

FOB 价＝CFR 价－国外运费

$$CIF\ 价=\frac{CFR\ 价}{1-(1+投保加成率)\times 保险费率}$$

3. CIF 价换算为其他价格

FOB 价＝CIF 价×［1－(1＋投保加成率)×保险费率］－国外运费

CFR 价＝CIF 价×［1－(1＋投保加成率)×保险费率］

（二）FCA、CPT、CIP 三种价格的换算

1. FCA 价换算为其他价格

CPT 价＝FCA 价＋国外运费

$$CIP\ 价=\frac{FCA\ 价+国外运费}{1-(1+投保加成率)\times 保险费率}$$

2. CPT 价换算为其他价格

FCA 价＝CPT 价－国外运费

3. CIP 价换算为其他价格

FCA 价＝CIP 价×［1－(1＋投保加成率)×保险费率］－国外运费

CPT 价＝CIP 价×［1－(1＋投保加成率)×保险费率］

（三）常见贸易术语的报价计算公式

$$出口报价=\frac{货物实际成本+出口各项费用之和}{1-出口各项费率之和-预期利润率}$$

二、出口效益核算

出口效益核算实际上是核算出口业务是盈利还是亏损。出口效益核算的原则是将出口销售收入和出口总成本进行比较。如果出口销售收入大于出口总成本，就意味着出口业务盈利；反之，则意味着出口业务亏损。这里要注意以下两点：一是使用相同的货币进行比较；二是进行出口效益核算分析。其中，出口效益核算分析指标包括出口换汇成本、出口盈亏率和出口创汇率。

1. 出口换汇成本

出口换汇成本是用来反映出口商品盈亏的一项重要指标，是指某商品出口总成本与出口外汇净收入（通常是按 FOB 价）之比，即每换回一个单位的外汇所需的本币数量。用它和银行公布的牌价比较，如果高于银行的外汇买入价，则表示亏损；如果低于银行的外汇买入价，则表示盈利。每一个外汇单位的盈亏额大小，为两者之间的差额。对于我国出口公司来讲，出口换汇成本越低越好。

$$出口换汇成本=\frac{出口总成本(本币)}{出口外汇净收入(外币)}$$

实务中常以出口收汇每一美元税后（出口退税后）获得一定数量人民币利润作为报价基础，即以外汇买入价与单位外币利润之间的差额为换汇成本目标值。FOB 价报价如下：

$$\text{FOB 价}=\frac{出口总成本(本币)}{外汇买入价-单位外币利润}$$

$$出口总成本(本币)=\frac{商品进价}{1+增值税税率}\times(1+增值税税率-出口退税率)+国内费用$$

一般情况下，进出口公司经营的某类商品的增值税税率、出口退税率在一定时间内相对固定，国内费用按公司财务测算费率来计算是一个常数，通常是按费用占含税购货成本（商品进价）的比例，业务量越大，费率越低。因此，只要按照进出口公司经营的商品类别套算不同的出口退税率，计算出与各类商品进价相关的一个数值，在即期支付情况下按换汇成本目标值就可算出一个常数 K。

$$\text{FOB 价}=K\times商品进价$$

K 是一定时期内进出口公司经营各种商品的不同常数，只要有商品进价数据，乘上 K 值就能迅速报出商品 FOB 价。比如某进出口公司计划出口 1 000 万美元的商品 A，利润为 200 万元，管理费等费用为 200 万元，则出口收汇每一美元至少获得毛利润 0.4 元。若商品 A 的增值税税率为 13%、出口退税率为 9%、财务统计费用占商品进价的 5%，即期外汇买入价为 1 美元兑人民币 7.14 元，则商品 A 的 K 值为：

$$K=\frac{1-\frac{9\%}{1+13\%}+5\%}{7.14-0.4}=0.144$$

可以依次算出公司经营的商品 B 等一定时期内的 K 值，整理商品 A、B 等对应的 K 值列表，即可按商品进价迅速报出商品 A、B 等的 FOB 价。

? 启发思考

利用出口换汇成本来确定一定的利润后，应当如何对外报价？

例题 6-5

某公司出口棉针织品，每打出口总成本为 112 元，出口价格为每打 15.9 美元 FOB 某港，则该商品的换汇成本为多少？

解：每打出口总成本为 112 元，出口外汇净收入为 15.9 美元，因此

$$出口换汇成本=\frac{出口总成本(本币)}{出口外汇净收入(外币)}=\frac{112}{15.9}=7.04(元/美元)$$

出口换汇成本常用于考核出口商品的经营成本，主要用途包括：

（1）比较不同类出口商品的出口换汇成本以便调整出口商品的结构。

（2）对同类商品，比较出口到不同国家或地区的出口换汇成本，以作为选择市场的依据。

（3）对同类商品，比较不同时期的出口换汇成本，以利于改善经营管理和采取扭亏为盈的有效措施。

2. 出口盈亏率

出口盈亏率是指出口商品盈亏额与出口总成本的比率。计算结果为正，表示盈利；计算结果为负，表示亏损。

$$出口盈亏率=\frac{出口销售人民币净收入-出口总成本}{出口总成本}\times 100\%$$

3. 出口创汇率

出口创汇率是指加工成成品后出口的外汇收入与原辅料外汇成本的比率。该指标主要考察出口成品的盈利能力，在进料加工贸易中显得尤为重要。出口创汇率一般在加工贸易出口时才用到。

$$出口创汇率(外汇增值率)=\frac{成品出口外汇净收入-原辅料外汇成本}{原辅料外汇成本}\times 100\%$$

或者

$$出口创汇率(国产原料)=\frac{成品出口外汇净收入-国产原料出口净值}{国产原料出口净值}\times 100\%$$

要注意以下几点：

（1）进口原辅料不论按何种价格成交，一律应折合成 CIF 价计算。

（2）在出口成品时，不论按何种价格成交，一律应按 FOB 价计算成品出口外汇净收入。

（3）如果原辅料全部是国产的或出口成品中部分原辅料是国产的，其外汇成本应比照出口该原辅料的 FOB 价计算。国产原料出口净值指出口国产原料的外汇净收入。

（4）进口原辅料的外汇支出与成品出口的外汇收入必须采用同种货币计算，且进口和出口的数量计量单位也应一致。

三、成本核算

出口总成本包括出口商品进价和出口流通费用两个部分。出口总成本实际上是指出口商品离开出口口岸前的总成本，并非卖方的全部出口成本。出口商品进价是指购进用于出口的商品的价格。对于大多数外贸企业而言，由于商品是从生产企业采购来的，故称为采购成本，它包括出口商品的原始进价以及该商品进入仓库或口岸前所发生的运费、代购手续费和自备包装费等费用。根据发生的地域不同，费用可分为境内费用和境外费用。我国为了鼓励出口，对出口商品实行退增值税制度，不同出口商品退税率不同。出口成本扣除出口退税额后即为实际成本。

1. 出口商品实际采购成本

（1）商品进价＝商品金额＋增值税税额

$$=\text{商品金额}+\text{商品金额}\times\text{增值税税率}$$

$$=\text{商品金额}\times(1+\text{增值税税率})$$

（2）出口退税额＝商品金额×出口退税率

$$=\frac{\text{商品进价}}{1+\text{增值税税率}}\times\text{出口退税率}$$

（3）实际采购成本＝商品进价－出口退税额

$$=\frac{\text{商品进价}}{1+\text{增值税税率}}\times(1+\text{增值税税率}-\text{出口退税率})$$

2. 费用

（1）国内费用。

国内费用含包装费、仓储费、认证费、国内运输费、国内保险费、商检费、港口杂费、购货利息、经营管理费和银行费用等。在实际业务中，按财务统计的经验数据，以费率来估算，即某一时期（一般为 1 年）发生的各种费用总额占同期该企业商品进价的比例，通常为 5%～10%。

启发思考

费率的高低和实际业务金额大小有关吗？

（2）国外费用。

国外费用主要包括运费和保险费，计算方法在相关章节已介绍过，此处不再赘述。

例题 6－6

某公司出口一个 20 英尺集装箱的陶瓷制品，报价资料如下：陶瓷制品每 200 纸箱装一个 20 英尺集装箱，每纸箱采购成本为 500 元（包含 13%的增值税，出口陶瓷制品的退税率为 9%）。出口一个 20 英尺集装箱发生的国内费用有：运杂费 1 200 元；商检费 150 元；报关费 200 元；港区港杂费 650 元；公司业务费 2 000 元；其他费用 1 000 元。

此外还有：

海洋运费：从深圳出口陶瓷制品至加拿大多伦多，一个 20 英尺集装箱的包箱费为 2 400 美元。

货运保险：在 CIF 成交金额的基础上加 10%投保《海洋运输货物保险条款（2018 版）》中的水渍险、碰损破碎险和战争险，费率分别为 0.5%、0.3%和 0.16%。

中间商佣金：成交价格的 5%。

报价利润：报价的 10%。

报价汇率：100 美元兑换 714.14 元。

请报 FOB 深圳净价及含佣价、CFR 多伦多净价及含佣价以及 CIF 多伦多净价及含佣价。

解：

$$\begin{aligned}\text{实际采购成本}&=\frac{\text{商品进价}}{1+\text{增值税税率}}\times(1+\text{增值税税率}-\text{出口退税率})\\&=\frac{500\times(1+13\%-9\%)}{1+13\%}\\&=460.18(\text{元})\end{aligned}$$

$$\begin{aligned}\text{国内费用}&=\frac{1\,200+150+200+650+2\,000+1\,000}{200}\\&=26(\text{元})\end{aligned}$$

$$\text{国外运费}=\frac{2\,400\times7.141\,4}{200}=85.70(\text{元})$$

$$\begin{aligned}\text{FOB 价}&=\frac{\text{实际采购成本}+\text{国内费用}}{1-\text{利润率}}\\&=\frac{460.18+26}{1-10\%}=540.20(\text{元})\text{，折合}\frac{540.20}{7.141\,4}=75.64(\text{美元})\end{aligned}$$

$$\begin{aligned}\text{FOB C5\% 价}&=\frac{\text{实际采购成本}+\text{国内费用}}{1-\text{佣金率}-\text{利润率}}\\&=\frac{460.18+26}{1-5\%-10\%}=571.98(\text{元})\text{，折合}\frac{571.98}{7.141\,4}=80.09(\text{美元})\end{aligned}$$

$$\begin{aligned}\text{CFR 价}&=\frac{\text{实际采购成本}+\text{国内费用}+\text{国外运费}}{1-\text{利润率}}\\&=\frac{460.18+26+85.70}{1-10\%}=635.42(\text{元})\text{，折合}\frac{635.42}{7.141\,4}=88.98(\text{美元})\end{aligned}$$

$$\begin{aligned}\text{CFR C5\% 价}&=\frac{\text{实际采购成本}+\text{国内费用}+\text{国外运费}}{1-\text{佣金率}-\text{利润率}}\\&=\frac{460.18+26+85.70}{1-5\%-10\%}=672.80(\text{元})\text{，折合}\frac{672.80}{7.141\,4}=94.21(\text{美元})\end{aligned}$$

$$\text{CIF 价}=\frac{\text{实际采购成本}+\text{国内费用}+\text{国外运费}}{1-(1+\text{投保加成率})\times\text{保险费率}-\text{利润率}}$$

$$=\frac{460.18+26+85.70}{1-1.1\times(0.5\%+0.3\%+0.16\%)-10\%}$$

$$=642.97(\text{元}),\text{折合}\frac{642.97}{7.1414}=90.03(\text{美元})$$

$$\text{CIF C5\%价}=\frac{\text{实际采购成本}+\text{国内费用}+\text{国外运费}}{1-(1+\text{投保加成率})\times\text{保险费率}-\text{佣金率}-\text{利润率}}$$

$$=\frac{460.18+26+85.70}{1-1.1\times(0.5\%+0.3\%+0.16\%)-5\%-10\%}$$

$$=681.26(\text{元}),\text{折合}\frac{681.26}{7.1414}=95.40(\text{美元})$$

该出口商品报价为：每箱 FOB 深圳价和每箱 FOB C5％深圳价分别为 75.64 美元和 80.09 美元；每箱 CFR 多伦多价和每箱 CFR C5％多伦多价分别为 88.98 美元和 94.21 美元；每箱 CIF 多伦多价和每箱 CIF C5％多伦多价分别为 90.03 美元和 95.40 美元。

本章小结

价格条款是贸易合同的核心，通常包括单价、总值或总金额。单价的构成有四个要素，即计量单位、单位价格金额、计价货币和贸易术语。佣金和折扣有时要在合同中表示出来，表示和计算的方法是要掌握的基本知识。常用贸易术语的价格换算是出口商品成本核算和对外报价的基础。出口效益核算分析指标主要有出口换汇成本、出口盈亏率和出口创汇率。最重要的是出口换汇成本的核算，以出口换汇成本目标值作为报价基础，根据一定时期内增值税税率、出口退税率和即期汇率可以换算出一定时期内的常数 K，该计算公式即 FOB 价与商品进价的关系式。

复习思考

1. 简述进出口商品的作价方法。
2. 在订立价格条款时应注意哪些事项？
3. 影响进出口商品价格的具体因素主要有哪些？
4. 佣金一般有哪些支付方法？
5. 出口效益核算包括哪些内容？

计算练习

1. 上海某公司向香港客户销售水果罐头 1 000 箱，每箱 20 美元 FOB 广州，客户要求改报 CIF C5％香港。设运费为每箱 1 美元，保险费为 CIF 加成 10％，投保一切险，保险费率为 0.8％，在保持原报价不变的情况下，试问：

(1) CIF C5％香港价应报多少？

(2) 已知进货成本为 160 元/箱，每箱的流通费为进货成本的 3％，出口退税为 30

元/箱。该商品的出口盈亏率及出口换汇成本是多少？［设当天汇率为 USD 100＝CNY 714.14（买入价）/716.26（卖出价）。］

2. 我国某外贸企业向美国销售一批男式衬衫，共计 10 000 件，装于一个 40 英尺的集装箱，原报价为每件 USD 20.00 FOB 青岛。已知从青岛至纽约的海洋运输费用是每个 40 英尺集装箱 5 000 美元，海洋运输投保一切险（费率为 1%）和海洋运输战争险（费率为 0.5%），投保加成率为 10%。现美方要求我方改报 CIF C3%纽约的价格，我方表示接受。请问我方应该报出的单价是多少？

3. 某公司从上海口岸出口一批门锁，每箱体积为 20CM×30CM×40CM，毛重为 25KG，燃油附加费为 30%，计算标准为 W/M，基本运费为每运费吨 50 美元。每箱进货成本为 100 元，流通费率为 5%，成交价为每箱 19 美元，CIF C2%某目的港，保险费率为 0.5%。计算出口换汇成本。

延伸学习

中国对外贸易形势报告

第七章 国际结算方式

目标要求

掌握汇票、本票和支票的定义以及三者之间的区别与联系，理解电汇、托收的种类和运用，熟练掌握信用证的特点和作用、信用证的种类，理解银行保函与备用信用证的区别和联系，掌握买卖合同支付条款中不同结算方式的选用，了解国际保理业务。

案例导入

在以 MT 700 格式开立的信用证中，42C 场表述为“DRAFT AT SIGHT FOR100% INVOICE VALUE”（即期汇票，100%发票金额），47A 场规定“ALL DOCUMENTS REQUIRED MUST INDICATE L/C NO.”（所有单据必须注明信用证号码）。开证行收单审核后以“DRAFTS NOT INDICATE L/C NO.”（汇票未注明信用证号码）为不符点提出拒付，引发了交单行与开证行的争议。这牵涉到一个长期存在的争议：汇票是单据还是票据？随着国际结算模式的创新发展，信用证项下汇票的提示付款功能和融资功能正逐步弱化：一方面，只要交单相符，银行就该承付；另一方面，信用证项下的汇票融资要受《中华人民共和国票据法》以及 UCP 600、ISBP 821 的约束。这使得交单行或议付行产生了许多困惑。目前已有相当大数量的开证行趋于不再要求信用证项下的汇票，届时信用证业务处理的也就是真正意义上的单据。

关键概念

汇票（Bill of Exchange，Draft），本票（Promissory Note），付款交单（Documents against Payment，D/P），承兑交单（Documents against Acceptance，D/A），信托收据（Trust Receipt，T/R），跟单信用证（Documentary Credit），银行保函（Bank's Letter of Guarantee），备用信用证（Standby L/C），保理（Factoring）。

知识要点

汇票和本票的使用，电汇和托收的含义、业务流程，信用证的主要内容、种类，国际保理业务的一般流程。

第一节 支付工具

在国际贸易实务中，很少采用现金来结算，在大多数情况下都是将票据作为国际业务的结算和信贷工具。这些票据是可以流通转让的债权凭证。在国际贸易中使用的票据主要有汇票、本票和支票等。由于当代信息技术的飞速发展和金融制度的改革创新，某些传统的票据逐步被弃用，在国际贸易结算中多使用汇票。各国为了规范票据的使用都对票据进行了立法。我国于 1995 年 5 月 10 日通过了《中华人民共和国票据法》（以下简称《票据法》），该法自 1996 年 1 月 1 日起施行，并于 2004 年 8 月 28 日进行了修正。

从资金流向和结算工具传递方向来看，国际贸易结算可分为顺汇和逆汇。所谓顺汇（Remittance），是由债务人或付款人主动将货款交给银行，委托银行使用某种结算工具，支付一定金额给债权人或收款人的结算方法。所谓逆汇（Reverse Remittance），是由债权人以出具票据的方式，委托银行向国外债务人或付款人收取一定金额的结算方法。卖方在索取货款时，往往开出汇票来作为要求付款的凭证。

一、汇票

（一）汇票的定义

汇票（Bill of Exchange，Draft）是出票人签发的，要求即期或定期或在可以确定的将来时间，向某人或某指定人或持票人支付一定金额的无条件书面支付命令。

汇票属于金融单据。一张票据只有符合上述定义，才能被称为汇票。若缺少或多出某一或某些方面的内容，就不是汇票。

（二）汇票的基本内容

（1）表明“汇票”的字样。虽然有些国家的法律并未规定必须表明“汇票”字样，但在实际业务中，一般都要表明“汇票”字样，国外多写为“Draft”，以示与本票、支票的区别。

（2）无条件支付的委托（Pay to the Order of）。表现为命令，而不是请求，同时支付不能附加条件。

（3）确定的金额（Drawing Amount）。大小写应一致。

（4）付款人（Payer）名称。即受票人（Drawee）名称，通常为进口商或银行。在托收这一支付方式下，付款人一般为买方或债务人；在信用证支付方式下，付款人默认为开证行或指定银行。

(5) 收款人 (Payee) 名称。汇票的收款人名称不能为空，一般是填写出票人提交单据的银行。

(6) 出票日期与地点 (Date and Place of Issuance)。这是指签发汇票的日期和地点。出票地点直接关系到汇票适用哪国的法律。若汇票未注明出票地点，则以出票人签名后注明的地址为该汇票的出票地点。汇票上未记载出票地点的，出票人的营业场所、住所或者经常居住地为出票地点。出票必须加注出票日期，依据该日期可以确定出票人在签发汇票时的权利能力并确定汇票到期日与汇票有效期以及利息。

启发思考

出票地点是否为必备项目？填与不填有什么实际意义吗？

(7) 付款期限 (Tenor)。这是指付款人支付汇票金额的日期，例如 at sight、at × days after sight。规定的付款日期为汇票到期日。

(8) 出票人签章。汇票必须经出票人签名或盖章才有效。当在实务中出现出票人名称变更的情形时，由作为出票人的新实体出票，但需要同时注明"旧名称即×"，以示权利和责任的表面连续性。

(9) 出票根据。这是指开具该张汇票的根据。

(10) 汇票号码。它一般与相关的商业发票号码相同。

按照各国票据法的规定，汇票的要项必须齐全，否则受票人有权拒付。汇票一般一式两份，均为正本。若两份同时以不同方式寄出，一份先到达，另一份则自动失效。按照我国《票据法》第二十二条的规定，汇票必须记载下列事项：表明"汇票"的字样；无条件支付的委托；确定的金额；付款人名称；收款人名称；出票日期；出票人签章。汇票上未记载前款规定事项之一的，汇票无效。

(三) 汇票的种类

1. 按照出票人的不同划分

(1) 银行汇票 (Banker's Draft)。即汇票的出票人是银行的汇票。

(2) 商业汇票 (Commercial Draft)。商业汇票的出票人是工商企业或者个人，付款人既可以是工商企业或者个人，也可以是银行。

2. 按照有无随附包括货运单据在内的商业单据划分

(1) 光票 (Clean Bill)。它是指流转时不附任何货运单据的汇票。银行汇票多为光票。

(2) 跟单汇票 (Documentary Bill)。它是指流转时随附货运单据的汇票。商业汇票一般为跟单汇票。

3. 按照付款时间的不同划分

(1) 即期汇票 (Sight Draft)。它是指在提示或见票时立即付款的汇票。即期汇票一般应在 24 小时之内付款，如遇节假日可顺延。

（2）远期汇票（Time Bill/Usance Bill）。它是指在一定期限或特定日期付款的汇票。远期汇票的付款时间一般不超过 90 天。

远期汇票的付款时间有以下几种规定方法：

①见票后若干天付款（At×days after sight）。

②出票后若干天付款（At×days after date）。

③提单签发日后若干天付款（At×days after date of bill of lading）。

④指定日期付款（At a fixed future date）。

若汇票上未记载付款日期，则视作见票即付，见票即付的汇票为即期汇票。

启发思考

一张汇票是否可以既是商业汇票又是即期跟单汇票？

（四）汇票的使用

汇票的使用即汇票的处理手续，包括出票、提示和见票、承兑、付款、背书、拒付与追索等。汇票背书后可以转让；汇票遭到拒付时，涉及制作拒付证书和行使追索权等法律权利。

1. 出票

出票（Issue）是指出票人在汇票上填写付款人、付款金额、付款日期和地点以及收款人等信息，签字后交给收款人的票据行为。

对汇票抬头即收款人的填写方法有三种：

（1）限制性抬头（Pay × Co. only 或 Pay × Co. not negotiable）。这种汇票只能由×公司收取货款，不能流通转让。

（2）指示性抬头（Pay to the order of × Co. 或 Pay × Co. or order）。这种汇票除×公司可以收取汇票款项以外，还可以经过背书转让给第三方。

（3）持票人或来人抬头（Pay Bearer）。这种汇票不经过持票人背书，仅凭交付汇票就可以转让。

2. 提示和见票

提示（Presentation）是指收款人或持票人将汇票提交付款人要求付款或承兑的行为。付款人看到汇票，即为见票（Sight）。提示可分为：

（1）付款提示，即汇票的持票人向付款人（或远期汇票的承兑人）出示汇票并要求付款人（或承兑人）付款的行为。

（2）承兑提示，即持票人将远期汇票提交付款人要求承兑的行为。一般需要进行两次提示：第一次提示叫“承兑提示”，持票人提示时，付款人需要在汇票上签字盖章；第二次提示叫“付款提示”，付款人在持票人提示时就应该支付款项。

无论是付款提示还是承兑提示，均应在规定的时间内进行，否则持票人就会丧失对其前手的追索权。

3. 承兑

承兑（Acceptance）是远期汇票的付款人在持票人提示的汇票正面签字，从而承诺在汇票到期时向持票人付款的一种行为。承兑包括两个内容：一是付款人在汇票上注明“承兑”字样，并注明日期和签名；二是将承兑后的汇票还给持票人或另制承兑通知书交给持票人。远期汇票一经承兑，付款人即成为承兑人，是汇票的主债务人，而出票人则退为从债务人。持票人可以将汇票在市场上背书转让。

启发思考

在实际业务中如何才能形成有效的承兑？

4. 付款

对即期汇票，在持票人提示汇票时，付款人见票即付款（Payment）；对远期汇票，付款人经过承兑后，在汇票到期日付款。在付款后，汇票上的一切债务关系即告结束。

5. 背书

所谓背书（Endorsement），是指汇票收款人或持有人在汇票背面书写法定事项并签章的票据行为。背书是转让汇票的法定手续，它是一种从属票据行为。背书可分为三种：

（1）限制性背书，即不可转让背书。

（2）记名背书，即汇票背面记有背书人姓名和被背书人姓名，受让人可以持续背书并将汇票不断转让。背书连续是指在票据转让中，转让汇票的背书人与受让汇票的被背书人在汇票上的签章依次前后衔接。

（3）空白背书，即票据背面只有背书人名称而无受让人名称，此类背书只凭交付即可转让。

我国《票据法》第三十条规定：汇票以背书转让或者以背书将一定的汇票权利授予他人行使时，必须记载被背书人名称。

出票人在汇票上记载“不得转让”字样的，汇票不得转让。背书不得附有条件。背书时附有条件的，所附条件不具有汇票上的效力。将汇票金额的一部分转让的背书或者将汇票金额分别转让给二人以上的背书无效。

启发思考

一张远期汇票经过背书后是否可以不断转让？

6. 拒付与追索

持票人在向付款人提示汇票要求承兑或付款时，付款人可能会出于多种原因而拒绝承兑或付款，这时汇票即遭拒付（Dishonor）。汇票一旦被拒付，立即产生追索权（Right of Recourse）。所谓追索权，是指在汇票遭到拒付时，持票人对其前手（背书人、出票人）有请求偿还汇票金额及费用的权利。按照有关法律，持票人为了行使追索权应及时制作拒付证书。该拒付证书是由付款地的法定公证人或其他依法有权制作拒付证书的机构所提供的证明拒付事实的文件，是持票人凭以向其前手追索的法律依据。

汇票的出票人或背书人为了避免承担被追索的责任，有时在出票或背书时加注“不受追索”（Without Recourse）字样。凡加注“不受追索”字样的汇票，在市场上均难以流通。

汇票样式如下：

BILL OF EXCHANGE

凭________支取　　　　　　　　　　　　　　　　信用证号码
Drawn under ______________________　　　　L/C NO. ____________
日期________按______息______付款
Dated __________Payable with interest @______%
号码　　　　　　汇票金额　　　　　　上海
NO. ________　Exchange for ________　Shanghai
见票____________日后（本汇票之正本未付）
At ______________ sight of this ***SECOND*** of Exchange (First of Exchange being unpaid)
付交____________
Pay to the order of ____________
金额____________
the sum of __________________
此致
To __________________________
____

二、本票和支票

（一）本票

1. 定义

本票（Promissory Note）是出票人签发的，保证见票时或定期或在可以确定的将来时间，向某人或指定人或持票人支付一定金额的无条件的书面承诺。简言之，本票是出票人对收款人承诺无条件支付一定金额的票据，可分为商业本票和银行本票。

（1）商业本票由工商企业或个人签发，有即期和远期之分。

（2）银行本票由银行签发，只有即期银行本票。

无论何种本票，目前在国际贸易支付中都已经很少使用。但是，按照我国《票据法》，本票是由银行或其他金融机构签发的银行本票，工商企业或个人不能签发本票，而本票出票人的资格须经中国人民银行审定。

2. 内容

（1）表明“本票”字样。

（2）无条件支付的承诺。

（3）确定的金额。

（4）收款人名称。

（5）出票日期。

（6）出票人签章。

未记载上述内容之一的本票无效。《统一汇票和本票法公约》规定，本票应载明付款地点和出票地点。

（二）支票

1. 定义

支票（Check/Cheque）是以银行为付款人的即期票据，即存款人对银行的无条件支付一定金额的委托或命令。出票人在支票上填写一定的金额，要求受票银行见票时立即支付一定金额给特定人或持票人。

支票是支付款项的票据，出票人必须是在付款银行设有往来存款账户的存户；出票人在签发支票时，应在付款银行存有不低于票据金额的存款。出票人签发的支票金额超过其付款时在付款人处实有的存款金额的，为空头支票。禁止签发空头支票。

2. 内容

（1）表明“支票”字样。

（2）无条件支付的委托。

（3）确定的金额。

（4）付款人名称。

（5）出票日期。

（6）出票人签章。

未记载上述内容之一的支票无效。

3. 种类

（1）按有无收款人姓名，支票可分为记名支票和不记名支票：记名支票记载了收款人姓名；不记名支票不记载收款人姓名。

（2）按附加的付款保障方式，支票可分为划线支票和保付支票：划线支票可转账，不得提现；保付支票设有保付支票账户，银行承担付款责任。

在我国，按不同用途，支票可分为现金支票和转账支票两种。现金支票只能从设立的基本账户中提取现金，不能用于转账；转账支票只能用于转账，不能用于支取现金。

（三）汇票与本票、支票的主要区别

1. 汇票与本票的主要区别

（1）基本当事人不同。本票的基本当事人有两个，即出票人和收款人，而汇票的基本当事人有三个，即出票人、付款人和收款人。

（2）汇票是一种无条件支付命令，而本票是一种无条件支付承诺。

（3）汇票有承兑行为，而本票由于出票人与付款人是同一人，因而无承兑行为。

（4）远期汇票的主债务人在承兑前是出票人，在承兑后则为承兑人，而本票的主债务人就是出票人。

2. 汇票与支票的主要区别

（1）付款人不同。汇票的付款人可以是银行、企业或个人，而支票的付款人必须是银行。

（2）用途不同。汇票既可以作为结算和押汇工具，也可以作为信贷工具，而支票只能用于结算。

（3）付款期限不同。汇票有即期汇票和远期汇票之分，而支票只有即期支票。

（4）提示付款的期限不同。我国《票据法》规定，见票即付的汇票，自出票日起一个月内向付款人提示付款；定日付款、出票后定期付款或者见票后定期付款的汇票，自到期日起十日内向承兑人提示付款。支票提示付款的期限为自出票日起 10 天内。

（5）债务人不同。远期汇票的主债务人在承兑前是出票人，在承兑后则是承兑人，而支票的主债务人是出票人。

（6）可否止付不同。汇票在承兑后不可撤销，支票可以止付。

启发思考

在实践中，汇票、本票和支票哪种票据使用得最多？

案例 7-1

上海某公司销售一批服装给香港某公司，汇票为 At 60 days after sight。汇丰银行对该汇票进行了承兑，付款日期为某年 9 月 8 日。经承兑后，汇丰银行将汇票交给上海某公司。后香港某公司破产，汇丰银行以此为由拒付。请问：汇丰银行能否以香港某公司破产为由拒付？为什么？

分析

汇丰银行不能以香港某公司破产为由拒付上海某公司的这笔款项。在本案中，汇丰银行对该汇票进行了承兑，是主债务人。在实际业务中，承兑银行直接承担汇票到期付款的责任。因此，汇丰银行必须承担付款责任。不过，汇丰银行可在清偿汇票债务后，行使持票人对其前手的追索权。

第二节 电汇和托收

一、电汇

（一）电汇的含义

电汇（Telegraphic Transfer，T/T）是汇出行应汇款人的申请，由汇出行电子划账给在另一个国家的分行或代理行，指示解付一定金额给收款人的一种汇款方式。随着支付技术的发展，电汇业务占国际货物贸易结算业务的比重越来越高，已经成为一种主要结算方式。电汇常用于结算货款和预付定金、汇交和退还履约金、汇付佣金以及代垫费用和索赔款等。电汇属于商业信用的范畴。

电汇的主要特点有：电子划账，速度快，可缩短资金在途时间，可通过密押来证实，比较安全。与信用证和托收相比，电汇手续简便、费用低廉，跨境汇款费用一般为汇款金额的1‰。

(二) 电汇的当事人

在电汇业务中，通常涉及的基本当事人如下：

(1) 汇款人（Remitter），即汇出款项的人，在进出口实务中，通常是进口商。

(2) 收款人（Payee），即收取款项的人，在进出口实务中，通常是出口商。

(3) 汇出行（Remitting Bank），即受汇款人的委托汇出款项的银行，通常为进口地银行。

(4) 汇入行（Paying Bank），又称解付行，即受汇出行的委托解付汇款的银行，通常为出口地银行。

? 启发思考

电汇在实践中是如何应用的?

(三) 电汇的业务流程

(1) 汇款人（进口商）向汇出行提交汇出汇款申请书以及现汇账户支款凭证或用于购汇的本币支票。

(2) 汇出行审核后向汇入行（海外联行或代理行）发出汇款指示电报。

(3) 汇入行（海外联行或代理行）按汇出行的指示向收款人解付汇款。

二、托收

(一) 托收的概念及类别

1. 托收的含义

托收是指债权人（出口商）出具汇票委托银行向债务人（进口商）收取货款的一种支付方式。托收一般通过银行办理，所以又叫银行托收。URC 522 对托收所下的定义为：

(1) 托收是指银行依据所收到的指示，对下述（2）所限定的单据进行处理，以便于：

①获得付款和/或承兑；

②凭付款和/或承兑交单；

③凭其他条款和条件交单。

(2) 单据是指金融单据和/或商业单据。

①金融单据是指汇票、本票、支票或其他类似的可获得款项支付的凭证。

②商业单据是指发票、运输单据、所有权文件或其他类似的文件，或不属于金融单据的任何其他单据。

③光票托收是指不附有商业单据的金融单据项下的托收。

④跟单托收是指附有商业单据的金融单据项下的托收或不附有金融单据的商业单据项下的托收。

银行托收的基本做法是：由出口商根据发票金额开出以进口商为付款人的汇票，向出口地银行提出托收申请，委托出口地银行通过它在进口地的代理行或往来银行向进口商收取货款。

2. 托收的类别

根据 URC 522 的规定，托收可分为光票托收和跟单托收。在国际贸易实务中，大多采用跟单托收。按照向付款人交付货运单据条件的不同，跟单托收又可分为付款交单和承兑交单。

(1) 付款交单。

付款交单（Documents against Payment，D/P）是指出口商交单以进口商付款为条件，即只有在进口商付清货款后，出口商才能把货运单据交给进口商。按付款时间的不同，付款交单又可分为即期付款交单（D/P at Sight）和远期付款交单（D/P after Sight）。

①即期付款交单是指委托人（出口商）发货后开具即期汇票（有时也可不开具汇票）并随附商业单据，通过银行要求付款人（进口商）见票（或见单）后即付款，进口商付清款项后，银行交出货运单据。

②远期付款交单是指委托人（出口商）发货后开具远期汇票并随附商业单据，通过银行向付款人（进口商）提示汇票与商业单据，要求付款人在汇票上承兑，在汇票到期日由银行再次向其提示付款，进口商付清款项后，银行交出货运单据。远期付款交单也可不开具汇票。如果不开具汇票，则银行应不晚于付款时间向进口商提示付款，进口商付款后，银行交单。

在远期付款交单条件下，进口商可以通过信托收据的方式获得融资。具体做法是：在承兑远期汇票后，进口商出具信托收据，凭以向代收行借取货运单据并提取货物。信托收据是进口商在借单时提供的一种书面信用担保文件，用以表示出据人愿意以代收行的受托人身份代为提货、报关、存储、投保和出售，同时承认货物的所有权仍属银行，货物售出后所得货款在汇票到期日被偿还给银行，收回信托收据。如果凭信托收据借单提货是出口商主动授权托收行办理的，则称为“见票后若干天付款交单，凭信托收据换取单据”（D/P at × days after sight to issue trust receipt in exchange for document，D/P·T/R），那么由出口商承担一切风险。

案例 7－2

我国 A 公司向泰国 B 公司出口一批货物，付款方式为 D/P 90 天。货物出运后，汇票及货运单据通过出口地的托收行寄抵国外代收行，泰国 B 公司对汇票进行了承兑。货物抵达目的港后，泰国B公司由于用货心切，因而出具了信托收据向本地代收行借得货运单据，先行提货转售。当汇票到期时，泰国B公司因经营不善，失去偿付能力。代收行以汇票付款人拒付为由通知托收行，并建议由我国A公司直接向泰国B公司索取货款。此时距离汇票到期日还有30天。试分析我国A公司于汇票到期时收回货款的可能性，并提出处理本案的建议。

分析

在远期付款交单条件下，如果付款日晚于到货日期，进口商为了抓住有利时机转售货物，可以采用两种做法：一是在付款日之前付款赎单，扣除提前付款日至原付款日之间的利息，作为进口商享受的一种提前付款的现金折扣。二是代收行对于资信较好的进口商，允许其凭信托收据借取货运单据，先行提货，于汇票到期时再付清货款，这是代收行自己向进口商提供的信用便利，与出口商无关。因此，如果代收行借出货运单据后到期不能收回货款，则应由代收行负责。但如果系出口商指示代收行借单，就是由出口商主动授权银行凭信托收据借单给进口商，即所谓远期付款交单凭信托收据借单，也就是进口商在承兑汇票后凭信托收据先行借单提货，日后如进口商到期拒付，则风险应由出口商自己承担。因此，在使用远期付款交单凭信托收据借单这种方式时，出口商必须特别谨慎。在本案中，代收行以汇票付款人拒付为由通知托收行，并建议由我国A公司直接向泰国B公司索取货款的处理意见值得商榷。如果银行擅自放单，则由代收行承担责任；如果出口商授权银行放单给进口商，则后果由出口商自己承担。

（2）承兑交单。

承兑交单（Documents against Acceptance，D/A）是指出口商交单以进口商在汇票上承兑为条件。在承兑交单条件下，出口商在付款人承兑后交出物权凭证及有关的单据，其收款的保障全依赖进口商的信用，一旦进口商到期不付款，出口商便会遭受货物与货款全部落空的损失。

（二）托收的一般程序及各当事人的责任

1. 托收的一般程序

托收的基本做法是出口商根据买卖合同先行发运货物，然后开出汇票连同商业单据交出口地银行（托收行），委托托收行通过在进口地的分行或代理行向进口商收取货款。

（1）即期付款交单的业务流程（如图7-1所示）。

对图7-1的进一步说明如下：

①出口商按照合同规定装运货物后填写托收申请书，开出即期汇票，连同商业单据（或不开立汇票，仅将商业单据）交托收行，委托其代收货款。

②托收行根据托收申请书缮制托收委托书，连同汇票、商业单据（若无汇票，仅将商业单据）寄交进口地代收行或提示行委托代收货款。

③代收行或提示行收到汇票及商业单据后，按照托收委托书的指示向进口商毫不延

迟地做付款提示。

④付款人审单无误后付清货款。

⑤代收行或提示行交单。

⑥代收行或提示行将收妥的款项扣除一定费用后，按照托收委托书的指示毫不延迟地交付托收行，并毫不延迟地寄送付款通知，列明详细的金额、费用及资金的处理方式。

⑦托收行收到款项后应立即转交出口商。

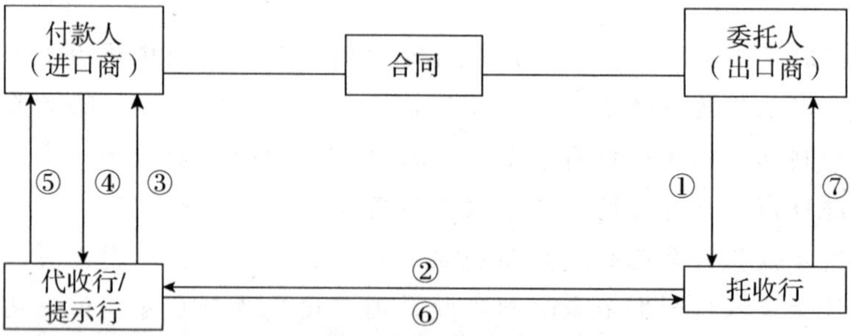

图 7－1　即期付款交单的业务流程示意

（2）远期付款交单的业务流程（如图 7－2 所示）。

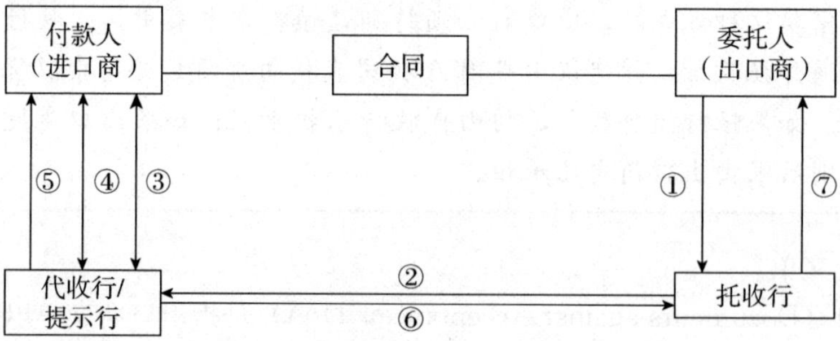

图 7－2　远期付款交单的业务流程示意

对图 7－2 的进一步说明如下：

①出口商按合同规定装运货物后填写托收申请书，开立远期汇票，连同商业单据（或不开立汇票，仅将商业单据）交托收行，委托其代收货款。

②托收行根据托收申请书缮制托收委托书，连同汇票、商业单据（如无汇票，仅将商业单据）寄交进口地代收行或提示行委托代收货款。

③代收行或提示行按照托收委托书的指示毫不延迟地向进口商提示远期汇票与商业单据，要求其对汇票进行承兑（若不使用汇票，代收行或提示行必须不晚于付款日向付款人做付款提示），进口商经审核无误在远期汇票上承兑后，代收行或提示行收回远期汇票与商业单据。

④代收行或提示行在付款日再次向进口商提示汇票和商业单据，要求其付款。付款人审单付款。

⑤代收行或提示行交单。

⑥代收行或提示行将收妥的款项扣除一定费用后，按照托收委托书的指示毫不延迟地交付托收行，并毫不延迟地寄送付款通知，列明详细的金额、费用及资金的处理方式。

⑦托收行收到款项后应立即转交出口商。

(3) 承兑交单的业务流程（如图 7-3 所示）。

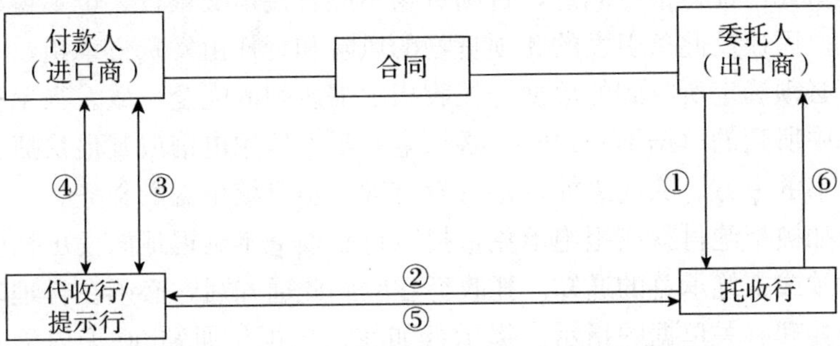

图 7-3　承兑交单的业务流程示意

对图 7-3 的进一步说明如下：

①出口商按合同规定装运货物后填写托收申请书，开立远期汇票，连同商业单据交托收行，委托其代收货款。

②托收行根据托收申请书缮制托收委托书，连同远期汇票、商业单据寄交进口地代收行或提示行委托代收货款。

③代收行或提示行按照托收委托书的指示毫不延迟地向进口商提示远期汇票与商业单据，进口商审核无误后在远期汇票上承兑，代收行或提示行在收回已承兑的远期汇票后，将商业单据交给进口商。

④代收行或提示行在付款日再次向进口商提示远期汇票和商业单据（银行留存），要求其付款。付款人审单付款。

⑤代收行或提示行将收妥的款项扣除一定费用后，按照托收委托书的指示毫不延迟地交付托收行，并毫不延迟地寄送付款通知，列明详细的金额、费用及资金的处理方式。

⑥托收行收到款项后应立即转交出口商。

启发思考

D/P at 30 days after sight 与 D/A at 30 days after sight 有何区别？

2. 托收各当事人的责任

在国际贸易中各国银行在办理托收业务时，由于当事人各方对权利、义务和责任的解释不同，加上各银行的具体业务做法也有差异，往往会导致误会、争议和纠纷。为此，国际商会拟订、修改形成了《托收统一规则》(URC 522)，于 1996 年 1 月 1 日生效。URC 522 共 26 条，主要内容摘述如下：

（1）凡在托收指示书中注明按 URC 522 行事的托收业务，除非另有明文规定或与一国、一州或地方不得违反的法律、法规相抵触，否则该规则对有关当事人均具有约束力。

（2）银行应以善意和合理的谨慎从事，其义务就是要严格按托收指示书的内容与 URC 522 办理。如银行决定不受理所收到的托收或其相关指示，则必须用电信方式或不可能用电信方式时用其他快捷方式通知向其发出托收指示书的一方。

（3）除非事先已征得银行同意，否则货物不应直接运交银行，也不得以银行或其指定人为收货人。因违反此条引发的此项货物的风险和责任由发货方承担。

（4）银行必须确定所收到的单据与托收指示书所列的完全一致。当单据不全或发现与托收指示书中所列的单据不一致时，必须毫不延迟地用电信或其他快捷方式通知向其发出托收指示书的一方。除此之外，银行没有进一步审核单据的义务。

（5）托收如被拒绝付款或拒绝承兑，提示行必须毫不延迟地向发出托收指示书的银行送交拒绝付款或拒绝承兑的通知。托收行在收到此通知后，必须在合理时间内对代收行作出进一步处理有关单据的指示。提示行如在送出拒付通知 60 天内仍未接到该项指示，可将单据退回托收行，而不负任何责任。

（6）托收不应含有远期付款的汇票。如果托收含有远期付款的汇票，该托收指示书中应注明商业单据是承兑交单（D/A）还是付款交单（D/P）。如无此注明，商业单据仅能凭付款交付，代收行对因此迟交单据而产生的任何后果不负责任。

（7）如托收人指定一名代表，在遭到拒绝付款和/或拒绝承兑时，作为需要时的代理人，则应在托收指示书中明确且完整地注明该代理人的权限。如无此注明，银行将不接受该代理人的任何指示。

此外，URC 522 还对托收费用、部分付款、拒绝证明和托收通知等问题作出了具体的规定。

案例 7-3

提示行 A 接受委托办理凭付款人承兑交单（D/A）的托收业务，运输单据（航空运单、提单）的收货人为凭提示行指示。付款人 B 公司承兑汇票后，提示行 A 按指示放单给付款人 B 公司，并对运输单据做了适当的背书。付款日付款人 B 公司无力付款。请问：提示行 A 放单后，承兑通知也已发出，提示行 A 是否还有任何进一步的责任？付款人违约时提示行 A 是否应承担付款责任？

分析

按 URC 522 的要求，代收行或提示行应当按照托收行的指示行事。在本案例中要求凭承兑汇票向付款人交单。一旦汇票被承兑，提示行 A 就要将运输单据背书转让给付款人 B 公司。付款人 B 公司承兑了汇票，获得所有单据。同时承兑通知也已被发送至托收行，提示行在该交易中的职责就已完成。在到期日对已承兑汇票的兑付问题由付款人 B 公司负责，提示行 A 无责任。运输单据的收货人被做成凭提示行指示，并不会使提示行 A 在付款人 B 公司不付款时承担付款责任。

（三）托收的性质、特点和风险

1. 托收的性质

按照URC 522，银行对任何单据的形式及真实性或者所列条款不承担责任。银行在托收业务中只提供服务，不提供信用。银行只是以受委托的代理人角色行事，既无保证付款人必然付款的责任，也无检查和审核货运单据是否真实有效、是否代表合同规定的货物的义务。在发货后，出口商委托银行向进口商收取货款，能否收到完全取决于进口商的资信。当发生进口商拒绝付款赎单的情况时，除非事先有托收行的指示，否则代收行或提示行并无代为提货、办理进口手续和存仓保管的义务。因此，从出口商收取货款所依赖的信用性质来看，托收是建立在商业信用的基础上。

2. 托收的特点

对进口商而言，托收方便、有利。进口商不但可免去申请开立信用证的手续，不必预付银行押金，减少费用支出，而且有利于资金融通和周转，增强进口商品的竞争力。在承兑交单方式下，进口商可在支付货款前，经承兑汇票取得单据并提取货物，在货物销售后用所获的款项支付货款，实质上是做了一笔无本交易。在付款交单方式下，进口商付清货款即可获得单据并提取货物，资金占用时间较短。如果是远期付款交单方式，进口商还可凭信托收据获得银行的资金融通，借单提货，到付款日再用售货款偿还银行，从而不用垫付资金即可完成交易。

? 启发思考

在实务中，如果买卖双方约定使用远期付款交单方式，进口商要求通过指定银行办理托收业务对双方会有何影响？

3. 托收的风险

在跟单托收中，出口商可能承担的风险主要包括：

（1）发货后，进口地货物价格下跌，进口商不愿付款赎单或承兑取单，因而借口货物规格不符或包装不良等要求降价。

（2）因政治或经济原因，进口地改变进口政策，进口商没有获得进口许可证，或者申请不到进口所需的外汇，以致货物抵达进口地而无法进口或进口商无法付款。

（3）进口商因破产或倒闭而无力支付货款。

除上述业务风险外，在托收方式下，出口商还要防止欺诈风险。进口商采用的欺诈手段主要有以下几种：

（1）使用假票据。

（2）冒用票据。

（3）使用空头支票。

（4）使用作废的票据。

（5）使用伪造、变造的委托收款凭证、汇款凭证和银行存单等其他银行结算凭证。

（6）签发无资金保证的汇票、本票或在出票时做虚假记载。

（四）使用托收方式时应注意的问题

（1）调查和考虑进口商的资信情况和经营作风。建议使用付款交单方式，出口商在客户提出按承兑交单条件托收货款时要谨慎接受。

（2）出口商应了解进口国的贸易管制和外汇管制条例以及商业惯例，以免由于不了解当地习惯做法，影响安全及时收汇。注意有些国家的银行不做远期 D/P，有些银行将远期 D/P 当 D/A 处理。

（3）代收行或提示行的选择。国外代收行一般不能由进口商指定，如确有必要，应征得托收行的同意，以防进口商指定的代收行不可靠，或往来渠道不畅，或由于代收行信用不佳、发生意外而招致货款落空。

（4）托收方式可使卖方减少库存积压，是扩大出口的非价格竞争手段；在来料加工、来件装配等业务中，可采用托收方式结付。

（5）出口合同应争取以 CIF 或 CIP 条件成交，由出口商办理货运保险，也可投保出口信用险。在不采取 CIF 或 CIP 条件成交时，应投保卖方利益险。该险只适用于托收或赊销（O/A）业务。中国保险公司在办理此业务时，保险费按所投保险别正常费率的 25%计收。

（6）运输单据抬头的制作。为了掌握货权，运输单据应做成发货人指示或空白指示抬头，由发货人背书，而不要做成进口商指示或记名式，以防遭到拒付时货权已经发生转移，出口商处于被动地位。

（7）出口商要严格按照贸易合同的规定装运货物、制作单据，防止给进口商留下拒付货款的理由。

（8）URC 522 仅适用经银行机构办理随附单据的托收业务，且托收行在发出的托收指示书中必须明确注明适用该规则。若托收行在托收指示书中规定与 URC 522 不同的条款，则托收业务适用托收行指示条款。

案例 7-4

国内某公司以 D/P 方式出口，并委托国内甲银行将单据寄第三国乙银行转进口国丙银行托收。后来该公司由于丙银行破产而收不到货款，要求退回有关单据也毫无结果，请问：托收行应负什么责任？

分析

托收行不负任何责任，理由如下：根据 URC 522 的规定，在托收方式下，银行只作为卖方的受托人行事。为实现委托人的指示，托收行可选择委托人指定的银行或者自行选择或其他银行选择的银行作为代收行；单据和托收委托书可直接或间接寄给代收行。但与托收有关的银行，对任何电文、信件或单据在寄送途中的延误和丢失所引起的后果，或由于电报、电传或电子通信系统在传递中的延误、残缺和其他错误，以及由于不可抗力、暴动、内乱、战争或不能控制的任何其他原因致使业务中断所造成的后果，不承担责任。

所以，在本案中，托收行只要尽到“遵守信用，谨慎从事”的义务，对托收过程中所发生的各种非自身所能控制的差错，包括因代收行倒闭致使委托人无法收回货款且无法收回单据，不负任何法律责任。

第三节 信用证

一、信用证的定义、特点和作用、当事人以及业务流程

（一）信用证的定义

跟单信用证简称信用证，国际商会在 UCP 600 中对其的定义如下：跟单信用证是指一项安排，不论其名称或描述如何，该项安排不可撤销，并因此构成开证行对相符交单予以承付的确定承诺。

由一家银行（开证行）依照客户（申请人）的要求和指示或代表自己，在符合信用证条款的条件下，凭规定单据向第三者（受益人）或其指定人付款，或承兑并支付受益人出具的汇票；或授权另一家银行在符合信用证条款的条件下，凭规定单据进行该项付款，或承兑并支付该汇票；或授权另一家银行在符合信用证条款的条件下凭规定单据议付。

简言之，信用证是一种银行向出口商开立的有条件的承诺付款的书面文件。如信用证开证行明确表明 UCP 600 的哪一条款被修改或被排除并规定以何种方式修改或排除，则构成对 UCP 600 条款的修改或排除。

（二）信用证的特点和作用

1. 信用证的特点

（1）信用证是一种银行信用。

信用证是一种银行信用。开证行以自己的信用作出付款保证，在信用证付款的条件下，开证行处于第一付款人的地位，对受益人的责任是一种独立的责任。

（2）信用证是一种独立于贸易合同的自足文件。

信用证的开立以贸易合同为基础，但信用证一旦开立就成为独立于贸易合同的另一种契约，不受贸易合同条款的约束。按 UCP 600 的规定，信用证即使提及贸易合同，银行处理信用证业务也与贸易合同无关，不受其约束。所以信用证是独立于有关合同的契约，开证行和参与信用证业务的其他银行只按信用证的要求办事。

（3）信用证是一种单据交易。

依据 UCP 600 的规定，银行处理的是单据，而不是单据可能涉及的货物、服务或履约行为。因此，受益人只要提供了符合信用证规定的单据，开证行就必须履行付款承

诺。但应指出的是，依据 UCP 600 的规定，银行仅以单据为基础，审核其是否表面符合信用证要求。

2. 信用证的作用

（1）保证作用。即对进口商而言，保证取得代表货物的单据，通过信用证条款，控制出口商的装运期，保证货物装运前的品质、重量和数量。对出口商而言，只要严格按信用证条款办理，就可凭单据取得货款。

（2）融资作用。进口商开证时可不付或只付部分押金，可用少量资金做规模较大的交易。出口商在装运前凭信用证可以向银行申请打包贷款，即凭信用证在装运前从银行获得交易金额 60%～70%的贷款，或在装运后向议付行申请押汇，即议付行先行买下出口商的整套单据再向开证行索款，由此出口商也可用少量资金做规模较大的交易。

启发思考

信用证打包贷款和一般抵押贷款有何不同？

（三）信用证的基本当事人

信用证的基本当事人有六个：开证申请人、开证行、通知行、受益人、议付行、付款行。

1. 开证申请人

开证申请人（Applicant）一般为进口商，受到两个合同的约束：贸易合同以及与开证行签订的业务代理合同（即开证申请书）。

2. 开证行

开证行（Issuing Bank）是接受开证申请人的委托，以自身信用开立信用证的银行，一般为进口地银行。它受三方面约束：与开证申请人的契约关系；对受益人的付款承诺；与其他银行的委托代理关系。

3. 通知行

通知行（Advising Bank）与开证行是委托代理关系，互换控制文件，包括电开密码、信开签样和交流暗号。大多数信用证都是由通知行通知的，如果通知行决定不通知信用证，则必须毫不延迟地将其决定告知开证行。通知行决定通知信用证时，应合理谨慎地审核所通知的信用证的表面真实性，即核对信用证的签字和密押相符。按常见的 SWIFT 电开方式，若采用 MT 700、MT 710、MT 720、MT 799 等常见信用证开立格式，经 SWIFT 系统自动核押，其表面真实性得到默认。如果无法确定其表面真实性，通知行仍可将信用证通知受益人，但应如实告知受益人无法确定该证的真实性，否则受益人就可以假定通知行已确定该证的表面真实性。

4. 受益人

受益人（Beneficiary）是指信用证所指定的有权使用该证的人，一般为出口商。

5. 议付行

议付行（Negotiating Bank）是向受益人买单做押汇或议付提交的跟单汇票的银行。议付行有权请求开证行或偿付行偿付，如遭拒付，可向受益人追索。

6. 付款行

付款行（Paying Bank）可以是开证行、通知行或第三家承担付款责任的银行。付款行付款后没有追索权。

由信用证业务派生出的当事人有四个：偿付行、承兑行、保兑行和转让行。

（1）偿付行。

偿付行（Reimbursing Bank）是凭开证指示或授权偿付货款给议付行或付款行的银行，它不审核单据。开证行收到单据后发现不符而拒绝付款时，仍可以向议付行追索，但不能向偿付行追索。

（2）承兑行。

承兑行（Accepting Bank）是承兑远期汇票的银行，承兑后单据与汇票分离，远期汇票可贴现。

（3）保兑行。

保兑行（Confirming Bank）是根据开证行的授权或要求对信用证加具保兑的银行。保兑行可以是第三家银行或通知行，保兑行与开证行承担同一责任，付款后没有追索权。

启发思考

在信用证项下保兑行是否需要与开证行及其所在地的情况有关？

（4）转让行。

转让行（Transferring Bank）是由受益人通过银行将信用证转给受让人的指定银行。

（四）信用证的业务流程

在国际贸易结算中，使用的跟单信用证类型不同，业务流程也各有特点。大体来说，要经过申请开证、开证、通知、交单、付款和赎单等几个环节。这些环节环环相扣，要顺利结算必须把握好每一环节。

在实际业务中，开证行有时会发出开立信用证的预先通知。按照 UCP 600 的规定，准备开立或修改信用证的开证行，可以发出预先通知并承诺不可撤销地开出或修改信用证。虽然预先通知是对信用证的初步通知，不构成开证行的责任，但开证行发出的预先通知是不可撤销的。

一般业务流程如下：

（1）进口人和出口人在贸易合同中规定使用信用证来支付。

（2）进口人向当地银行提出申请，填写开证申请书，并缴纳押金或提供其他保证，请银行（开证行）开证。

（3）开证行根据申请书的内容向出口人（受益人）开出信用证，并寄交出口人所在地分行或代理行（统称通知行）。

（4）通知行核对印鉴无误后，将信用证交予出口人。

（5）出口人审核信用证与合同发现相符后，按信用证的规定装运货物，并备齐各项货运单据，开出汇票，在信用证有效期内送请当地银行（议付行）议付。议付行按信用证条款审核单据发现无误后，按照汇票金额扣除利息，把货款垫付给出口人。

（6）议付行将汇票和货运单据寄开证行（或其指定的付款行）索偿。

（7）开证行（或其指定的付款行）核对单据发现无误后付款给议付行。

（8）开证行通知进口人付款赎单、提货。

启发思考

在实务中开证行发出的开立信用证的预先通知可以随意撤销吗？

不可撤销即期跟单议付信用证的具体业务流程如图7-4所示。

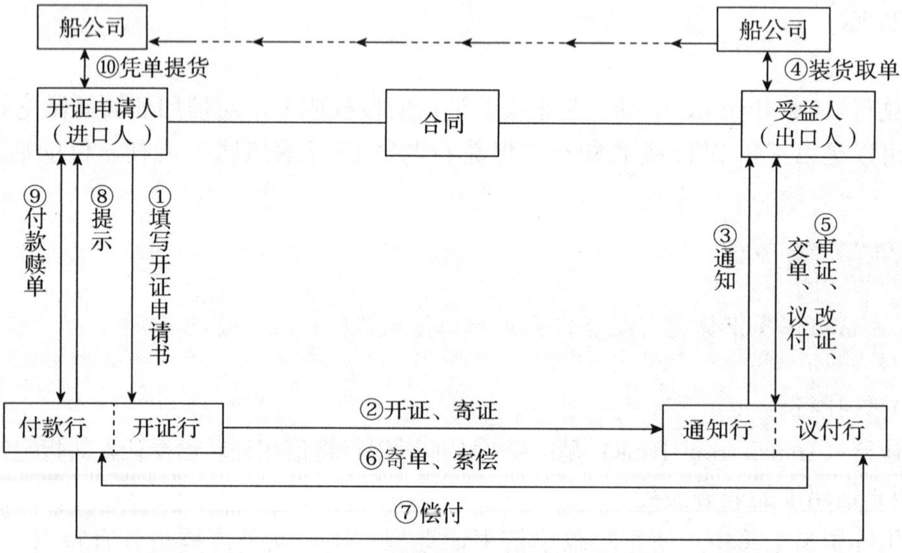

图7-4 不可撤销即期跟单议付信用证的具体业务流程示意

启发思考

在信用证业务流程中，可以不经过通知行而由开证申请人直接将信用证传递给受益人吗？

案例7-5

我方出口企业收到国外开来的不可撤销信用证一份，由设在我国境内的某外资银行通知并保兑。我方出口企业在货物装运后，正拟将有关单据交银行议付时，忽接该外资银行的通知：由于开证行已宣布破产，我行不承担对该信用证的议付或付款责任，但可接受你方向买方直接收取货款的委托。对此，你认为我方出口企业应如何处理为好？请简述理由。

分析

我方出口企业应按规定交货，并向该外资银行交单，要求付款。

因为根据 UCP 600 的规定，信用证一经保兑，保兑行与开证行同为第一付款人，就要对受益人承担保证付款的责任，未经受益人同意，该项保证不得撤销。只要受益人在信用证的有效期内将符合信用证规定的单据提交保兑行，保兑行就必须议付、付款。

二、信用证的主要内容

目前，信用证尚无统一的格式，在实际业务中，有些银行是在本身原用格式的基础上参照标准格式略加修改，但基本内容大致相同，主要包括以下几个方面：

1. 信用证本身的内容

对信用证本身的说明，包括信用证的种类、号码及有效期和到期地点等。

（1）开证行。

（2）通知行。

（3）信用证种类。

（4）信用证号码。

（5）开证日期。

（6）受益人。

（7）开证申请人。

（8）可用金额，即信用证金额（L/C Amount）。

（9）有效期。

（10）到期地点。

2. 汇票的内容

（1）出票人。

（2）受票人，即付款人。

（3）付款期限。

（4）金额。

3. 单据及商品的内容

（1）单据。

单据主要可分为三类：

①货物单据（Goods Documents），它以发票为中心，包括装箱单、重量单、产地证和商检证等。发票描述的货物、服务或履约行为应当与信用证中的描述一致，但并不要求如镜像一般一致。例如，货物细节可以显示在发票的多处地方，合并解读时显示的

货物描述与信用证中的货物描述一致即可。同时，应当反映实际装运或交付的货物、提供的服务或履约行为。

②运输单据（Transport Documents），如提单，这是代表货物所有权的凭证。

③保险单据（Insurance Policy），如保险单。

除上述三类单据外，还有其他单据，如寄样证明、装船通知副本等。

（2）商品。

①商品（Goods）的描述、数量、单价、贸易条件等（Description，Quantity，Unit Price，Trade Term）；

②装运地、目的地（Point of Shipment/Destination）；

③装运期限（Latest Date of Shipment）。

启发思考

如果信用证对商品的表述为“所发货物详见所附合同×××号的影印本”，所发货物是否需同时满足信用证要求与贸易合同要求？为什么？

4. 其他事项

（1）有关议付行的注意事项（如将押汇金额在信用证背面背书）。

（2）开证行担保兑付（Honor）的条款。

①不可撤销条款；

②当信用证可撤销时，其免责条款；

③开证行有权签字人签字；

④是否遵守 UCP 600 的条款。

（3）其他规定。

①对交单期的说明；

②对银行费用的说明；

③对议付行的寄单方式、议付背批和索款方式的指示。

三、信用证的种类

1. 跟单信用证和光票信用证

根据信用证项下的汇票是否附带商业单据，信用证可分为跟单信用证和光票信用证。

（1）跟单信用证（Documentary L/C）。这是指凭随附货运单据的汇票或仅凭货运单据付款的信用证。在国际贸易结算中使用的大部分是跟单信用证。

按照国际商会的解释，跟单中的单据泛指任何依照信用证规定所提供的、用以记录或证明某一事实的书面文件，通常是运输单据、商业发票、保险单、商检证、产地证和装箱单等单据，汇票则可有可无。目前出于避免缴纳流通票据印花税的考虑，跟单信用证不要求汇票的情况已经相当普遍。除非跟单信用证有特别要求，按照 UCP 与 ISBP 相关规定，除承兑信用证外，均未强制要求使用汇票。在要求汇票的情况下，汇票须注明出具日期，付款人须做成信用证中规定的银行。如果开证行坚持在开立信用证时要求以申请人为付款人的汇票，那么该汇票将被解释为一份由开证行使用的融通汇票，而不是作为在跟单信用证项下控制开证行付款责任的票据。

（2）光票信用证（Clean L/C）。这是指仅凭不随附货运单据的汇票付款的信用证。有时信用证要求提供发票、垫款清单等非货运性质的单据，这种信用证就属于光票信用证。

启发思考

光票是不随附任何单据的汇票吗?

2. 不可撤销信用证和可撤销信用证

（1）不可撤销信用证。

不可撤销信用证（Irrevocable L/C）是指信用证一经开出，在有效期内，未经受益人及有关当事人同意，开证行不得单方面修改和撤销，只要受益人提供的单据符合信用证的规定，开证行就必须履行付款义务的信用证。

UCP 600 确立了信用证的不可撤销性。

（2）可撤销信用证。

可撤销信用证（Revocable L/C）是指开证行所开信用证不必征得受益人及有关当事人的同意，有权随时修改和撤销的信用证。

3. 保兑信用证和不保兑信用证

（1）保兑信用证。

保兑信用证（Confirmed L/C）是指另一家银行保证对符合信用证条款规定的单据履行付款义务的信用证。

保兑一般是受益人在对开证行的资信不了解或不够信任，或者对进口国的政治、经济或国际收支状况有顾虑时提出的。也有开证行自感资信状况与开证金额不相符，唯恐本身开出的信用证不被受益人或其他银行接受，而主动邀请另一家银行加以保兑的情况。认定是否存在信用证保兑的首要条件是确定是否有开证行明确的保兑授权。开证行保兑授权的方式可以是“CONFIRM”，表示要求通知行加具保兑且无须受益人申请或许可；开证行保兑授权的方式还可以是“MAY ADD”，表示通知行可以加具保兑且受益人必须提出保兑请求。

（2）不保兑信用证。

不保兑信用证（Unconfirmed L/C）是指开证行开出的没有经另一家银行保兑的信用证。在开证行资信较好和成交金额不大的情况下，一般都使用不保兑信用证。

4. 即期付款信用证、延期付款信用证、承兑信用证和议付信用证

（1）即期付款信用证。

即期付款信用证（Sight Payment L/C）是指履行付款责任的银行一收到信用证项下的单据，在规定的时间内经审核相符，立即付款的信用证。即期付款信用证一般不要求受益人开立汇票，付款行和开证行仅凭与信用证条款相符的单据付款。开证行在即期付款信用证中会加列下述保证条款："我行保证凭符合信用证条款的单据付款。"该类信用证均规定了一家付款行，付款行既可以是进口地银行，也可以是出口地银行。付款行付款后无追索权。

(2) 延期付款信用证。

延期付款信用证（Deferred Payment L/C）是指远期付款但不要汇票的信用证。延期付款是指履行延期付款责任的银行收到信用证项下的相符单据后，按信用证的规定若干天后付款。付款行既可以是开证行，也可以是开证行指定的另一家银行。在该信用证项下，出口商不能利用贴现市场资金，只能自行垫款或向银行借款。

启发思考

对出口商而言，延期付款信用证在资金运作方面有何影响？

(3) 承兑信用证。

承兑信用证（Acceptance L/C）是指履行承兑责任的银行在收到信用证项下的相符单据及远期汇票后，承诺兑付并在到期日付款。承兑信用证必须注明"承兑"（Acceptance）字样。承兑行既可以是开证行，也可以是开证行指定的另一家银行。

(4) 议付信用证。

议付是指定银行在相符交单下，在受益人应获偿付的银行工作日当天或之前向受益人预付款项或者同意预付款项，从而购买汇票（付款人为指定银行以外的其他银行）及/或单据的行为。信用证 41D 场明确注明"议付"（By Negotiation）字样则表明该信用证为议付信用证（Negotiable L/C）。

议付信用证可分为限制议付信用证和自由议付信用证。

①限制议付信用证。限制了议付行的信用证为限制议付信用证（Restricted Negotiable L/C），单据必须提交指定银行进行议付。

②自由议付信用证（Freely Negotiable L/C）。允许任何银行议付的信用证为自由议付信用证，又称为公开议付信用证。在自由议付信用证项下，单据可提交任一银行议付。

5. 即期信用证、远期信用证和假远期信用证

(1) 即期信用证（Sight L/C）。

即期信用证是指开证行或付款行在收到受益人提交的、符合信用证规定的单据后，立即对单据付款的信用证。这种信用证使出口方得以迅速收回货款，是国际贸易中最常见的一种信用证。

即期信用证上必须明确注明"即期"（at Sight 或 Sight）字样，有时还添加电汇索偿条款（T/T Reimbursement Clause）。该条款是指，开证行允许议付行用电报或电传等电信方式通知开证行或指定付款行，说明各种单据与信用证要求相符，而后开证行或指定付款行应立即通过电汇将货款拨交议付行，但若付款后发现所收单据与信用证不符，开证行或指定付款行可以行使追索权。

（2）远期信用证。

远期信用证（Usance L/C）是指开证行或付款行在收到受益人提交的、符合信用证规定的单据时，并不立即付款，而是在信用证规定的付款日到来时才进行付款的信用证。在实务中，处理远期信用证的流程一般为开证行在收到单据后5个工作日内确定交单是否相符，该期限不因在交单日当天或之后是信用证截止日或最迟交单日而受到缩减或影响。一般在第5个工作日进行承兑，待到期日再进行付款。

（3）假远期信用证。

假远期信用证（Usance Credit Payable at Sight）又称买方（进口商）远期信用证，是银行为买方（进口商）提供资金融通的信用证。假远期信用证的四个条件是：贸易合同规定即期结算；买方向开证行申请开立远期信用证，受益人提交远期汇票和相符单据即可获得款项；即期付款日与汇票到期日之间的贴现、承兑费用由买方负担；实质是卖方的即期信用证、买方的远期信用证。

以下是假远期信用证的常见表述，常见于通过SWIFT系统开立的信用证的47场：

①远期汇票可按即期议付，本银行经授权承兑交付的票面金额，贴现费用由申请人承担。

②远期汇票按即期议付，贴现佣金和费用由买方承担。

启发思考

假远期信用证与远期信用证的区别是什么？

6. 不可转让信用证和可转让信用证

根据使用信用证的权利能否转让，信用证可分为不可转让信用证和可转让信用证。

一般信用证的利益只能由受益人本人享有，即受益人不能将使用信用证的权利转让给他人，这类信用证被称为不可转让信用证（Non-Transferable L/C）。

可转让信用证（Transferable L/C）是指特别注明“可转让”（Transferable）字样的信用证，即信用证的受益人（第一受益人）可以根据信用证有关条款的规定，要求信用证指定的转让行将该信用证全部或部分金额转让给另一受益人（第二受益人）兑用。可转让信用证只能转让一次。

7. 循环信用证

循环信用证（Revolving L/C）是指信用证金额被全部或部分使用后，信用证又恢复到原金额，可再次使用，直至达到规定的次数或规定的总金额为止的标明“循环”（Revolving）字样的信用证。

具体做法有三种：

（1）自动式循环使用。出口商按规定装运货物并交单支取信用证的金额后，不需要开证行的通知，信用证即自动恢复到原有的金额并可以再次被使用。

（2）非自动式循环使用。出口商每次装运货物交单后，必须等待开证行的通知，通知后信用证才能恢复到原有的金额。

（3）半自动式循环使用。出口商每次装运货物交单后，在若干天内开证行未提出中止循环使用的通知，信用证即自动恢复至原有的金额。

启发思考

循环信用证适用于哪种贸易方式？

8. 对开信用证

对开信用证（Reciprocal L/C）是常用于易货贸易、补偿贸易和来料加工贸易的一种结算方式，是指买卖双方在贸易中，在双方互不了解或互不信任的情况下，同时以对方为受益人开立的金额大体相等的信用证。这样可以把进口业务和出口业务同时联系起来。

9. 背对背信用证

背对背信用证（Back-to-Back L/C）又称为转开信用证，是指受益人要求原证的通知行或其他银行以原证为基础，开立以实际供货人为受益人的一份新信用证。这种做法通常是基于中间商的贸易需要，使进口商和实际供货人相互隔绝，从而保守商业秘密。

10. 预支信用证

预支信用证（Anticipatory L/C）即允许出口商在交单前支取部分或全部货款的信用证。由于该信用证中的预支条款在过去多采用红色印就，因而也称为红条款信用证（Red Clause L/C）。

11. SWIFT 信用证

SWIFT（Society for Worldwide Interbank Financial Telecommunication）的中文名称为“环球同业银行金融电信协会”，是银行间的国际合作组织，于 1973 年 5 月在比利时成立，专门从事各国之间非公开的国际金融电信业务，其中包括外汇买卖、证券交易、开立信用证、办理信用证项下的汇票业务和托收等，同时还兼理国家间的财务清算和银行间的资金调拨。目前全球大多数国家的大多数银行已使用 SWIFT 系统。SWIFT 系统的使用为银行的结算业务提供了安全、可靠、快捷、标准化和自动化的通信服务，从而大大提高了银行的结算速度。SWIFT 信用证的费用较低。同样的内容，SWIFT 信用证的费用只有电传的 18%左右，只有电报的 2.5%左右。因此，SWIFT 信用证现在已被许多国家和地区的银行使用，在我国银行开立的电开信用证或收到的电开信用证中，SWIFT 信用证已占很大比重。凡依据国际商会所制定的电开信用证格式，利用 SWIFT 系统设计的特殊格式，通过 SWIFT 系统传递信用证信息的信用证，即通过 SWIFT 开立或通知的信用证皆称为 SWIFT 信用证。采用 SWIFT 信用证，必须遵守 SWIFT 手册的规定，使用 SWIFT 手册规定的代号，而且必须遵照国际商会制定的 UCP 600 的规定，在信用证中可省去银行的承诺条款，但不能免去银行应承担的义务。一般信用证要注明“按 UCP 600”办理，SWIFT 系统传递和开立信用证都自动适用 UCP 600。由于 UCP 600 要求信用证业务遵守 ISBP 821，当事人选择适用 UCP 600 即自然适用 ISBP 821，无须另特别约定。

SWIFT 信用证样本见本书附录 3。

四、信用证单据的不符点

1. 概念

在信用证业务中，受益人依据信用证的规定向银行提交整套单据时，银行审核后指出单据中存在的违背相符交单原则的地方，即为“单据不符点”（Discrepancy）。UCP 600 规定，被理解为提交的单据与信用证中的条款、UCP 600 及 ISBP 821 存在的矛盾之处，即为“单据不符点”。当有关内容与信用证的规定相抵触时，优先适用信用证的规定。

实务中常见的不符点包括：超过装运期、交单期、有效期；溢短装、少单据；提单的装卸港、发票的货物描述、保单的承保险别与信用证规定不一致；保险单据日期晚于装运日期；装船批注缺失或不正确；运输单据的签署身份不明确；等等。常见单据中提单和发票被拒付的概率较高。

启发思考

如果信用证规定出具全套（3 份正本）提单，那么提交 2 份提单可以接受吗？提交 4 份提单可以接受吗？

案例 7-6

凯盛公司与外商科内尔公司订立合同出口一批毛绒玩具，按信用证方式结算，信用证中有“Partial Shipment Prohibited”（禁止分批装运）的条款。之后凯盛公司按照信用证要求积极备货安排出运，在临近装运期时外商科内尔公司突然提出因圣诞节即将来临，要求增加一倍的货量，并提出修改信用证中的数量条款以符合新合同的要求，信用证其他条款不变。凯盛公司同意了外商科内尔公司的要求，由于前期订购的毛绒玩具已经订舱备运，班轮出港前追加的货物数量在同一班轮上装运已无可能，只能在下一批次安排装运。凯盛公司完成制单向议付行交单议付时，议付行以“分批装运”为不符点拒付。

分析

原信用证没有任何问题，且由合同条款的修改引起的信用证条款修改也“合情合理”。但看起来“合情合理”的信用证条款修改在一些特定情况下就会成为受益人相符交单的障碍。由于信用证交易的独立性原则，无论是受益人还是开证申请人都需要保持信用证条款与贸易合同条款一致，当贸易合同被修改，修改信用证是很正常的事情。正因如此，凯盛公司才会对外商科内尔公司提出的修改合同与信用证的要求表示接受。外商科内尔公司根据自身经营活动的需要追加订购是完全可以理解的，但在明知船期临近的情况下追加订购一定会导致分批装运，却在一张含有禁止分批装运条款的信用证下提出“只修改信用证上涉及货物数量的条款”，最终导致凯盛公司无法完成相符交单。

2. 单据存在“不符点”的后果

（1）银行接受单据，但同时要扣款，每个不符点或每套含不符点的单据扣 30～100 美元或与之等值的金额。比如，实务中以 MT 700 格式开立的信用证的 71B 场最常见的描述是“所有发生在开证行以外的银行费用均由受益人承担”，同时在 78 场再加上“每次不符交单都要扣除不符点费××美元或等值金额”。

（2）银行拒收单据、拒付货款。

启发思考

设信用证结算下贸易术语为 CIF，要求保险单涵盖险别 ICC（A），若受益人按贸易术语 CIF 提交涵盖险别 ICC（C）的保险单，可以吗？

在实务操作中，凡是在货物发运时，遇到在发运、制单等任何地方与信用证要求不符，又来不及修改信用证，往往只能“担保出运”。对此要充分认识，相应“担保函”实质上只是交单时对银行的事由说明，应该是“不符点出单”。“担保”本质上应该是进口商作出的担保，担保交单时接受与信用证不符的单据并保证付款赎单。为此，需要注意几个要点：

（1）必须充分了解进口商的资信状况，考虑其支付能力。

（2）必须综合考虑商品的市场趋势、价格水平等因素。

（3）必须了解进口国的有关进出口管理规定。

（4）必须了解出运地的做法特点，某些地区不能采用“担保出运”的做法。

当然，最根本的方法还是正点出单，避免不符点产生，尽可能将“担保出运”的笔数降到最少。由于各种客观原因必须“担保出运”时，必须事先获得进口商保证付款的文字确认，同时在担保函中体现担保内容、进口商来电担保的事实、担保的依据。这虽然属于商业信用的范畴，但一旦遭到拒付，仍可作为向进口商据理力争的一个事实证据。

向银行出具的“担保函”参考式样见表 7-1。

表 7-1 出口商信用证出单担保函

<table>
<tr><td colspan="2">信用证号：</td><td colspan="2">发票号：</td></tr>
<tr><td colspan="2">合同号：</td><td colspan="2">货名及金额：</td></tr>
<tr><td colspan="4">上述信用证项下货物，因下列原因与信用证不符，特此担保出单：</td></tr>
<tr><td>□货名不符</td><td>□数量不符</td><td>□单据不符</td><td>□金额不符</td></tr>
<tr><td>□逾期一天装船</td><td>☑逾期一天出单</td><td>□许可证不符</td><td>□</td></tr>
<tr><td colspan="4">所述担保□进口商已来电同意改证，修改证未到，担保出运。□进口商已来电同意担保出运。□我方将立即通知进口商及时付款赎单。</td></tr>
<tr><td colspan="2">经办人：</td><td colspan="2">审阅人：</td></tr>
<tr><td colspan="2">年 月 日</td><td colspan="2">年 月 日</td></tr>
</table>

五、银行保函和备用信用证

在国际业务中，当履行交货义务或承包工程项目所需要的时间较长，有必要在相当长的时间内支付货款，交易条件又较为复杂，难以使用信用证方式进行结算，一方当事人对另一方所做的履行合同的承诺又感到不够安全时，可要求另一方提供银行保函或备用信用证，以保证其履行合同规定的义务。

（一）银行保函

1. 银行保函的含义

银行保函又称银行保证书（Bank's Letter of Guarantee），是指银行或其他金融机构作为保证人向受益人开立的，保证被保证人一定会向受益人尽到某项义务，否则将由担保人负责赔偿受益人损失的文件。

2. 银行保函的内容

银行保函并无统一格式，内容也因具体交易不同而异，但主要有以下几项：

（1）基本栏目。基本栏目包括保函的编号，开立日期，各当事人的名称、地址，有关交易或工程项目的名称，有关合同或标书的编号以及订约日期等。

（2）责任条款。开立保函的银行或其他金融机构在保函中承诺的责任条款，是银行保函的主体内容。

（3）保证金额。保证金额是开立保函的银行或其他金融机构所承担责任的最高金额，既可以是一个具体金额，也可以是合同或有关文件金额的某个百分比。

（4）有效期。有效期是最迟的索偿日，或称到期日。它既可以是一个具体确定的日期，也可以是某一行为发生后的一定时期。

（5）索偿方式。它是指受益人在何种情况下可向开立保函的银行索偿。依索偿方式，银行保函通常可分为两种：

①见索即付保函（First Demand Guarantee）。它是指由银行、保险公司或其他任何组织或个人出具的书面保证，即在提交符合保函条款的索赔书（如工艺师或工程师出具的证明书、法院判决书或仲裁裁定书）时，承担付款责任的承诺文件。

②条件保函（Conditional L/G）。它是指只有在符合保函规定的条件下，保证人才予以付款的保函。

3. 银行保函的当事人

（1）委托人（Principal），即要求开具银行保函的一方，是与受益人订立合同的执行人与债务人。

（2）受益人（Beneficiary），即收到银行保函并凭以要求银行担保的一方，是与委托人订立合同的执行人与债权人。

（3）保证人（Guarantor），即开立保函的银行或其他金融机构。

（4）转递行（Transmitting Bank），又称通知行，是受保证人的委托，将保函通知传递给受益人的银行。转递行一般是受益人所在地的银行。

（5）保兑行（Confirming Bank），即在保函上加具保兑的银行，只有在保证人不按保函的规定履行赔付义务时，才向受益人赔付，使受益人得到双重担保。

（6）转开行（Reissuing Bank），即根据国外保证人的要求，向受益人开出保函的银行。当发生符合保函规定条件的情形时，受益人只能要求转开行付款或赔偿。

4. 银行保函的种类

（1）投标保函。

投标保函（Tender Guarantee）是指在以招标方式成交的国际贸易和劳务承包业务中，招标人为了防止投标人违反在投标书中作出的承诺，要求投标人通过银行出具的一种书面付款保证文件。在投标保函中，保证人保证投标人履行的责任和义务包括：保证在报价的有效期内不修改原报价、不撤标、不改标；保证中标后按招标文件的规定在一定时间内与招标人签订合同，并按招标人规定的日期提交履约保函。如果投标人未履行这些责任和义务，在开标前撤回投标或中标后不履约，则招标人有权凭保函向保证人索赔，索赔金额通常为投标人报价的1%～5%。投标保函的有效期一般从开立保函日起到开标日后的一段时间止，有时再加一定天数的索偿期。如果投标人中标，则有效期自动延长到投标人与招标人签订并交付合同和履约保函为止。

（2）履约保函。

履约保函（Performance Guarantee）是指银行应供货方或承包方（委托人）的请求而向买方或业主方（受益人）开立的保证委托人履行某个合同项下义务的书面文件。如果在履约保函的有效期内委托人未能按合同的规定发运货物、提供劳务或完成工程及履行其他义务，则受益人有权要求保证人给予赔偿。在进出口业务中，履约保函常被用来保证出口方（委托人）履行贸易合同项下的交货义务。

上述含义包括了两种不同的履约保证：

①如果委托人不履行他与受益人订立的合同，则由保证人向受益人赔付约定的金额，该金额由保证书规定，通常为基础合同金额的5%～20%。

②履约保函规定保证人有选择权，保证人可以选择以实物支付。这种保函是英美国家的担保公司采用的，银行很少采用。

履约保函的适用范围很广泛，在一般货物的进出口贸易中也有使用。履约保函可分为进口履约保函和出口履约保函。

（3）借款保函。

借款保函（Loan Guarantee）是指银行应借款人的请求，向贷款人开具的书面付款承诺，保证借款人一定会按借贷合约的规定偿还借款并支付利息。若借款人因破产、倒闭、资金周转困难等原因违约，未能偿还本金或利息等，保证人即代借款人向贷款人偿还应还而未还的借款和利息。借款保函的金额一般为借款总额加上借款期间所产生的利息。借款保函自开出之日起生效，有效期为借款契约规定的还清借款及支付利息的日期再加上半个月。借款保函在借款人还清全部借款本息之日失效。保证人在借款保函项下的付款责任随借款的偿还金额递增而相应递减。

（4）特殊贸易保函。

①补偿贸易保函（Guarantee for Compensation Trade）。补偿贸易保函是银行应设备进口方的要求向设备出口方出具的，旨在保证设备进口方履行其在合约项下的责任和义务的书面文件。在补偿贸易中，提供设备、技术的一方为了防止对方不能按期、如数补偿自身设备、技术价款及利息，自己可能遭受经济损失的风险，往往会要求设备、技术引进方提供银行保函。

②来料加工保函。来料加工保函是指合同的一方向另一方提供加工装配所需要的原材料、辅料、零部件、元器件等时，银行应委托人的要求向受益人开具的不可撤销的保函。

③来件装配保函。来件装配保函是指一国工厂由外商提供一定的零部件、元器件，按要求进行装配，将成品交对方销售，就收取工费向银行申请开立的保函。

5. 银行保函与跟单信用证的区别

（1）付款责任不同。信用证开证行承担第一性付款责任；而银行保函的保证人可能承担第一性付款责任，也可能承担第二性付款责任。

在信用证方式下，只要受益人提交的单据符合信用证的规定，开证行就承担第一性付款责任；而在银行保函方式下，只有在委托人不付款时，保证人才负责付款。如果委托人已付款，则保证人的责任得以解除。

（2）付款范围不同。信用证一般应用于国际货物买卖，当受益人提交的单据符合信用证条款时，银行便付款；而银行保函的用途更广泛，银行仅凭受益人的声明书付款。即信用证用于履约，而银行保函则用于违约。

（3）付款依据不同。信用证只凭符合信用证条款规定的单据，而与凭以开立的合同无关；而采用银行保函时，付款依据既可以是与合同有关的价款，也可以是某种赔款或退款。

6. 有关银行保函的国际规则

国际商会制定并施行了《见索即付保函统一规则》（Uniform Rules for Demand Guarantee，URDG 758）和《合同保函统一规则》（Uniform Rules for Contract Bonds，URCB 524）。

（二）备用信用证

1. 备用信用证的含义及性质

备用信用证（Standby L/C）是指开证行根据开证申请人的请求对受益人开立的承诺履行某项义务的凭证。开证行保证在开证申请人未能履行应履行的义务时，受益人只要凭备用信用证的规定向开证行开具汇票（或不开具汇票）并提交开证申请人未履行义务的声明或证明文件，即可取得开证行的偿付。

2. 备用信用证的种类

（1）履约备用信用证。

在履约备用信用证（Performance Standby L/C）下，开证行担保一项支付金钱以外的履约义务，包括对开证申请人在基础交易中违约而造成的损失进行赔偿的义务。在履约备用信用证的有效期内如发生开证申请人违反合同的情况，开证行将根据受益人提交的符合履约备用信用证的单据（如索款要求书、违约声明等）代开证申请人赔偿合同或保函规定的金额。

（2）投标备用信用证。

在投标备用信用证（Tender Bond Standby L/C）下，开证行担保开证申请人中标后履行合同的责任和义务。若投标人未能履约，开证人必须按备用信用证的规定向受益人履行赔偿义务。投标备用信用证的金额一般为投标报价的 1%～5%（具体比例视招标文件的规定而定）。

（3）预付款备用信用证。

在预付款备用信用证（Advance Payment Standby L/C）下，开证行保证开证申请人收到受益人的预付款后会履行已订立的合约义务。如果开证申请人不履约，开证行负责退还给受益人预付款和利息。预付款备用信用证常用于国际工程承包项目中业主向承包人支付的占合同总价 10%～25%的工程预付款，以及进出口贸易中进口商对出口商的预付款。

（4）直接付款备用信用证。

在直接付款备用信用证（Direct Payment Standby L/C）下，开证行保证一项基本付款义务，特别是与融资备用信用证相关的基础付款义务的到期付款，而不论是否涉及违约。直接付款备用信用证主要用于担保企业发行债券或订立债务契约时的到期支付本息的义务。

（5）商业备用信用证。

商业备用信用证（Commercial Standby L/C）是开证行应开证申请人的请求，对受益人开立的履行某些义务的凭证。例如，在开证申请人未按时履约或未按时支付货款的情况下，开证行负责支付货款或承担有关责任。

3. 有关备用信用证的国际惯例

《国际备用信用证惯例》（International Standby Practices，ISP 98）于 1998 年公布，并自 1999 年 1 月 1 日起正式实施，填补了备用信用证在国际规范方面的空白。根据 ISP 98 的界定，备用信用证在开立后即成为一项不可撤销的、独立的、要求单据的、具有约束力的承诺。备用信用证仍然可以适用 UCP 600。

4. 银行保函与备用信用证的异同

（1）银行保函与备用信用证的相同之处。

银行保函与备用信用证都是银行因申请人违约而须向受益人承担赔付责任，都是一种银行信用，都发挥着一种担保功能，而且作为唯一付款依据的单据都是受益人出具的违约声明或有关证明文件。银行在处理备用信用证业务和银行保函业务时都是将其作为一种单据交易，都只审查单据表面是否相符，而不对单据的真伪以及受益人与申请人之间的基础交易是否合法有效进行审查，具体表现为二者的定义和法律当事人基本相同、使用目的相同、性质相同。

（2）银行保函与备用信用证的不同之处。

银行保函有从属性保函和独立性保函之分，而备用信用证无此区分。此外，二者适用的法律规范和国际惯例不同；开立方式不同；生效条件不同；兑付方式不同；融资作用不同；单据要求不同；等等。

第四节 各种支付方式的选用

一、结算方式的比较

在国际贸易中，电汇、跟单托收和跟单信用证是最基本、最常用的结算方式。表 7 - 2 是对这三种结算方式在安全因素、资金占用、费用负担、手续繁简等方面的比较。

表 7 - 2 结算方式的比较

结算方式		手续	银行收费	买卖双方的资金占用	买方风险	卖方风险
电汇	预付货款	简单	较少	不平衡	较大	较小
	赊账交易	简单	较少	不平衡	较小	较大
跟单托收	付款交单	稍繁	稍多	不平衡	较小	较大
	承兑交单	较繁	稍多	不平衡	极小	极大
跟单信用证		最繁	最多	较平衡	较大	较小

二、可供选用的各种支付方式

在国际贸易实务中，除采用某种支付方式之外，有时也可以将各种不同的支付方式结合起来使用。

（一）信用证与电汇相结合

信用证与电汇相结合，是指部分货款采用信用证支付，余额用电汇方式结算。例如，对于矿砂等初级产品的交易，双方约定，信用证规定凭装运单据先付发票金额若干成，余额待货到目的地后或经检验合格后用汇款支付。但必须明确规定使用何种信用证和何种汇款方式以及采用信用证支付的金额比例等，以防出现争议。

（二）信用证与托收相结合

信用证与托收相结合，是指部分货款采用信用证支付，余额用托收方式结算。一般做法是：出口商开具两张汇票，属于信用证部分的货款凭光票付款，而全套装运单据附在托收的汇票之下，按即期或远期托收。但要明确信用证的种类和支付金额以及托收方式的种类等。

（三）电汇与银行保函相结合

电汇与银行保函相结合这一形式常用于成套设备、大型机械和大型交通运输工具（如飞机、轮船）等货款的结算。这类产品交易金额大，生产周期长，往往要求买方以电汇方式预付部分货款或定金，其余大部分货款则由买方按银行保函分期付款或延期付款。

三、选择支付方式的注意要点

（一）交易对方的信用

交易能否顺利完成，对方的信用是决定因素。进口商要保证安全用汇，出口商要保证安全收汇，都必须事先了解对方的信用，以便确定适当的结汇方式。

（二）货物销路和经营意图

在货物畅销时，卖方不仅可以提高货价，还可以选择对自己有利的支付方式，尤其是在资金占用方面选择对自己有利的方式；而在货物滞销时卖方可以作出让步。

（三）贸易条件的性质

支付方式往往是与一定的交易条件和运输方式相适应的，在采用 CIF、CFR 和 CIP、CPT 等象征性交货术语交易时，转移货权以单据为媒介，可选用跟单信用证支付方式。在我国进出口实务中，出口信用证业务采用最多的术语是 FOB，进口信用证业务采用最多的术语是 CIF。在买方信用较好时，也可采用跟单托收方式。但在使用 EXW 等实际性交货术语的交易中，由于卖方是通过承运人直接交易的，卖方无法通过单据控制货权，因此，一般不使用托收方式。如果是以 FOB、FCA 条件达成的买卖合同，运输由买方安排，卖方或接受委托的银行很难通过单据控制货权，所以也不宜采用托收方式。

（四）运输单据的性质

海运单据可采用信用证和托收方式结算货款；但如果是空运单据、铁路运单或邮包收据，由于这些单据都不具有物权凭证特征，因而都不宜采用托收方式；信用证大多以开证行为收货人，有利于控制货物。

案例 7 7

甲公司向丁国 A 公司买进灯泡的生产线。合同规定分两次交货，分批开证，买方（甲公司）应于货到目的港后 60 天内进行复检。若与合同规定不符，甲公司可凭所在国的商检证向 A 公司索赔。甲公司按照合同规定，向银行申请开出首批货物的信用证。A 公司履行装船义务并凭合格单据向议付行申请议付，开证行也在单证相符的情况下对议付行偿付了款项。在第一批货物到达目的港之前，第二批货物的开证日期临近，甲公司又向银行申请开出信用证。此刻，首批货物到达目的港，经检验发现货物与合同规定严重不符。甲公司当即通知开证行，称“将拒付第二次信用证项下的货款，请听候指示”。然而，开证行在收到议付行寄来的第二批单据并审核无误后，再次偿付议付行。当开证行要求甲公司付款赎单时，甲公司拒绝付款赎单。试分析：（1）开证行和甲公司的处理是否合理？（2）甲公司应该如何处理此事？

分析

（1）开证行要求甲公司付款赎单完全有理，而甲公司拒绝付款赎单纯属无理，因为根据 UCP 600，在受益人提供了与信用证规定表面相符的单据的情况下，开证行必须承担付款责任。

（2）在 A 公司提交的货物与合同规定严重不符的情况下，甲公司应根据合同规定，向 A 公司索赔，甲公司无权指示开证行拒付。

案例 7－8

请根据合同审核信用证。

销售合同条款如下：

卖　　方：江西正新食品公司（Jiangxi Zhengxin Foodstuffs Corporation）

买　　方：温哥华凯美食品公司（Kaimei Food Company，Vancouver）

食品名称：番茄酱罐头（Canned Ketchup）

规　　格：210 克×48 听/箱

数　　量：1 740 箱/20 英尺集装箱

单　　价：每箱 13.80 美元 CFR 温哥华，并含佣 3%

总　　值：24 012 美元

装运期：2024 年 11 月自中国港口运往温哥华，允许转船和分批装运

付款条件：凭不可撤销的即期信用证付款。信用证议付有效期为最迟装运日后第 15 天在中国到期

合同号码：24/0908

COMMERCIAL BANK OF VANCOUVER

TO：Jiangxi Zhengxin　　DATE：Oct. 5，2024

Foodstuffs Corporation

Nanchang，China

Advised through Bank of China，Nanchang

No. BOC24/10/05

DOCUMENTARY LETTER OF CREDIT IRREVOCABLE

Dear Sirs：

We open this by order of Kaimei Food Company，Vancouver for a sum not exceeding USD 24 000（SAY UNITED STATES DOLLARS TWENTY FOUR THOUSAND ONLY）available by drafts drawn on us at sight accompanied by the following documents：

—Full set of clean on board bills of lading made out to order and blank endorsed, marked "Freight to Collect" dated not later than November 30, 2024 and notify accountee.

—Signed commercial invoice in quintuplicate.

—Canadian customs invoice in quintuplicate.

—Insurance policies (or certificates) in duplicate covering marine and war risks.

Evidencing shipment from China port to Montreal, Canada of the following goods:

Specification: 120g×48 tins/carton

Quantity: 1 740 carton

Canned Ketchup USD 13.80 per carton CFR C3% Vancouver, details as per your S/C NO. 24/0908.

Partial shipment is allowed.

Transshipment is allowed.

This credit expires on November 30, 2024 for negotiation in China.

分析

该信用证与合同有以下6个不符之处：

（1）该信用证金额有误。合同金额为24 012美元，而信用证上写的是"for a sum not exceeding USD 24 000 (SAY UNITED STATES DOLLARS TWENTY FOUR THOUSAND ONLY)"。

（2）运费有误。信用证要求的运输单据为"marked 'Freight to Collect'"（注明运费到付），这和合同条款有矛盾，合同是按CFR作价，运费已包括在货价内，由卖方订舱并支付费用，所以卖方在将货物交运时即应预付运费，承运人应在所签发的提单上注明"Freight Prepaid"（运费已付）。

（3）不应该要求保险单据。信用证要求所附单据中有保险单据，但这次交易是按CFR成交的，卖方不负责办理保险，而且合同条款也无保险办理要求，因此，信用证要求保险单据显然不合理。

（4）目的港错误。信用证上的目的港是"蒙特利尔"(from China port to Montreal)，而合同上的目的港是"温哥华"(Vancouver)，两者显然不同。

（5）重量错误。合同表明"规格：210克×48听/箱"，而信用证上却是"120g×48 tins/carton"，两者不符。

（6）信用证的到期日错误。信用证规定"This credit expires on November 30, 2024 for negotiation in China"，但是合同条款是"信用证议付有效期为最迟装运日后第15天在中国到期"。在合同中已规定装运期为2024年11月，最迟装运日应为2024年11月30日，因此，信用证的到期日应为2024年12月15日。

第五节 国际保理

一、国际保理的含义和内容

国际保理（International Factoring）的全称是国际保付代理，指在国际贸易中以赊销（O/A）、承兑交单（D/A）等信用付款方式向境外应收账款债务人销售货物和（或）提供服务时，以应收账款债权人转让应收账款为前提，由出口保理商和进口保理商（与出口保理商签有保理商间合作协议的保理商）共同提供的或由出口保理商单独提供的包括贸易融资、应收账款管理、应收账款催收和应收账款债务人付款担保四项服务中至少一项的服务。

二、国际保理业务的当事人

国际保理业务的当事人一般有出口商、进口商、出口保理商（Export Factor）和进口保理商（Import Factor）以及提供信用保险的保险公司等。

（1）出口商：对所提供的货物或劳务出具发票，将应收账款转让给出口保理商作为保理业务的当事人。

（2）进口商：对由于提供货物或劳务所产生的应收账款负有付款责任的当事人。

（3）出口保理商：通过签订协议，把出口商的应收账款作为自己的保理业务的当事人。

（4）进口保理商：同意代收由出口商发票所表明的并已转让给出口保理商的应收账款（该项应收账款的风险已经转移过来），有义务予以支持的当事人。

（5）出口信用保险公司：为保障出口商在经营出口业务的过程中，因海外进口商（买方）的商业风险或进口国的政治风险而遭受的损失而提供信用保险的企业。

三、国际保理业务的一般流程

国际保理有多种业务模式，其中比较常见的业务模式主要有两种，双保理模式和“单保理＋信用保险”模式。具体业务流程参阅《国际保理业务操作指引》。下面以双保理模式为例，说明国际保理业务的运作流程，如图 7－5 所示。

对图 7－5 中各序号的含义解释如下：

①出口保理商与进口保理商之间的关系属于委托代理关系和应收账款转让关系，这种关系须经双方签订保理商代理合约加以确定。

②出口商与出口保理商订立出口保理业务协议。

③出口商向与其交易的进口商沟通信用额度后，填写信用额度申请表交出口保理商。

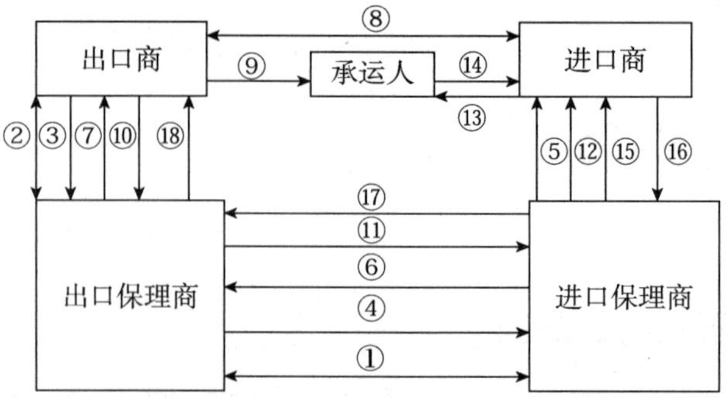

图 7-5　国际保理业务的运作流程

④出口保理商将信用额度申请表传递给进口保理商。

⑤进口保理商对进口商进行信用评估，从而确定或批准进口商的信用额度。

⑥进口保理商将其对进口商核准的信用额度或拒绝核准信用额度通知出口保理商。

⑦出口保理商将进口保理商对进口商核准的信用额度或拒绝核准信用额度通知出口商。

⑧出口商与进口商签订贸易合同，订明支付方式是 O/A 或 D/A 或其他类似方式。

⑨出口商按照合同的装运期发运货物。

⑩出口商填制应收账款转让通知书一式五联，并在签字处签字，交出口保理商。

倘若申请的信用额度全部遭到进口保理商拒绝，则此出口属于无信用额度担保的出口，进口保理商对应收账款是否付款不承担责任。

⑪出口保理商签署应收账款转让通知书，并在发票上盖“再让渡”印戳，表示出口保理商将该笔应收账款再转让给进口保理商。

出口保理商寄给进口保理商的单据有三种情况：

a. 将应收账款转让通知书、全套单据（包括发票、提单、保险单等）寄给进口保理商。东南亚国家采用此法寄单。

b. 将应收账款转让通知书、发票副本寄给进口保理商。多数欧美国家采用此法寄单。

c. 建立 EDI 信息传输制度，出口保理商将单据转为 EDI 信息传输给进口保理商。

⑫进口保理商将单据传送给进口商。

⑬进口商把提单交给进口地承运人，要求提货。

⑭进口地承运人向进口商交付货物。

⑮进口保理商于付款日向进口商索取应收账款。如果进口商无力支付账款，按照《国际保理通则（2013 版）》的规定，进口保理商应于到期日后第 90 天向出口保理商支付应收账款（担保下的付款）加上迟付利息，其中利息部分还需加倍支付。

⑯进口商偿付款项。如果建立了 EDI 信息传输制度，则进口商用 EDI 发出支付信息。

⑰进口保理商通过银行将应收账款汇交出口保理商。如果建立了 EDI 信息传输制

度，则进口保理商用 EDI 发出汇款信息。

⑱出口保理商将款项贷记出口商账户。如果出口商获得融资，则出口保理商应扣除预付本息，将余款贷记出口商账户。

启发思考

国际保理业务在任何情况下都适用吗?

四、国际保理的服务项目

国际保理的服务项目包括以下这些：

(1) 信用销售控制——债务人资信评级。

(2) 出口贸易融资——可以提供无追索权的融资。

(3) 销售分户账的管理（完善的管理制度、先进的管理技术、丰富的管理经验）。

(4) 应收账款的收取或债款的回收——专业的收债经验。

(5) 坏账担保或买方信用担保——为已核准的应收账款提供全额坏账担保。

五、国际保理业务的特点

国际保理与汇付、托收及信用证的比较见表 7-3，国际保理与其他融资方式的比较见表 7-4。

表 7-3 国际保理与汇付、托收及信用证的比较

内容	方式			
	国际保理	汇付	托收	信用证
债权信用风险保障	有	无	无	无
进口商费用	无	有	有	有
出口商费用	有	有	有	有
进口商银行抵押	无	无	无	有
进口商财务灵活性	较高	较高	一般	较低
出口商竞争力	较高	较高 (指发货后汇付)	一般	较低

表 7-4 国际保理与其他融资方式的比较

融资方式	适用的支付方式	融资期限	有无追索权	备注
贷款或透支	任何支付方式	一般不超过 1 年	有	
出口信用保险单抵押贷款	任何支付方式	一般不超过 1 年	有	优惠利率

续表

融资方式	适用的支付方式	融资期限	有无追索权	备注
打包贷款	信用证	一般不超过6个月	有	
押汇	信用证及少量托收	一般不超过6个月	通常有（信用证项下不应该有）	
贴现	任何支付方式下的票据。信用证方式下的票据最受欢迎	一般不超过1年	通常有	一般以付款人为银行的票据为主
国际保理	D/A、O/A	一般不超过1年	无	

六、国际保理业务的利弊

（一）对出口商的好处

（1）确保安全收汇：针对进口商的资信调查可以为出口商的商业决策提供依据。

（2）提供融资便利：发货后即可获得资金，可加速资金周转。

（3）转嫁风险：借国际保理转嫁信贷和汇率风险。

（二）对进口商的好处

（1）免开信用证，减少资金占用。

（2）赊销货物，获得出口商的信用。

（三）国际保理业务的不利之处

（1）国际保理商的风险较大，进口商承担的商品价格较其他支付方式要高。

（2）出口商承担的国际保理费用偏高，出口保理商承接业务的条件很苛刻。

（3）保理业务受理的时间较长，影响出口商的商机。

七、国际保理业务的注意要点

（1）保理公司只为信用额度内的风险提供担保，因此合同金额不应超过保理公司建议的信用额度。

（2）因货物质量、数量和交货期不符合合同规定等违约行为所引起的拒付、少付，保理公司不予担保。

《民法典》第七百六十一条规定：保理合同是应收账款债权人将现有的或者将有的应收账款转让给保理人，保理人提供资金融通、应收账款管理或者催收、应收账款债务人付款担保等服务的合同。

第七百六十二条规定：保理合同的内容一般包括业务类型、服务范围、服务期限、基础交易合同情况、应收账款信息、保理融资款或者服务报酬及其支付方式等条款。

保理合同应当采用书面形式。

本章小结

根据支付方式的不同，支付条款包含的内容也有所不同，主要有付款时间、地点、金额及条件等。在国际结算中以票据为结算工具，主要使用汇票，有时也使用本票和支票。常见的结算方式有电汇、托收和信用证三种。其中，电汇、托收业务属于商业信用，电汇已成为国际结算的一种主要形式，在托收业务中，银行与交易双方仅是委托代理关系；而信用证业务属于银行信用，开证行承担第一性付款责任。信用证业务知识包括信用证的定义、特点、作用、当事人和业务流程以及内容和种类。开证行发出的信用证预先通知不能随意撤销。在国际业务中，如果出现一方当事人对另一方当事人所做的承诺感到不安全，可采用银行保函或备用信用证的支付方式。国际保理是出口商与保理商之间存在一定契约关系，出口商按商业信用出售商品后，将有关商业单据转让给经营保理业务的公司以获得全部或部分资金的资金融通方式。

复习思考

1. 简述汇票的含义及用途。
2. 阐述电汇的主要特点。为什么电汇成为国际结算的一种主要形式？
3. D/A 与 D/P、T/R 有何异同？
4. 说明信用证的定义、特点与作用。
5. 信用证条款和买卖合同条款之间有什么关系？
6. 如何区分商业信用和银行信用？
7. 信用证对买卖双方有哪些风险？如何防范？
8. 说明信用证有效期、交单期与装运期之间的关系。
9. 什么是银行保函？它与信用证有何区别？
10. 简述国际保理业务的运作流程。
11. 国际保理和其他支付方式相比有何特点？

案例分析

1. 我方向某外商发盘，提出以即期付款交单（D/P at Sight）方式出口一批货物，对方答复若我方接受“见票后 45 天付款交单”（D/P at 45 Days after Sight）并通过指定的 A 银行代收，则可成交。按一般情况，货物从我国运至该外商所在地所需地间最长不超过 10 天。试分析该外商为何要提出此项条件。

2. 在某跟单信用证结算业务中，提单的开立日期为某年 5 月 8 日，信用证规定受益人需要在运输单据开立后 15 天内向银行申请结算，信用证的有效期至同年 5 月 16 日。汇票需要在哪一天之前开立？

3. 我方出口公司收到国外开来的不可撤销信用证一份，由设在我国境内的某外资银行通知并加保。我方出口公司在货物装运后，正拟将有关单据交银行议付时，忽然接到该外资银行通知称，由于开证行已宣布破产，因此该外资银行不承担对该信用证的议付或汇款责任，但可接受我方出口公司委托向买方直接收取货款的业务。对此，你认为我方出口公司应如何处理为好？请简述理由。

4. 江西出口商A公司与伊朗进口商B公司签订贸易合同，约定由伊朗C银行开立以出口商A公司为受益人的即期付款信用证，规定第一通知行为D银行。后来，R银行收到D银行的MT 710报文，转来伊朗C银行开立的即期付款信用证。信用证41D场规定在D银行兑用。31D场规定，5月22日在“YOUR OFFICE到期”；交单期为不迟于装运日后21天，同时不得晚于信用证有效期。4月29日，出口商A公司向R银行交单。提单装运日期为4月13日，因此5月4日为最迟交单日。R银行于当日审单提示出口商A公司不符点，并指出该信用证有指定银行，向R银行交单不妥。出口商A公司于5月3日修改完不符点后指示R银行将单据绕过指定银行直接寄往开证行。后来R银行收到开证行以迟交单为由的拒付报文。试分析拒付是否合理。

5. 我方某公司向非洲出口某商品15 000箱，合同规定1—6月按月等量装运，每月2 500箱，凭不可撤销即期信用证付款。客户按时开来信用证，证上总金额及总数量与合同相符，但装运条款规定为“最迟装运日6月30日，分数批装运”。我方某公司1月装出3 000箱，2月装出4 000箱，3月装出8 000箱。客户发现后向我方提出异议。你认为我方这样做是否合理？为什么？

6. 开证行开立了一份信用证，要求提交一份ON BOARD提单，交单期为不晚于开证日后10个日历日。议付行在规定期限内交单，不过在提交的单据中，提单上显示的ON BOARD日期为6个月前。开证行为此提出不符点：交单晚于装运日后21天。开证行提出的该不符点是否有效？

延伸学习

《国际保理通则（2013版）》

第八章 商品检验、不可抗力、索赔和仲裁

目标要求

熟练掌握检验条款的检验时间和地点，掌握我国海关检验商品的职责任务以及检验证书的种类和作用，了解违约与索赔、不可抗力的概念，熟悉仲裁的概念与程序。

案例导入

Z银行收到一套由花旗银行香港分行开立、纽约分行保兑的信用证项下单据。信用证单据条款要求提交一份由商检机构出具的正本产地证，但未规定具体内容。同时要求全套正本海运提单显示收货人为凭开证行指示并通知申请人。Z银行审单后寄往花旗银行纽约分行，纽约分行以“产地证收货人显示为与此有关的人（WHOM IT MAY CONCERN）而非申请人”为由拒付。Z银行以信用证未规定产地证具体内容为由进行反驳，而纽约分行则以ISBP 821第L5段的规定表示不符点成立。根据ISBP 821的规定，产地证“收货人”栏位并非必填项，如果产地证显示的收货人为具名实体，此款规定收货人“不应与运输单据中收货人的信息相矛盾”。如果信用证要求运输单据出具成“凭指示”、“凭托运人指示”、“凭开证行指示”、“凭指定银行（或议付行）指示”或“收货人：开证行”，那么产地证的收货人栏位如果填写，则不能是信用证的受益人，但可以是信用证中其他任何一个具名实体。因此纽约分行提示的不符点不成立。

关键概念

商品检验（Inspection of the Goods），检验证书（Inspection Certification），索赔（Claim），理赔（Settlement of Claims），不可抗力（Force Majeure），仲裁（Arbitration）。

知识要点

进出口商品检验程序，检验证书的分类和作用，索赔时限的规定，不可抗力范围的具体规定方法，仲裁程序和仲裁条款。

第一节 商品检验

一、概述

1. 商品检验的意义

商品检验制度是随着国际贸易的产生和发展而逐步形成的，在国际货物买卖中具有十分重要的地位。在国际贸易中，买卖双方交接货物一般要经过交付、查看或检验、接收或拒收三个环节。一般而言，在卖方履行交货义务后，买方有权对货物进行检验。如果发现货物与合同不符，且确实属于卖方的责任，买方就有权向卖方索赔。如果买方未经检验就接收了货物，那么即使以后发现货物有问题，也不能再行使拒收的权利。商品检验是结算货款和索赔、理赔的依据，以维护对外贸易关系中有关各方的合法权益。因此，商品检验是买卖双方交接货物不可缺少的重要环节。

2. 商品检验的含义

商品检验（Inspection of the Goods）是指在国际货物买卖过程中，由具有权威性的专门的进出口商品检验机构依据法律法规或合同的规定，对商品的质量、数量、重量和包装等方面进行检验和鉴定，适时出具检验证书的活动。

3. 商品检验的程序

办理进出口商品检验是国际贸易中的一个重要环节。按照海关总署的统一部署，从2018年8月1日起，海关进出口货物将实行整合申报，报关单、报检单合并为一张报关单。报关报检面向企业端整合形成“四个一”，即“一张报关单、一套随附单证、一组参数代码、一个申报系统”。进出口商品的检验程序如下：

（1）申请检验。报检企业向受理机构提出报检申请并提交有关材料。申请人统一登录“互联网+海关”一体化网上办事平台（平台地址：http://online. customs. gov. cn）或国际贸易“单一窗口”，通过“货物申报”模块，按照《中华人民共和国海关进出口货物报关单填制规范》的要求向海关传送报关单电子数据及随附单证，具体操作流程参阅《“单一窗口”标准版用户手册（货物申报篇）》和《进出口货物申报项目录入指南》。海关工作人员根据有关规定审核申报资料，对符合要求的予以受理，对不符合要求的进行退单操作，并一次性告知企业进行补正。同时随附贸易合同、发票、装箱清单、提

(运) 单等复印件以及代理报关授权委托协议 (盖章) 原件，出口货物需提供厂检证明 (盖章) 原件。

(2) 实施检验。海关根据有关工作规范、企业信用类别、产品风险等级，判别是否需要实施现场检验及是否需要对产品实施抽样检测。

(3) 当事人申请海关出证的，海关应当及时出证。

启发思考

商品检验就是对商品的质量进行检验分析及测定吗?

对于实施检验的进出口商品，对外贸易关系人应及时向海关的检务部门办理报检，海关根据进出口商品的具体情况、法律法规规定、合同的具体规定以及委托人的申请来实施检验。检验和鉴定的具体内容一般包括品质检验、数量和重量检验、包装鉴定、装运技术检验、卫生检验、残损鉴定、货载衡量鉴定以及价值等方面。检验合格后，按规定发放证书或单证，报关放行。附样 8—1 给出了关检合一的委托书的示例。

附样 8-1　　委托书 (关检合一)

授权委托书 (参照文本)

委托人 (甲方):

姓名:　　　　身份证号码:

联系电话:

受托人 (乙方):

姓名:　　　　身份证号码:

联系电话:

根据《中华人民共和国海关报关单位注册登记管理规定》(海关总署令第 221 号) 第十一条之规定，现甲方同意授权乙方以甲方名义办理以下海关业务:

提出 (　　　　报关企业) 注册编码 (　　　　) 的报关企业注册登记许可 (变更/延续/注销) 业务申请。

甲方愿意对上述委托事项承担相应的法律责任。

委托人 (甲方):　　　　签字 (加盖公章)

年　　月　　日

受托人 (乙方):　　　　签字 (加盖公章)

年　　月　　日

(注: 本授权委托书为参照文本。申请人可以此为参照，使用本授权委托书或自行设计有关内容。授权委托书应包括但不限于以下内容: 委托人、受托人身份信息，所委托具体事项，法律责任承担，双方联系方式等信息。)

二、检验范围

我国进出口商品实施检验的范围包括：

（1）必须实施的进出口商品检验，即确定列入目录的进出口商品是否符合国家技术规范的强制性要求的合格评定活动。

（2）法律、行政法规规定由其他检验机构实施检验的进出口商品或者检验项目。

（3）经海关许可的检验机构，可以接受对外贸易关系人或者外国检验机构的委托，办理进出口商品检验鉴定业务。

（4）对外贸易合同（包括信用证）规定由海关实施检验的进出口商品。

（5）为出口危险货物生产包装容器的企业，必须申请海关进行包装容器的性能鉴定。生产出口危险货物的企业，必须申请海关进行包装容器的使用鉴定。

（6）对装运出口易腐烂变质食品的船舱和集装箱，承运人或者装箱单位必须在装货前申请检验。

合格评定程序包括：抽样、检验和检查；评估、验证和合格保证；注册、认可和批准以及各项的组合。

必须经海关检验的出口商品的发货人或者其代理人，应当在海关规定的地点和期限内，向海关报检。海关应当在统一规定的期限内检验完毕，并出具检验证单。经海关检验合格发给检验证单的出口商品，应当在海关规定的期限内报关出口；超过期限的，应当重新报检。

三、检验机构

（一）国际贸易领域中商品检验机构的种类

（1）国家设立的官方商检机构。这是指由政府投资设立的检验机构，其根据国家的有关法令，对进出口商品执行法定检验、委托检验和监督管理，如美国食品药品监督管理局（FDA）、日本通商省检验所、法国国家实验检验中心、中华人民共和国海关总署等。

（2）民间私人或社团经营的非官方机构。这是指由私人或同业公会、协会等开设的检验机构，如瑞士通用公证行（SGS）、英国劳氏公证行等。

（3）工厂企业、用货单位设立的化验室、检测室等。这是指一些由政府授权代表政府进行某类商品的检验工作或某方面的检验管理工作的机构，如美国担保人实验室。

（二）我国海关检验商品的职责任务

我国进出口商品检验主要由1998年成立的国家出入境检验检疫局及其分支机构承担。该局主管卫生检疫、动植物检疫和商品检验（三检合一），之后其职能并入2001年成立的国家质量监督检验检疫总局。此后，在2018年的机构改革中，国家质量监督检验检疫总局的出入境检验检疫管理职责和队伍划入海关总署。此外，还有各种专门从事动植物、食品、药品、船舶、计量器具等检验的官方机构。

海关总署及各地主管海关，统一按照《中华人民共和国进出口商品检验法实施条例》执行检验任务。其主要任务有三个：对重要商品实施法定检验；对所有进出口商品的品质实施监督管理；办理对外贸易公证鉴定业务。

1. 法定检验

进口商品分为法定检验商品和非法定检验商品。法定检验（Legal Inspection）是指海关依据国家法律法规对重点进出口商品实行的一种强制性检验。由海关总署制定、调整必须实施检验的进出口商品目录（以下简称“目录”）并公布实施，列入目录的进出口商品，由海关实施检验。

2. 监督管理

监督管理（Supervision and Administration）是指海关通过行政管理手段，对本地区进出口商品的检验检疫工作进行监督管理。对《中华人民共和国进出口商品检验法（2021修正）》规定必须经海关检验的进出口商品以外的进出口商品，海关根据国家规定实施抽查检验。海关可以公布抽查检验结果或者向有关部门通报抽查检验情况。

海关根据便利对外贸易的需要，可以按照国家规定对列入目录的出口商品进行出厂前的质量监督管理和检验。

3. 鉴定业务

鉴定业务（Authentic Attesting Business）是指海关接受对外贸易关系人的申请或外国检验机构的委托，以公正的态度，对进出口商品进行鉴定，签发鉴定证书，作为申请人办理进出口商品的交接、结算、报关、纳税、计费、理算、索赔、仲裁等的有效依据。国家商检部门可以按照国家有关规定，通过考核，许可符合条件的国内外检验机构承担委托的进出口商品检验鉴定业务。

我国涉及进出口商品数量、重量鉴定的业务按照《进出口商品数量重量检验鉴定管理办法（2023修正）》执行操作。

四、检验证书

检验证书（Inspection Certificate）是检验机构对进出口商品进行检验、鉴定后签发的书面证明文件。

（一）检验证书的种类

（1）品质检验证书（Inspection Certificate of Quality），即证明出口商品品质、规格的证书。

（2）数量检验证书（Inspection Certificate of Quantity），即证明出口商品数量的证书。

（3）重量检验证书（Inspection Certificate of Weight），即证明出口商品重量的证书。

（4）价值检验证书（Inspection Certificate of Value），即证明出口商品价值的证书，通常用于证明发货人发票所载的商品价值正确、属实。

（5）产地检验证书（Inspection Certificate of Origin），即证明出口商品原产地的证书，通常包括一般产地证、普惠制产地证、野生动植物产地证等。

（6）卫生检验证书（Sanitary Inspection Certificate），即证明食用动物产品、食品在出口前已经过卫生检验、可供食用的证书。

（7）消毒检验证书（Disinfection Inspection Certificate），即证明出口动植物产品，如猪鬃、马尾、羽毛、人发等已经过消毒的证书。

（8）残损检验证书（Inspection Certificate on Damaged Cargo），即证明进口商品残损情况、估计残损贬值程度、判断残损原因，以供索赔时使用的证书。

（9）兽医检验证书（Veterinary Inspection Certificate），即证明食品在出口前已经过兽医检验、符合检疫要求的证书。

（二）检验证书的作用

（1）作为证明卖方所交货物的品质、重量（数量）、包装以及卫生条件等是否符合合同规定的依据。

（2）作为买方对品质、重量（数量）、包装等条件提出异议、拒收货物、要求赔偿、解决争议的凭证。

（3）作为卖方银行议付货款的一种单据。当检验证书所列检验结果与合同或信用证的规定不符时，银行有权拒绝议付货款。

（4）作为检验申请人向海关申请报关验放的有效文件。凡列入《商检机构实施检验的进出口商品种类表》及其他法律、行政法规规定实施强制性检验的进出口商品均由海关予以检验出证，作为经营进出口业务的检验申请人据以向海关申请报关验放的有效文件。

（5）作为证明货物在装卸、运输中的实际情况，明确责任归属的依据。

启发思考

进出口商品一定要有检验证书吗？

五、检验条款

检验条款是国际货物买卖合同的一项重要内容，其所包含的检验权与当事人的拒收权和索赔权有着直接的联系。当事人依据检验条款，行使相应的检验权。因此，应根据平等互利原则与对方协商订立检验条款，从而提高合同的履约率。

（一）商品检验时间和地点

在国际贸易中，对于进出口商品的检验在何时何地进行，各国没有统一的规定。而商品检验时间和地点关系着买卖双方的切身利益，因为它们涉及检验权、检验机构以及索赔问题。对商品检验时间和地点的规定与合同所使用的贸易术语、商品特性、包装方式、行业惯例以及当事人所在国的法律法规有密切的关系，是合同检验条款的一个核心问题。

1. 在出口国检验

（1）产地（工厂）检验。

发货前由出口商或其委托的检验人员或者进口商的验收人员对商品进行检验，卖方只对商品离开产地前的质量负责，离开产地后的质量风险由买方承担。

（2）装运港（地）检验。

出口商品在装运前或装运时由双方约定的商检机构对商品进行检验，并出具检验证书，作为决定交货品质、数量或重量的最后依据。

2. 在进口国检验

（1）目的港（地）检验。

商品在运抵目的港（地）卸货后的一定时间内，由双方约定的商检机构检验，并出具检验证书，作为决定交货品质、数量或重量的最后依据。

（2）买方营业处所或最终用户所在地检验。

对于密封包装或需要一定检验条件而不宜在使用前拆包检验的商品，或要安装调试的设备等，可以将检验推迟到商品运抵用户所在地后的一定时间内，由双方约定的检验机构检验并出具证书。

3. 出口国检验、进口国复验

这种做法是指以装运港（地）的检验证书作为收付货款的依据，但货到目的港（地）后买方有复验权，在规定的时间内由双方约定的商检机构对商品进行检验并出具检验证书作为最后的交货依据。

4. 装运港（地）检验重量、目的港（地）检验品质

这种做法以装运港（地）检验机构出具的重量检验证书为最后依据，以目的港（地）检验机构出具的品质检验证书为最后依据，被称为“离岸价格、到岸品质”，通常用于大宗商品交易的检验。

启发思考

如果某出口贸易合同采用 CIF NEW YORK，同时又以“Landing Quality and Weight as Final”作为检验条款，这对卖方会有什么影响？

（二）商品检验标准

商品检验标准有很多，有生产国标准、进口国标准、国际通用标准以及买卖双方协议的标准等。一般以合同和信用证规定的标准作为检验的依据，如合同和信用证未规定或规定不明确，进口商品首先采用生产国标准；没有生产国标准的，则采用国际通用标准；这两项标准都没有时，可采用进口国标准。出口商品以买卖双方约定的标准作为检验的依据，无约定或约定不明确的，按国家标准；无国家标准的，按部门标准；无部门标准的，按企业标准。

列入目录的进出口商品，按照国家技术规范的强制性要求进行检验；尚未制定国家技术规范的强制性要求的，应当依法及时制定，在制定之前，可以参照海关总署指定的国外有关标准进行检验。有些商品，检验方法不同，结果完全不同，容易引起争议。为避免争议，必要时应在合同中订明检验方法。凡按样品达成的交易，在合同中应对抽样检验的方法和比例作出规定。有些商品如粮食，在国际上有一些惯用的标准化取样和定级技术，在运用时应明确规定采用哪一种方法。

（三）复验期限和复验机构

在买方有复验权时，在合同中应对复验期限以及复验机构作出明确的规定。复验期限就是复验时间，实际上就是买方对商品品质、数量等问题的有效索赔时间。复验期限的长短，应视商品的性质、复验地点和检验条件等情况而定。复验机构是指实施复验的检验机构。出口商品的复验机构一般要以经我方事先认可的由买方提出的机构为宜。至于复验费用由何方负担的问题，也应在合同中订明。

六、检验条款的注意事项

合同检验条款的主要内容一般包括检验方式、检验内容、检验机构和检验费用等。所以，在与外商签订的进出口合同中，需要科学、明确、具体、合理地确定这些内容。

订立检验条款时要注意以下问题：

(1) 品质条款应明确具体、科学合理，切忌用笼统、模棱两可的语言，检验项目与标准要切合实际，并且能够检验。

(2) 凡凭样品成交的出口商品，交货品质应与样品一致，还应送交一份样品给商检机构，以便其凭以验货出证。

(3) 在订立数（重）量条款时，应规定具体明确的计量单位和计量方法，不要用不规范、不准确的计量标准，散装货要规定溢短装幅度。

(4) 进出口商品的包装应与商品的性质、运输方式的要求相适应，并应在合同中订明包装容器所使用的材料、包装结构及包装方法等，应避免笼统。

(5) 出口商品的抽样检验，一般均按中国的有关标准规定和海关总署统一规定的方法办理。凡按样品达成的交易，在合同中均应对抽样检验的方法和比例作出规定。有些商品如粮食，在国际上有一些惯用的标准化取样和定级方法，在订立合同时应明确规定采用哪一种方法。如果买方要求使用其他抽样检验方法，应在合同中具体订明，必要时应先征得商检部门的同意再对外签约，以便为检验工作提供方便。

(6) 对于一些规格复杂的商品和机械设备等的进口合同，应根据货物的不同特点，在合同条款中加列一些特殊规定，如详细的检验标准、检测方法、产品所使用的材料及其质量标准、样品及技术说明书等，以便检验时对照。

案例 8－1

买卖双方以 CIF 价格条件达成一笔交易，合同规定卖方向买方出口商品 5 000 件，每件 15 美元，以信用证方式付款。商品检验条款规定：“以出口国商品检验机构出具的检验证书作为卖方议付货款的依据，货到目的港后，买方有权对商品进行复验，以复验结果作为买方索赔的依据。”卖方在办理装运、制作整套结汇单据并办完结汇手续以后，收到了买方因商品质量与合同不符而索赔的电传通知及目的港检验机构出具的检验证书，但卖方认为交易已经结束，责任应由买方自担。请问：卖方的看法是否正确？为什么？

分析

本案中的商品检验条款说明出口国商品检验机构出具的检验证书并不是确定交货品质和重量的最后依据，而仅是议付的依据。若收到货物后，经复验发现货物的质量与合同规定不符，买方有权向卖方索赔，卖方则应该承担合同规定的卖方责任。所以，卖方的看法是不正确的。

第二节 不可抗力

一、不可抗力的概念

不可抗力（Force Majeure）是指买卖合同签订后，不是由于当事人一方的过失或故意，发生了当事人在订立合同时无法预见、无法预防、无法避免和无法控制的事件，以致不能履行或不能如期履行合同，发生意外事件的一方可以免除履行合同的责任或推迟履行合同。

构成不可抗力的条件有：

（1）事件是在合同成立后发生的；

（2）事件并非由任何一方当事人的过失或故意造成的；

（3）事件的发生及其造成的后果是当事人无法预见、无法预防、无法避免和无法控制的。

在实际业务中，发生的事件是否属于不可抗力事件，一般要根据合同条款的规定，视发生事件的时间、地点、原因、后果等，以及事前是否可以预见，事后是否可以采取必要的措施来克服，事件是否会使合同失去履行的基础等情况而定。另外，某些事件如签约后物价上涨和下跌、货币突然升值或贬值、机器故障等，虽然对当事人而言是无法控制的，但是交易中的常见现象，并不是不可预见的，因此不属于不可抗力。

二、不可抗力条款

不可抗力条款的内容主要包括不可抗力事件的范围、不可抗力的法律后果、不可抗力事件的通知和证明等。

（一）不可抗力事件的范围

1. 自然力量引起的不可抗力事件

自然力量引起的不可抗力事件包括水灾、火灾、地震、大雪、暴风雨、飓风等。

2. 社会力量引起的不可抗力事件

社会力量引起的不可抗力事件包括战争、罢工、暴动、政府禁令等。

由于国际上对不可抗力没有一个统一明确的解释，特别是对社会原因引起的意外事件，各国的解释不同，因此各国法律一般都允许当事人在合同中自行约定。在实际业务当中，一般对不可抗力事件的范围都是从严解释。

启发思考

市场风险、商品价格波动、汇率变化等可否视为不可抗力事件？

（二）不可抗力的法律后果

《联合国国际货物销售合同公约》第七十九条第1款规定："当事人对不履行义务不负责任，如果他能证明此种不履行义务，是由于某种非他所能控制的障碍，而且对于这种障碍，没有理由预期他在订立合同时能考虑到或能避免或克服它或它的后果。"此处的"障碍"即为不可抗力。

不可抗力发生后，产生的法律后果有：

（1）解除合同；

（2）部分解除合同；

（3）延期履行合同。

至于在什么情况下采用什么方式来处理，主要看不可抗力对合同履行的影响，也可由当事人双方在合同中具体规定。

（三）不可抗力事件的通知和证明

不可抗力事件发生后，不能按规定履约的一方当事人要取得免责的权利，必须及时通知另一方，而且在通知中提出处理意见。《联合国国际货物销售合同公约》第七十九条第4款规定："不履行义务的一方必须将障碍及其对他履行义务能力的影响通知另一方。如果该项通知在不履行义务的一方已经知道或理应知道此一障碍后一段合理时间内仍未为另一方收到，则他对由于另一方未收到通知而造成的损害应负赔偿责任。"《民法典》第五百九十条规定："当事人一方因不可抗力不能履行合同的，根据不可抗力的影响，部分或者全部免除责任，但是法律另有规定的除外。因不可抗力不能履行合同的，应当及时通知对方，以减轻可能给对方造成的损失，并应当在合理期限内提供证明。"

发生意外事件的一方当事人应按约定办法提供证明，以作为发生不可抗力事件的证据。出具该证明的机构大多为当地的商会或法定的公证机构，我国为国际商会在各地的分会。

（四）援引不可抗力条款和处理不可抗力事件应注意的事项

在不可抗力事件发生后，合同当事人在援引不可抗力条款和处理不可抗力事件时，应注意如下事项：

（1）发生事件的一方当事人应按约定期限和方式将事件情况通知对方，对方也应及时答复。

（2）双方当事人都要认真分析事件的性质，看是否属于不可抗力事件的范围。

（3）发生不可抗力事件的一方当事人应出具有效的证明，以作为发生不可抗力事件的证据。

（4）双方当事人应就不可抗力的后果，按约定的原则和办法协商处理。在处理时，应弄清楚情况，体现实事求是的精神。

（5）在信用证项下，天灾、暴动、骚乱、叛乱、战争、恐怖主义行为或任何罢工、停工或其他无法控制的原因导致银行营业中断，银行不负责任。在营业中断期间已逾期的信用证，银行不办理承付或议付。

三、不可抗力条款的规定方法

根据不可抗力事件范围的确定方法，不可抗力条款的规定方法常有以下几种：

1. 概括规定

在合同中不具体规定哪些事件属于不可抗力事件，只是笼统、概括地加以叙述。这种规定方法由于过于笼统，含义模糊，解释的伸缩性大，容易产生争议，因此在实践中不宜采用。

2. 具体规定

在合同中具体规定哪些是不可抗力事件，如发生该类事件致使当事人无法履行合同，可以免责。在这种规定方法下，凡是在合同中没有列明的都不能作为不可抗力事件。由于合同条款不可能面面俱到，容易遗漏或发生意想不到的事件，影响责任的明确划分，因此该做法存在一定的缺陷。

3. 综合规定

在合同中既规定双方当事人取得共识的各种不可抗力事件，又加列其他不可抗力原因的语句，便于双方将来共同确定不可抗力事件。这一规定方法既明确又具有一定的灵活性，因而被广泛采用。

四、援引不可抗力条款的注意要点

任何一方当事人在遭遇不可抗力事件后，都必须及时通知对方并在一定的时间内提供不可抗力事件发生的证明。一方接到不可抗力事件的通知或证明后，无论同意与否，都应及时回复对方，不能拖延不予处理，否则另一方也可以违约为由，提出赔偿要求。

当国外客户援引不可抗力条款要求免责时，要根据合同规定，确定是否属于不可抗力条款规定的范围，凡不属于不可抗力条款规定的范围，合同中又无“双方同意的其他人力不可抗拒事件”规定时，一般不能按不可抗力事件处理。

案例 8-2

印度 A 公司向美国 B 公司出口一批黄麻，合同规定 9 月交货，但到 9 月 15 日，印度政府宣布对黄麻实行出口许可证和配额制度，自宣布之日起 15 天后生效。后印度 A 公司以无法取得出口许可证而不能向美国 B 公司出口黄麻为由要求解除合同。请问：印度 A 公司的要求是否合理？为什么？

分析

印度A公司的要求不合理。印度政府颁布的制度的生效日在合同规定的最迟交货日之后，因此不构成影响履约的“不可抗力”。印度A公司完全可以在9月装船发货，履行合同。因此，印度政府的制度不符合该合同对不可抗力条款的规定，印度A公司的要求不合理，美国B公司可以敦促其尽快履约。

第三节 索 赔

一、争议、索赔与理赔

（一）争议

1. 争议的含义

争议（Dispute）是指买卖的一方认为另一方不履行或不完全履行合同规定的责任与义务所引起的纠纷。

2. 引起争议的原因

（1）卖方或买方违约。所谓违约（Breach of Contract），是指买卖双方任何一方违反合同义务的行为。国际货物买卖合同是对缔约双方具有约束力的法律文件。

根据《联合国国际货物销售合同公约》第五十一条第2款，买方只有在完全不交付货物或不按照合同规定交付货物等于根本违反合同时，才可以宣告整个合同无效。按违约的后果及其严重性，违约可分为根本性违约（Fundamental Breach of Contract）和非根本性违约（Non-Fundamental Breach of Contract）。根本性违约是指一方当事人违反合同的行为使另一方当事人遭受实质性损害的情况，如卖方完全不交付货物、买方无理拒收货物或拒付货款等；非根本性违约是指违约尚未达到根本性违约程度的情况。二者的法律后果不同：如果一方当事人根本性违约，受损方可以宣告合同无效，同时有权提出赔偿要求；在非根本性违约的情况下，受损方只能要求损害赔偿，不能解除合同。

（2）双方对合同条款的规定欠妥当、不明确，或同一合同的不同条款之间互相矛盾，致使双方当事人对合同规定的权利与义务的理解不一致，导致合同无法顺利履行，甚至发生争议。买卖双方国家的法律或对国际贸易惯例的解释不一致，甚至对合同是否成立有不同的看法。

（3）在履行合同的过程中遇到了买卖双方不能预见或无法控制的情况。

（二）索赔与理赔

1. 索赔

索赔（Claim）是指签订合同的一方违反合同的规定，直接或间接对另一方造成损害，受损方向违约方提出损害赔偿要求。

索赔的原因主要包括：买方违约、卖方违约、承运人违约、发生保险责任范围内的货损货差。

2. 理赔

理赔（Settlement of Claim）是指违约方受理受损方提出的赔偿要求。

索赔和理赔是一个问题的两个方面，妥善处理索赔和理赔事宜，是处理好双方贸易关系的重要环节之一。在实际业务中，正确处理索赔和理赔是一项维护企业信誉的重要工作。

? 启发思考

索赔和理赔是同一个问题吗？

二、异议和索赔条款

该条款针对卖方交货品质、数量或包装不符合合同规定而订立，主要内容包括索赔依据（Claim Foundation）、索赔期限（Period of Claim）、索赔办法（一般只做笼统规定）和索赔金额。一般合同都订立异议和索赔条款。

1. 索赔依据

合同一般要规定索赔时应出具的证明与出证机构。在货物到港后，若买方发现货物品质、数量、重量等与合同不符，除应由保险公司或船公司负责外，买方还应在货到目的港后若干天内凭双方约定的商检机构出具的证明向卖方索赔。

2. 索赔期限

在合同中合理地规定索赔期限，如超过索赔期限，违约方可不予理会。在作出具体规定时，应考虑商品的特性和检验条件。在实际业务中，一般商品规定索赔期限为货到目的港或目的地卸货起的30天或45天；而机械设备等商品一般规定索赔期限为货到目的港或目的地卸货起的60天或60天以上。

3. 索赔办法和索赔金额

异议和索赔条款对双方当事人均有约束力。鉴于索赔是一项复杂且重要的工作，同时订约时索赔金额难以预测，只能本着实事求是的原则来处理，一般在合同中不具体规定。

三、罚金条款

罚金条款是针对当事人不按期履约而订立的，如卖方未按期交货或买方未按期派船、开证等。其主要内容是在合同中规定：如一方未履约或未完全履约，应向对方支付一定数量的约定金额，即罚金或违约金，以补偿对方的损失。买卖大宗商品或机械设备的合同往往要加订罚金条款。

案例 8-3

我方公司以 CFR 条件向德国客户出口一批小五金工具。合同规定货到目的港后 30 天内检验；买方有权凭检验结果索赔。我方公司按期发货，德国客户也按期凭单支付了货款。可半年后，我方公司收到德国客户的索赔文件，称上述小五金工具有 70%已锈损，并附有德国内地某检验机构出具的检验证书。请问：对于德国客户的索赔要求，我方公司应如何处理？

分析

（1）我方公司可以拒绝，因为已超过了索赔期限。双方在合同中规定货到目的港后 30 天内检验，而德国客户半年后才提出索赔要求。（2）德国客户的索赔理由不合理。尽管索赔文件声称有 70%的货物已锈损，但客户无法证明这些锈损是装船前已经存在的还是装船后才发生的。按照 CFR 条件成交，买卖双方风险的划分以装运港货物装上船为界。因此，卖方只承担货物装船前锈损的风险，而装船后发生的锈损风险只能由买方自己承担。在本案中，买方已按期凭单支付货款，这既说明了卖方提交的货运单据是齐全的、合格的，也说明了卖方装上船的货物是符合合同要求的。因此，货物发生的 70%的锈损可能是由装船后的风险所致。在这种情况下，除非买方能证明这种锈损是由货物本身固有的瑕疵所致，否则卖方将不承担任何责任。（3）德国客户提供的索赔依据不符合要求。在一般情况下，当双方规定在货物到达目的港后×天内检验时，买方提供的检验证书应由目的港的检验机构出具。

第四节 仲 裁

一、仲裁的概念

解决争议的方式主要有友好协商（Amicable Negotiation）、调解（Conciliation）、仲裁（Arbitration）和诉讼（Litigation）。其中友好协商是首选方式，仲裁是解决争议的一种重要方式。

仲裁又称公断，是指买卖双方达成协议，在发生争议时若不能通过友好协商解决，自愿将有关争议提交给双方同意的仲裁机构进行裁决，裁决的结果是终局性的，对双方均有约束力。由于仲裁是依照法律所允许的仲裁程序裁定争议，因而仲裁裁决是最终裁决，具有法律约束力，双方当事人均必须遵照执行。

二、仲裁的特点

在国际贸易实务中，仲裁是解决争议的主要方式。其主要特点有：

（1）仲裁机构无法定管辖权，受理争议以当事人自愿为基础，具有一定的灵活性。

（2）双方当事人通过仲裁解决争议时，必须先签订仲裁协议；双方均有在仲裁机构中推选仲裁员以裁定争议的自由。

（3）仲裁的程序比诉讼简单，处理问题比较迅速及时，而且费用较为低廉。

（4）仲裁机构的裁决一般是终局性的，对双方当事人均有约束力。

仲裁具有解决争议的时间短、费用低，能为当事人保密，异国执行方便等优点。此外，仲裁是终局性的，对双方都有约束力。因此，在国际贸易实务中，仲裁是应用最广泛的一种方式。

三、仲裁协议

《中华人民共和国仲裁法（2017 修正）》（以下简称《仲裁法》）第四条规定：当事人采用仲裁方式解决纠纷，应当双方自愿，达成仲裁协议。没有仲裁协议，一方申请仲裁的，仲裁委员会不予受理。因此，发生争议的双方中的任何一方在申请仲裁时均必须提交由双方当事人达成一致的仲裁协议。

（一）仲裁协议的形式

仲裁协议（Arbitration Agreement）是表明双方当事人愿意将他们的争议提交仲裁机构裁决的一种书面协议。仲裁协议有两种形式：

（1）双方当事人在争议发生之前订立的，表示一旦发生争议应提交仲裁的协议，通常为合同的一个条款，称为仲裁条款。

（2）双方当事人在争议发生之后订立的，表示同意把已经发生的争议提交仲裁的协议，往往通过双方函电往来订立。

（二）仲裁协议的作用

（1）仲裁协议表明双方当事人愿意将他们的争议提交仲裁机构裁决，任何一方都不得向法院起诉。

（2）仲裁协议也是仲裁机构受理案件的依据，任何仲裁机构都无权受理无书面仲裁协议的案件。

（3）仲裁协议还排除了法院对有关案件的管辖权，各国法律一般都规定法院不受理双方订有仲裁协议的争议，包括不受理当事人对仲裁裁决的上诉。但仲裁协议无效的除外。

上述作用相互联系，不可分割。其中排除法院的管辖权是最重要的一个方面。

《仲裁法》规定：仲裁实行一裁终局的制度。裁决作出后，当事人就同一纠纷再申请仲裁或者向人民法院起诉的，仲裁委员会或者人民法院不予受理。

依据《仲裁法》，裁决被人民法院依法裁定撤销或者不予执行的，当事人就该纠纷可以根据双方重新达成的仲裁协议申请仲裁，也可以向人民法院起诉。

启发思考

仲裁为什么一定要有仲裁协议？

（三）仲裁协议的内容

仲裁协议一般应包括仲裁地点、仲裁机构的选择、仲裁裁决的承认和执行以及仲裁费用的负担等。

1. 仲裁地点

仲裁地点是仲裁协议最为重要的内容，也是双方达成仲裁条款时争议的焦点。我国进出口贸易合同中的仲裁地点一般采用下列三种规定方法：

（1）力争规定在我国仲裁。

（2）规定在被诉方所在国仲裁。

（3）规定在双方同意的第三国仲裁。

2. 仲裁机构的选择

国际贸易中的仲裁，既可由双方当事人在仲裁协议中规定在常设的仲裁机构进行，也可由双方当事人共同指定仲裁员组成临时仲裁庭进行。双方当事人选用哪个国家（地区）的仲裁机构来审理争议，应在合同中作出具体说明。

（1）常设仲裁机构。常设仲裁机构是指国家与一些国际性组织设立的专门处理商事纠纷、从事仲裁管理与组织工作的常设机构。代表性的仲裁机构有国际商会仲裁院、英国伦敦国际仲裁院、美国仲裁协会、瑞典斯德哥尔摩商会仲裁院、瑞士苏黎世商会仲裁院、日本商事仲裁协会、中国国际经济贸易仲裁委员会以及香港国际仲裁中心、伦敦谷物商业协会等。

（2）临时仲裁庭。临时仲裁庭是指为解决特定的争议，由争议双方共同指定的由仲裁员自行组成的临时仲裁机构，待争议处理完毕后该临时仲裁庭即自行解散。由于临时仲裁庭的仲裁员是由双方当事人共同指定的，挑选的余地较小，因而如果双方意见不一，临时仲裁庭也就不能成立。

我国境内现有两个常设涉外仲裁机构，分别是中国国际经济贸易仲裁委员会与中国海事仲裁委员会。两个机构都隶属中国国际贸易促进委员会（中国国际商会）。《仲裁法》规定：涉外仲裁委员会可以由中国国际商会组织设立。涉外仲裁委员会的主任、副主任和委员可以由中国国际商会聘任。可以从具有法律、经济贸易、科学技术等专门知识的外籍人士中聘任仲裁员。

3. 仲裁裁决的承认和执行

关于承认和执行外国仲裁裁决的最重要的国际公约是《承认及执行外国仲裁裁决公约》（《1958 年纽约公约》），我国于 1987 年加入该公约。

4. 仲裁费用的负担

通常在仲裁条款中明确规定仲裁费用由谁负担。一般规定由输方承担，也有的规定由仲裁机构酌情决定。

四、仲裁程序

在买卖合同的仲裁条款中，应订明采用哪个国家（地区）和哪个仲裁机构的仲裁规则进行仲裁。各国仲裁机构的仲裁规则对仲裁程序都有明确规定。按我国仲裁规则的规定，基本程序如下：

1. 仲裁申请和受理

申请是仲裁程序开始的首要手续，是仲裁机构立案受理的前提。我国仲裁机构受理争议的依据是双方当事人的仲裁协议和一方当事人的书面申请。仲裁机构在一定期限内决定受理或不予受理并通知当事人。

2. 组成仲裁庭

按国际惯例，双方当事人可以在仲裁协议中规定仲裁员的人数与指定方式，组成仲裁庭。若协议无规定，按我国的仲裁规则，仲裁庭可以由三名仲裁员或一名仲裁员组成。由三名仲裁员组成仲裁庭的，设首席仲裁员。组成仲裁庭后，应当将仲裁庭的组成情况书面通知当事人。

3. 仲裁审理

一般过程包括开庭、出示证据或询问证人，在证据可能灭失或者以后难以取得的情况下，当事人可以申请证据保全。《仲裁法》规定：当事人申请证据保全的，仲裁委员会应当将当事人的申请提交证据所在地的基层人民法院。

4. 仲裁裁决

仲裁庭对案件进行审理后所得出的处理结论，被认为是最终裁决。仲裁庭在作出裁决前，可以先行调解。当事人自愿调解的，仲裁庭应当调解。调解不成的，应当及时作出裁决。

调解达成协议的，仲裁庭应当制作调解书或者根据协议结果制作裁决书。调解书与裁决书具有同等法律效力。仲裁庭在仲裁纠纷时，若其中一部分事实已经清楚，可以就该部分先行裁决。

根据各国的仲裁规则，裁决必须以书面的形式作出，且是终局性的。

? 启发思考

仲裁裁决和法院判决有何不同？

五、拟定仲裁条款的注意要点

1. 准确地选择仲裁机构

按照我国《仲裁法》的规定，如果在中国仲裁，该仲裁必须由一个仲裁机构受理。因此，仲裁条款必须准确地表明仲裁机构名称。

2. 约定仲裁地

约定仲裁地涉及仲裁条款或协议效力的适用法律、仲裁程序的适用法律以及裁决的国籍，约定时应综合考虑仲裁地的仲裁立法以及法院对仲裁的支持态度等。

3. 选择仲裁机构后直接采用机构提供的示范条款

比如，参见中国海事仲裁委员会示范条款：

凡因本合同引起的或与本合同有关的任何争议，均应提交中国海事仲裁委员会，按照申请仲裁时该会现行有效的仲裁规则进行仲裁。仲裁裁决是终局的，对双方均有约束力。

案例 8-4

A 公司与外商订立一份出口合同，在合同中明确规定了仲裁条款，约定在履约过程中如果发生争议，在中国仲裁。后来双方因品质发生争议，外商在其所在地法院起诉 A 公司，法院发来传票，传 A 公司出庭应诉。A 公司对此应如何处理？请简述理由。

分析

仲裁是指双方自愿将发生的争议交给仲裁机构进行裁决，并约定裁决是终局性的，具有法律的强制性，对双方均有约束力。在我国，解决国际贸易争议的仲裁协议必须是书面的，在协议中排除法院管辖权是很关键的。也就是说，双方只要订立了仲裁协议或仲裁条款，就不能将争议案件提交法院审理。如果任何一方违反协议，自行向法院提起诉讼，对方可根据仲裁协议要求法院停止诉讼程序，把有关争议案件返还仲裁机构审理。在本案中，由于买卖双方在合同当中已经明确规定了仲裁条款，因此，外商无权在其所在地法院起诉。

本章小结

商品检验是对进出口商品的质量、数量、重量和包装等方面进行鉴定、检测并出具检验证书的过程，包括检验时间和地点、检验标准、检验方法和出具检验证书等内容。检验证书是证明检验结果的书面法律依据。引起争议的主要原因有违约和不可抗力等，在双方友好协商不成的情况下，可以通过仲裁解决。不可抗力事件是在合同订立后发生的，可能是由自然力量或社会力量引起的。仲裁表示合同双方自愿将争议提交仲裁机构予以裁决，裁决是终局性的，对双方均有约束力。

复习思考

1. 在国际贸易买卖合同中为什么要订立检验条款？

2. 为什么说买方收到货物并不意味着已经接受货物？

3. 在国际货物买卖合同中，规定货物检验时间和地点的方法有哪几种？在实务中，哪一种方法较容易为买卖双方所接受？原因何在？

4. 简述“关检合一”进出口商品的检验程序。

5. 主要的商检证书有哪些？它们在国际贸易中的主要作用是什么？

6. 简述不可抗力的构成条件及不可抗力条款的内容。

7. 不可抗力条款的规定方法有哪几种？如果在合同中未能约定“不可抗力条款”，发生不可抗力事件时当事人一方对不履行义务仍可以免责吗？

8. 何谓仲裁？为什么仲裁是解决国际贸易争议的最主要方式？

案例分析

1. 甲方与乙方签订了一份出口某货物的合同，合同的仲裁条款规定：“凡因执行本合同发生的一切争议，双方同意提交仲裁，仲裁在被诉方国家进行。仲裁裁决是终局性的，对双方都有约束力。”在合同履行过程中，双方因品质问题发生争议，于是将争议提交甲方国家仲裁。仲裁庭经调查审理认为乙方的举证不实，裁决乙方败诉。事后甲方因乙方不执行裁决向本国法院提出申请，要求法院强制执行，乙方不服。乙方可否向本国法院上诉？为什么？

2. 某国一公司以 CIF 鹿特丹条件出口食品 1 000 箱，以即期信用证方式付款。货物装运后，出口商凭已装船清洁提单和已投保一切险及战争险的保险单，向银行收妥货款。货到目的港后，经进口商复验发现下列情况：

(1) 该批货物共有 10 个批号，抽查 20 箱，发现其中 2 个批号共涉及 200 箱含有的沙门氏细菌超过合同标准。

(2) 收货人实际收到 998 箱，缺少 2 箱。

(3) 有 15 箱货物虽然外表状况良好，但箱内货物共缺少 60 千克。

在上述情况下，进口商应分别向谁索赔？

3. 我方出口公司以 CIF 纽约条件与外方公司订立了 200 套家具的出口合同。合同规定某年 12 月交货。该年 11 月底，我方出口公司出口商品仓库因雷击发生火灾，致使一半以上出口家具被烧毁。我方出口公司遂以不可抗力为由要求免除交货责任，然而外方不同意，坚持要求我方按时交货。我方经多方努力，于次年 1 月初交货，而外方以我方延期交货为由索赔。

(1) 我方可主张何种权利？

(2) 外方的索赔要求是否合理？为什么？

4. 中国某公司与欧洲某进口商签订了一份皮具合同，以 CIF 鹿特丹条件成交，向保险公司投保一切险，用信用证支付。货到鹿特丹后，检验结果表明：全部货物潮湿、发霉、变色，损失价值为 10 万美元。据分析，货损的主要原因是生产厂家在生产的最后一道工序未将皮具湿度降到合理程度。

(1) 进口商对受损货物是否应支付价款？

(2) 进口商应向谁索赔？

延伸学习

《中国国际经济贸易仲裁委员会仲裁规则（2024 版）》

第九章 进出口合同的履行

目标要求

熟练掌握进出口合同的履行流程，能根据合同条款开立、审核或修改信用证，掌握运输以及报关、检验与索赔等有关业务步骤和单据，熟悉各种议付单据的填制规范，掌握进口业务核算，了解数字化新外贸的实现路径。

案例导入

10 月 24 日，开证行为 A 公司开立一笔金额为 USD 12 000 000、付款期限为装船日后 90 天的远期信用证，货物单价为每吨 USD 120。12 月 7 日，开证行收到交单行交来的全套单据，金额为 USD 12 500 000，调整后单价为每吨 USD 125。开证行在审核单据时注意到信用证要求提交“BENEFICIARY’S SIGNED COMMERCIAL INVOICE IN 1 ORIGINAL PLUS 3 COPIES BASED ON CERTIFICATE OF WEIGHT AND CERTIFICATE OF ANALYSIS ISSUED BY SGS OR INSPECTORATE AT LOAD PORT...”（受益人根据由 SGS 或装运港监察员出具的重量证明和分析证明所签发的商业发票正本 1 份和副本 3 份），而受益人发票对货物的描述只是简单照搬信用证 45A 场的内容（如下），并没有注明检验后的实际货物规格：TOTAL MOISTURE（AS RECEIVED）8 PCT APPROX（总湿度约 8%），VOLATILE MATTER（AS RECEIVED）37 PCT APPROX（挥发物质约 37%），ASH CONTENT（AS RECEIVED）8 PCT APPROX（NO MORE THAN 11 PCT）（灰物质约 8%，不大于 11%），SULPHUR CONTENT（AS RECEIVED）3 PCT（NO MORE THAN 3.25 PCT）（硫含量 3%，不大于 3.25%）。随后，开证行向交单行发出拒付电文提示不符点如下：“THE INVOICE SHOWING DESCRIPTION OF GOODS NOT BASED ON CERTIFICATE OF WEIGHT AND CERTIFICATE OF ANALYSIS ISSUED BY SGS，NOT SHOWING ACTUAL SPECIFICATION.”（发票上的货物描述与 SGS 出具的重量证明和分析证明不符，没有显示实际货物规格。）开证行认为发票以检验报告为依据必须体现检验后的

实际货物规格，这也符合 UCP 600 和 ISBP 821 关于“发票必须如实反映所装运的货物”的规定。交单行则认为发票单价已经依据检验报告进行调整，证明发票是依据检验报告缮制的，虽未显示实际货物规格，但只要和信用证中的货物描述不矛盾，就不应被视为不符点。上述争议的产生，正是因为信用证条款使用了意义不明的字眼，导致双方产生了不同的理解。

关键概念

备货（Stock up），许可证（Licence），托运（Arrangement for Transportation），审单（Document Examination），出口退税（Export Tax Rebate），开证（Opening L/C），检验（Inspection），完税价格（Duty-paid Value）。

知识要点

备货的内容和要求，落实信用证的过程，出口托运和出口报关的程序，制单结汇的流程与要求，出口退税，进口信用证的开立，商品检验与进口索赔，进口业务核算，数字化新外贸的实现路径。

第一节 出口合同的履行

出口合同的履行过程环节较多，涉及面较广，手续繁杂，为保证合同顺利履行，进出口企业应加强和各部门的协作与配合。基于不同的交易条件订立的合同，履行合同的流程也不相同。在实务中，通常按“四排”“三平衡”落实各项工作。具体来讲，“四排”就是以成交合同为对象，对每份成交合同的有关信用证是否收到、货源是否落实等方面进行分析并排队。也就是，排出有证有货、有证无货、无证有货、无证无货等情况。通过梳理可以发现合同履行过程中存在的薄弱环节与问题，做到心中有数、合理安排，及时解决问题。“三平衡”就是以信用证为对象，按信用证规定的装运期和有效期的远近状况，根据货源情况和运输能力，争取做到证、货、船的衔接与综合平衡。

鉴于我国绝大多数出口合同以 CIF 或 CFR 价格条件成交，而且一般采用信用证付款方式，在履行合同的过程中，货（备货、报检）、证（催证、审证、改证）、运（托运、投保、报关）、款（制单结汇）四个基本环节最为重要。本节以此作为参考，介绍出口合同的履行流程。

一、出口合同的履行流程

出口合同的履行流程如图 9－1 所示。

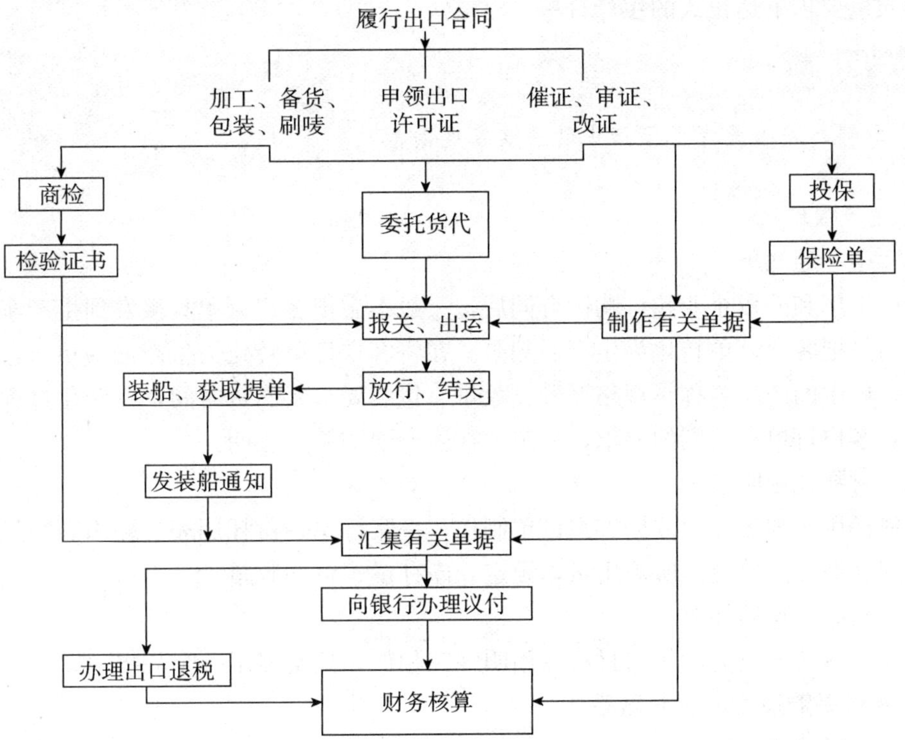

图 9－1 出口合同的履行流程

二、出口合同履行的主要工作环节

(一) 备货

备货就是在订立合同之后，卖方必须及时落实货源，按时、按质、按量地准备好应交付的货物。在备货过程中，出口商要做到货物的品名、品质、包装、数量和合同的规定一致，按照要求提供相应的商检证书，同时注意货物备妥时间要与合同、信用证所规定的装运期相符，这是卖方履行合同的基本义务。针对以信用证为支付方式的合同，在履约过程中，落实信用证直接关系到卖方安全收汇。一般情况下这两项工作是同时进行的。

启发思考

在信用证付款条件下为什么备货和落实信用证要同时进行?

1. 签订购销合同

根据外销合同的要求，外贸企业和生产工厂签订购销合同一式两份，双方代表签字并盖上双方单位合同章，各自保留一份。

2. 样品确认

某些商品需要进一步确认样品，在给外商寄送样品时，通常要保留复样，应分别登记外商名称和实物标示，另外登录送样记录系统，待外商签章确认函传回后，根据复样款式和质量要求下达正式的生产订单。

启发思考

取样时是否要考虑生产中的一些客观因素？

3. 生产跟单

（1）生产通知单。

生产工厂和外贸企业签订购销合同后，一般不会把客户订单直接发到生产车间进行生产，而是把客户订单转化为生产通知单。在将客户订单转化为生产通知单时，必须明确客户订单中的产品名称、规格型号、数量、包装要求、出货时间，在转化过程中不得有误。若客户订单有特别的要求，一定要在生产通知单上注明。

（2）材料耗用明细表。

材料耗用明细表必须依据客户订单制作，一张订单一份耗用表。耗用表须显示物料名称、规格型号、单位、所需用量，设定仓库存量、订购数量。

（3）仓库发料通知单。

仓库发料通知单的制作与材料耗用明细表相似，只是多了一个耗损率。

4. 物料采购及物料进仓跟踪

（1）物料采购。

根据材料耗用明细表上的“所需用量”及“仓库存量”数据，再参考平时生产或运输过程中物料的损耗情况采购适量的物料。在此环节中，外贸业务员的工作涉及采购单的制作、传真。在制作采购单时，物料名称、规格型号、数量、单价、交货期等信息必须正确，必须计算清楚金额，对物料质量要求和检验标准要表达清楚，以便入库时的质量检验有凭有据。另外，采购单涉及付款条件的，对于付款期限也一定要表达清楚。

（2）物料进仓跟踪。

物料进仓时必须写清楚每一项物料采购了多少，以及要求的送货时间。为方便跟踪，每发出一张采购单，都要做好物料采购状况的记录。

5. 生产跟踪

（1）生产进度跟踪。由于分发了生产通知单及仓库发料通知单，因此实现生产进度跟踪其实不是很难。最主要的是看生产进度能否满足交货期要求，产品是否按订单要求生产。要根据生产部门的最新生产进度表中相应订单的完工日期来确定能否按期交货。

（2）订单更改跟踪。外销客户下订单后，有时不可避免地会发生临时更改订单的情形，通常订单更改的事项主要是商品的数量、品种结构、包装要求等。收到客户的更改通知后，首先应确认更改内容是什么，生产工厂能否接受，生产工厂现有生产条件能否满足要求，要根据情况变化及时协调。

案例 9-1

2022 年 4 月，洪鑫五金公司与新加坡安瑞公司签订一批不锈钢标准型弹簧垫圈的合同，规格为 48MM，总金额为 5 000 美元，付款方式为 T/T。由新加坡安瑞公司提供图纸式样，洪鑫五金公司向工厂下单定制，由于工厂生产经营多年，质量稳定，且自动化程度较高，因此误差极小。洪鑫五金公司业务员未正常跟单，弹簧垫圈生产完成并经工厂检测合格后，未留有复样即安排出货。进口商新加坡安瑞公司收货后，经测量发现存在较大误差，声称质量存在问题，无法使用，要求取消合同。后经工厂多方查证，因进口商新加坡安瑞公司提出增加后期处理，导致产品变形造成误差较大，但所发弹簧垫圈无留存样品，无法进一步核实。洪鑫五金公司考虑业务发展只好另行安排生产出货，自行承担损失。

分析

（1）进出口双方在交易磋商过程中仅凭图纸式样而未凭样品成交容易导致误差加大，而且洪鑫五金公司对出运的弹簧垫圈未能留有复样，使得洪鑫五金公司在后期双方产生争议后仅能听进口商新加坡安瑞公司的一面之词，自行承担损失。因此，需预先按照图纸式样制作样品供对方确认，并妥善留存样品。

（2）在实际业务中，由于工厂生产过程受多种因素影响，因而外贸业务员应正常跟单，进行生产跟踪以发现存在的问题并解决，不能仅凭工厂过去的生产经验和成绩，忽视跟单过程而产生不必要的损失。

6. 制作装箱单

应明确每次出货的品名、规格、数量、净重、毛重、包装、体积、箱号、唛头并制作装箱单。

7. 货柜的选择

根据所装货物的不同，可以选择干货柜、冷冻柜、框架柜、罐式柜、吊挂式柜。通常使用的货柜规格有 6 米柜、12 米柜，还有加高 12 米柜。它们的容积分别为 33 立方米、67 立方米、76 立方米。但实际装货时，因纸箱与纸箱之间有缝隙，货柜会剩一些空间没法装货，所以以上三种规格的货柜在装箱时一般可以容纳的体积分别为 29～30 立方米、58～61 立方米、68～71 立方米。因此每次出货时，须把本次出货产品的总体积计算清楚后，再根据体积去订货柜。

8. 出货联系

与货运部门联系，办理仓储手续，出货前告知货运部门确定的出货时间，同时备齐准确的出口货物装箱单，告知货柜装货的具体地址、电话、联系人。填好货物进仓单，按指定时间运至指定仓库办理货物进仓手续。

案例 9-2

国内 A 公司与国外 B 公司在某年 1 月签订了销售 1 TEU 集装箱产品 P2（货号 934）的合同。此 1 TEU 集装箱中的产品有两种规格，每种规格有两种不同的包装，卖给两个不同的最终用户，意味着有四种不同样式的产品包装。每种包装的产品为 100 箱，共计 400 箱。

唛头如下：

正唛：	侧唛：	
STL-953	QTY.：	PCS（每箱多少支）
ITEM NO. 934	G. W.：	KG（毛重）
C/NO. 1-	N. W.：	KG（净重）
MADE IN CHINA	MEAS.：	CM

A 公司以为工厂会在正唛上按照箱子的流水号来编箱号，因此 A 公司在下订单时没有注明在正唛的"C/NO. 1-"后按照流水号来编具体的箱号，结果工厂没有在正唛上按照箱子的流水号来编箱号，而产品货号全部一样。货物到达目的港后，客户无法区分货物，不得不一箱箱打开包装找货，浪费了客户的人工费，造成了很大的损失。后来客户索赔，A 公司支付给客户相应赔款。

分析

（1）A 公司在给工厂下订单时，若有需要工厂填写的内容，应在订单上注明。

（2）在给工厂下订单时需考虑到客户的具体要求，站在客户的立场上考虑收到货物后如何区分货物的问题。对于特殊要求，除要在订单上注明以外，还要在电话里特别强调，以防工厂没有注意到具体要求，导致生产的产品不符合要求而返工，延误交货期。

（3）如果工厂数较多，在唛头中最好编为第一个工厂 C/NO. 1-（1，2，3，…），第二个工厂 C/NO. 2-（1，2，3，…），第三个工厂 C/NO. 3-（1，2，3，…），依此类推。

若工厂数很少，则可以按照流水号编箱号。在下面的例子中，共有 75 箱货 3 个工厂。

第一个工厂为 10 箱，那么箱号就是 C/NO. 1-（1，2，3，…，10）；

第二个工厂为 30 箱，那么箱号就是 C/NO. 2-（11，12，13，…，40）；

第三个工厂为 35 箱，那么箱号就是 C/NO. 3-（41，42，43，…，75）。

（4）A 公司要求质检人员验货时，要对箱号进行核实，以防工厂误填。

（二）落实信用证

在信用证支付方式下，落实信用证是履行出口合同不可缺少的环节，要和备货工作配合进行，一般包括催开信用证、审核信用证和修改信用证三项内容。

1. 催开信用证

催开信用证，简称“催证”，是指出口商通知或催促国外进口商按照合同规定迅速通过开证行开出信用证，以便自己能按时交货。在实际业务中，有时国外进口商在市场行情发生变化或资金短缺的情况下，往往会拖延开证。出口商要电告进口商，并催促对方尽快开出信用证。特别是大宗商品交易或买方要求特制的商品交易，更应结合备货情况及时催证。

2. 审核信用证

信用证是开证行依据合同开立的有条件的付款保证，信用证条款应该与合同条款一致。但在实践中，由于种种原因，如工作的疏忽、电文传递的错误、贸易习惯的不同、市场行情的变化或进口商有意凭借开证的主动权加列有利于己方的条款等，往往会出现开立的信用证与合同规定不符的情形，因此，在收到信用证后出口商应依据合同认真核对与审查。

（1）银行审证的主要范围。

审查开证行的政治背景、资信状况、责任范围，印鉴、密押是否相符，信用证的付款责任是否明确，索汇路线是否安全可靠；如果开证行所在国与我国签有双边或多边贸易协定，则要看开证行、货币名称、记账方法等内容是否符合贸易协定；审核信用证的性质是否为不可撤销信用证，在证内是否载有开证行保证付款的文句，信用证的大小写金额是否一致，信用证要求的单据是否符合我国政策；审核信用证的到期地点，如果在国外到期，则不能接受；此外，还要审核信用证条款之间是否相互矛盾。

（2）出口商依据合同条款审核信用证。

①信用证受益人和开证申请人的名称、地址是否完整且准确。

②信用证的数量、金额、币种是否符合合同规定。

③商品的描述、规格及相关规定与合同是否一致。

④装运期的规定是否符合要求，是否允许分批装运和转运。

⑤能否在信用证规定的交单期交单，合同对单据的要求以及信用证的到期地点。

根据 UCP 600，交单时要出具的一份或者多份正本运输单据，必须由受益人或其代表按照相关条款在不迟于装运日后的 21 日内提交，但无论如何都不得迟于信用证的到期日。例如，开来的信用证规定向银行交单的日期不得迟于提单日期后若干天，如果过了限期或单据不齐、有错漏，则银行有权拒付。

审核信用证对海运提单、保险单、包装单、领事发票和领事签证等单据的要求。通常要求信用证的到期地点在出口商所在地。如果规定在进口商所在地或第三国，一般不宜接受。

⑥付款期限是否与合同规定的期限相符。

⑦信用证的内容是否完整、通知方式是否安全可靠。

如果信用证是以电传或电报方式拍发给了通知行，即“电信送达”，那么应核实电文内容是否完整。如果电文无另外注明，并写明依据的是 UCP 600，那么该电文可以被当作有效信用证来执行。

信用证一般通过受益人所在国家或地区的通知行/保兑行通知受益人，这种方式的信用证通知比较安全，因为根据 UCP 600 的有关规定，通知行应对所通知的信用证的真实性负责；对于不是以此种方式寄交的信用证，出口商应特别注意风险的防范。

⑧特殊条款。出口商一般不应轻易接受特殊条款，但有些可以办到的，也可酌情接受。如船只限制条款，有的信用证对装运船只的船龄加以限制，有的信用证要求使用某轮船公司或某班轮公会船只装运。有的信用证对货物装运船舱的部位加以限制等。还有的信用证对发票有具体要求，例如，要求发票详细列明各项费用明细“SIGNED INVOICE IN 3 COPIES INDICATING SEPARATELY FOB VALUE，FREIGHT CHARGES，INSURANCE PREMIUM，TOTAL CIF VALUE AND THIS CREDIT NUMBER”（签署发票 3 份，分别指明 FOB 价、运费、保险费、CIF 总值和信用证号码）。在缮制发票时，要满足这类要求，否则会被视为单证不符。还有的信用证要求发票显示“WE CERTIFY THAT THIS INVOICE IS AUTHENTIC”［我们（受益人）证实该发票是真实的］。此时发票兼具受益人证明的功能，因此该发票必须附有受益人的签字，否则构成不符点（根据 UCP 600，一般的发票不必签字），要特别注意。

此外，有的信用证规定“本证在开证申请人取得进口许可证后才生效”或“本证仅在受益人开具回头信用证并经本证开证申请人同意接受后才生效”等。还须特别注意信用证 47 场（额外条款）或者 78 场（开证行对交单行或议付行或承兑行的指示）中附加特殊条件的开证行承付指示，比如：“收到相符单据和买方的款项后付款”（THE PAYMENT WILL BE EFFECTED UPON RECEIPT OF COMPLIANT DOCUMENTS AND ACTUAL EXPORT PROCEEDS FROM THE BUYER）。更为常见的是信用证中附加行政管理条件，要求额外提交所有单据的副本，或不允许将单据装订在一起，否则相应扣除一定金额。

? 启发思考

信用证如有特殊条款，对信用证本身的性质会有何影响？

⑨信用证有关出票条款的规定是否合理。信用证项下汇票的受票人一般是开证行。出口商要考虑有关银行费用条款的规定能否接受。信用证项下的银行费用一般应由开证申请人负担。

⑩信用证是否受 UCP 600 约束。

在实践中，出口商审核信用证的思路可简要概括为：以贸易合同为基础，审核信用证的当事人、信用证金额与单价、信用证单据条款、信用证项下的货物出运数、信用证运输条款、信用证议付条款。经审核信用证未发现任何问题，出口商应及时回复进口商，以示尊重，这也是正常的贸易礼节。

3. 修改信用证

出口商在审核信用证后，如果发现有和合同不符或有不利于自己安全收汇的条款，应及时联系进口商通过开证行对信用证进行修改。修改信用证直接关系到有关当事人的权利和义务的改变。对于不可撤销信用证的修改，必须得到各有关当事人的同意，否则修改是无效的。

修改信用证应掌握的原则和应注意的问题如下：

（1）是否修改信用证应根据实际情况酌情处理。

（2）不可撤销信用证的修改，必须经开证行、保兑行及受益人同意，否则既不能修改，也不能撤销，只有在所有当事人同意后修改方能生效。

（3）开证行提出修改信用证，自发出修改通知之日起，开证行即需受该修改内容的约束，而且不得撤销已发出的修改通知。在受益人将接受修改的意见告知开证行之前，原信用证的条款对受益人依然有效。受益人对修改予以拒绝或接受的表态，也可推迟至交单时作出。当交单与信用证以及尚未表示接受的修改一致时，即视为受益人已作出接受修改的表示，此时起修改生效。在实务中开证行会规定，如有改证，受益人交单时必须提交其是否接受修改的一份证明。

（4）如果信用证经另一银行保兑，保兑行可对修改内容扩展保兑，并自通知修改之时起受其约束；也可以不对修改内容加以保兑，但它必须毫不延迟地将该情况通知开证行和受益人。

（5）同一信用证的多处修改必须一次性提出。对于修改的内容必须全部予以接受或全部予以拒绝，不能仅接受其中的一部分而拒绝其余部分。

（6）受益人可以用实际行动表示其是否接受修改。

（7）受益人提出修改信用证，应用电报或传真通知开证申请人或开证行，同时规定一个修改书到达的时限。

启发思考

开证行提出修改信用证后，修改是否自发出修改通知之日起立即生效？

（三）报检和申领出口许可证

1. 报检商品必须符合的条件

（1）生产加工完毕的商品，外包装应符合合同要求；

（2）销售合同已签订，凭信用证结算的，应已收到信用证；

（3）已刷好唛头（合同、信用证规定的中性包装除外）；

（4）货物堆放整齐、批次清楚，便于商检人员抽验和检查。

2. 报检时间和流程

报检一般在发运前 10 天进行。出境货物最迟应于报关或装运前 7 天报检。如果申请单位不在检验机构所在地，应在发运前 10～15 天报检。鲜货应在发运前 3～7 天报检。对于个别检验周期较长的货物，应留有相应的检验时间。出境的运输工具和人员应在出境前向口岸检验机构报检。需隔离检疫的出境动物应在出境前 60 天预报，在隔离前 7 天报检。

（1）属于法定检验范围的出口商品，发货人应当于收到合同或信用证后备货，在报关前向原产地/组货地海关提出申请。

（2）海关实施检验监管后建立电子底账，向企业反馈电子底账数据号，符合要求的按规定签发检验证书。

（3）企业报关时应填写电子底账数据号，办理出口通关手续。

启发思考

属于法定检验范围的出口商品的检验流程是什么？

3. 报检的基本程序

报检时，报检企业向受理机构提出报检申请并提交有关材料。申报人统一登录“互联网＋海关”一体化网上办事平台或国际贸易“单一窗口”，通过“货物申报”模块，按照《中华人民共和国海关进出口货物报关单填制规范》的要求向海关传送报关单电子数据及随附单证，具体操作流程参阅《“单一窗口”标准版用户手册（货物申报篇）》和《进出口货物申报项目录入指南》。随附单证一般包括贸易合同、发票、装箱清单、提（运）单等复印件以及代理报关授权委托协议（盖章）原件，出口货物需提供厂检证明（盖章）原件以及按规定需提交的其他单证。国际贸易“单一窗口”是提升口岸通关效能、促进跨境贸易便利化的重要手段。具有“五个一”特色功能，即一点接入、一次提交、一次查验、一键跟踪、一站办理。实现申报人通过“单一窗口”一点接入、一次性提交满足口岸管理和国际贸易相关部门要求的标准化单证和电子信息，相关部门通过电子口岸平台共享数据信息、实施职能管理，处理状态（结果）统一通过“单一窗口”反馈给申报人。

4. 商检单据

（1）报关单。

报关单是指出口方向我国海关商检机构申请报检出口商品时所填写的包含报检内容并具有 56 个项目的新报关单打印格式。列入目录的进出口商品，经商检机构检验合格，按规定交纳检验费后，在报关单上加盖商检机构放行章。

（2）商品检验证书。

商品检验证书是出口商品的质和量经过海关商检机构检验后所出具的文件。

5. 申领出口许可证

我国为了鼓励出口，对大部分商品的出口不加管制，因此，出口企业一般不需要办理出口许可证。但是，出口企业如果出口以下三种商品，则需要申领出口许可证：第一，根据双边、多边贸易协定的规定，我国限制出口的商品；第二，考虑到国际市场的容量，为了防止盲目出口而予以管制的商品；第三，属于关系国计民生的重要物资，因而需要控制出口的商品。

申领出口许可证的程序一般是：申请→审核、填表→发证。具体操作流程参阅《“单一窗口”标准版用户手册（出口许可证申请）》。

出口企业如遇情况变化，需要变更出口许可证的内容，则需要到原发证机关申请换证。换证必须在原出口许可证和合同的有效期内进行。

(四) 出口托运

出口企业备妥货物后，应及时按合同和信用证的要求委托货运代理办理运输事宜。货运代理是指接受货主的委托，代表货主办理有关货物报关、交接、仓储、调拨、检验、包装、转运、订舱等业务的人。

1. 出口订舱流程

出口订舱流程如图 9－2 所示。

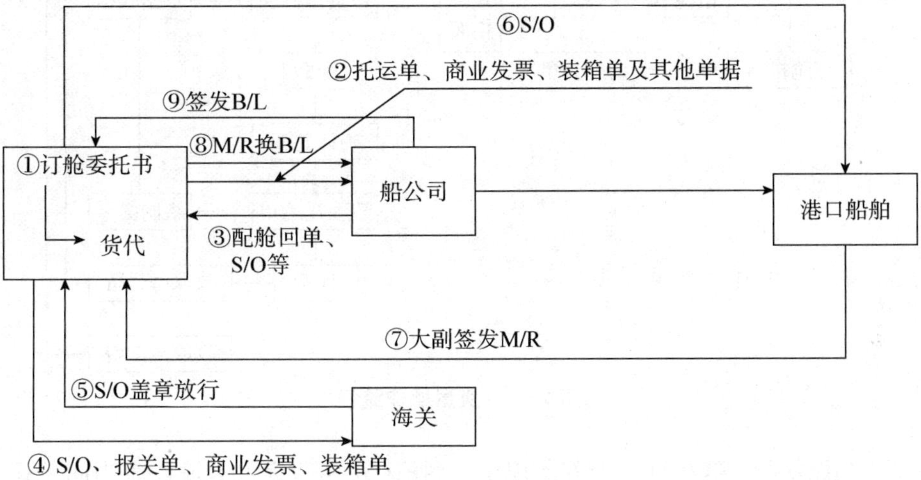

图 9－2　出口订舱流程

说明：图中 S/O 为 Shopping Order 的缩写，意为“订舱单”；M/R 为 Mate's Receipt 的缩写，意为“大副收据”。

2. 办理托运

托运是指出口企业委托对外贸易运输公司或其他有权受理对外货运业务的货代向承运人或其代理办理货物的运输业务。如果出口货物数量较大，需要整船装运，则还要办理租船手续；如果出口货物数量不大，不需要整船装运，则办理订舱事宜。货运操作流程如图 9－3 所示。

3. 集装箱班轮货运单据

在集装箱班轮货运中，需要缮制的各种货运单据多达几十种，其中与托运人即出口方有关的主要有以下两种：

（1）订舱委托书

出口企业委托对外贸易运输公司或其他有权受理对外货运业务的货代，向承运人或其代理办理出口货物运输业务时需要提供订舱委托书，委托其代为订舱。

（2）托运单

货代接受出口企业的订舱委托后即需缮制集装箱货物托运单（Shipping Note），这是向船公司订舱配载的依据。该托运单一般一式数份，分别用于货主留底、船代留底、运费通知、装货单、缴纳港务费、场站收据、货代留底、配舱回单、场站收据副本（大副联）。托运单是托运人根据买卖合同、信用证的有关内容，向承运人办理货物运输的

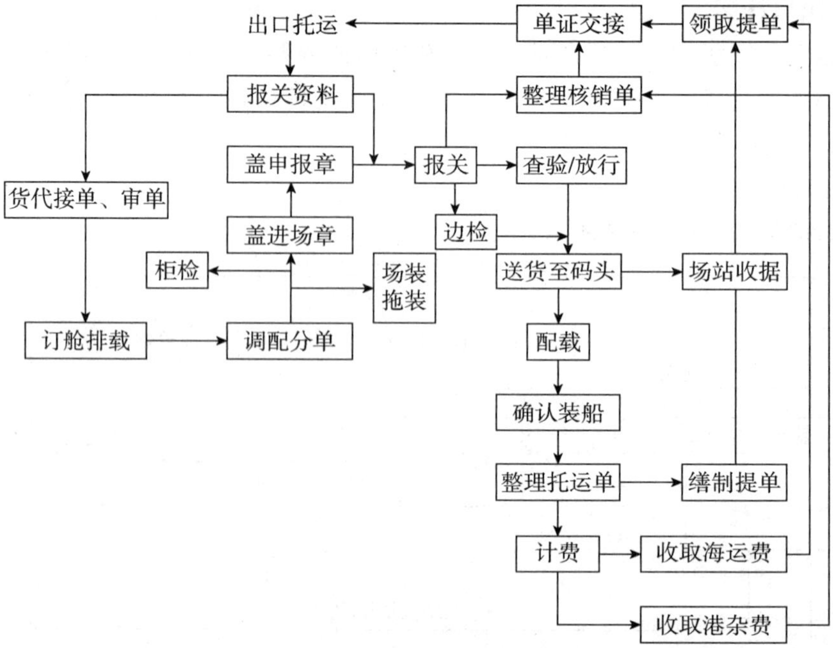

图 9－3　货运操作流程

书面凭证。《民法典》第八百二十五条规定："托运人办理货物运输，应当向承运人准确表明收货人的姓名、名称或者凭指示的收货人，货物的名称、性质、重量、数量，收货地点等有关货物运输的必要情况。因托运人申报不实或者遗漏重要情况，造成承运人损失的，托运人应当承担赔偿责任。"

在实务中，需注意 VGM（Verified Gross Mass，集装箱验证总重量）信息申报。根据《国际海上人命安全公约》（SOLAS）的相关要求，托运人在办理集装箱运输时需要提供 VGM 信息。该要求对托运人具备法律约束力，对保障海运的安全性至关重要。VGM 是指装载在集装箱中的货物本身的重量以及包装材料的重量。常用的确定 VGM 的方法是货主或其代理人在装船前对货物进行精确的重量计量，并加上包装材料的重量，从而得到总重量。

? 启发思考

在出口托运过程中外贸业务员是否需要跟踪整个流程？

（五）出口报关

1. 申报

在一般情况下，出口货物发货人、受委托的报关企业应当在货物运抵海关监管区域后、装货 24 小时以前向货物出境地海关采用电子数据报关单和纸质报关单形式申报（关检合一），申请人统一登录"互联网＋海关"一体化网上办事平台或国际贸易"单一窗口"，具体操作流程参阅《"单一窗口"标准版用户手册（货物申报篇）》和《进出口货物申报项目录入指南》。出口货物报关单是指出口货物的发货人或其代理人，按照海关规定的格式对出口货物的实际情况作出书面声明，以此要求海关对货物按适用的海关管理制度办理通关手续的法律文书。在申报时，出口货物报关单应当随附的单证包括：贸易合同、发票、装箱清单、载货清单（舱单）、提（运）单、代理报关授权委托协议、出口许可证、与出口货物有关的其他出口单证。

2. 查验

查验是海关为确定出口货物发货人向海关申报的内容与出口货物的真实情况的相符程度，或者为确定商品的归类、价格、原产地等，依法对出口货物进行实际核查的执法行为。

查验结束后，查验人员应当如实填写查验记录并签名，查验记录应当由在场的出口货物发货人或其代理人签名确认。出口货物发货人或其代理人拒不签名的，查验人员应当在查验记录中予以注明，并由货物所在监管场所的经营人签名证明。查验记录作为报关单的随附单证由海关保存。

3. 征收税费

海关对出口货物发货人或其代理人申报的货物进行查验后，计算应缴纳的关税、增值税、消费税、滞纳金、滞报金等税费，开具关税和代征税缴款书或收费专用票据。

4. 放行与结关

对于一般出口货物而言，海关在接受出口货物的申报、审核电子数据报关单和纸质报关单及随附单证、查验货物、征收税费或接受担保以后，对出口货物作出结束海关进出境现场监管的决定，在出口货物装货凭证上盖“海关放行章”，出口货物收发货人或其代理人获取报关单证明联，用作向税务部门、外汇管理部门办理退税和核销手续的证明文件。

（六）投保

（1）根据合同或信用证的规定，在备妥货物并确定装运日期后，出口公司应在货物装船前向保险公司索取空白投保单，据实填写其中的有关项目，并附有关单证（如信用证、贸易合同等）一并交保险公司，保险公司核对同意后，即可订立正式的保险合同。

（2）投保人缴纳保险费。投保人填交投保单后，保险公司按投保金额的一定百分比收取保险费，这是保险合同生效的前提条件。

（3）保险公司开立保险单交给投保人，或者在保险公司确定投保人的投保险别后，由保险公司向投保人发放承保回执，列明保险单号码、保险单日期、投保日期等相关内容，由投保人缮制保险单交保险公司确认后签署。

（4）投保人在保险公司出具保险单后，如需更改保险险别、保险金额、保险期限、航程或运输工具等相关内容，必须向保险公司提出申请，保险公司出具批单，附在保险单上作为保险单的组成部分。批单的法律效力优于保险单。

集装箱班轮货运单据及报关单样本请分别见附样 9－1 和附样 9－2。

附样 9-1

集装箱班轮货运单据

▽	委托号	第一联
Shipper（发货人）	Forwarding Agents（货运代理）	
	B/L. No.（编号）	
Consignee（收货人）	**集装箱货物托运单** **船代留底**	
Notify Party（通知人）		
Pre-carriage by（前程运输）	Place of Receipt（收货地点）	
Ocean Vessel（船名） Voy. No.（航次）	Port of Loading（装货港）	
Port of Discharge（卸货港）	Place of Delivery（交货地点）	Final Destination for Merchant's Reference（目的地）

Container No.（集装箱号）	Seal No.（封志号） Marks & Nos.（标记与号码）	No. of Containers Or P'kgs.（集装箱数或件数）	Kind of Packages: Description of Goods（包装种类与货名）	Gross Weight（kg）（毛重，千克）	Measurement（m³）（尺码，立方米）

Total Number of Containers Or Packages (In Words)（集装箱数或件数合计，大写）	

Freight & Charges（运费与附加费）	Revenue Tons（运费吨）	Rate（运费率）	Per（每）	Prepaid（运费预付）	Collect（运费到付）

Ex Rate（兑换率）	Prepaid at（预付地点）	Payable at（到付地点）	Place of Issue（签发地点）
			Booking Approved by（订舱确认）
	Total Prepaid（预付总额）	No. of Original B(s)/L（正本提单份数）	Value of Goods（货值）

Service Type on Receiving（收货方式） □-CY, □-CFS, □-DOOR	Service Type on Delivery（交货方式） □-CY, □-CFS, □-DOOR	Reefer Temperature Required（冷藏温度） °F °C
Type of Goods（商品种类）	□Ordinary,（普通） □Reefer,（冷藏） □Dangerous,（危险品） □Auto.（裸装车辆） □Liquid,（液体） □Live Animal,（活动物） □Bulk,（散货） □ ______	危险品 Glass: Property: IMDG Code Page: UN NO.

发货人或代理人名称、地址：		联系人：	电话：
可否转船： 可否分批：	装 期：	备注	装箱场站名称：
效期：	制单日期：		
运费由　　　　支付，如预付运费托收承兑，请填准银行账号			

▽

Shipper（发货人）	委托号 Forwarding Agents（货运代理） B/L. No.（编号）		第二联
Consignee（收货人）	**装货单** **场站收据副本**		
Notify Party（通知人）	Received by the Carrier the total number of containers or other packages or units stated below to be transported subject to the terms and conditions of the carrier's regular form of Bill of Lading (for combined transport or port to port shipment) which shall be deemed to be incorporated herein. Date（日期）： 场站章		
Pre-carriage by（前程运输） Place of Receipt（收货地点）			
Ocean Vessel（船名） Voy. No.（航次） Port of Loading（装货港）			
Port of Discharge（卸货港） Place of Delivery（交货地点）	Final Destination for Merchant's Reference（目的地）		

Container No.（集装箱号）	Seal No.（封志号） Marks & Nos.（标记与号码）	No. of Containers Or P'kgs.（集装箱数或件数）	Kind of Packages: Description of Goods（包装种类与货名）	Gross Weight（kg）（毛重，千克）	Measurement（m^3）（尺码，立方米）

Total Number of Containers Or Packages (In Words)（集装箱数或件数合计，大写）	

Container No.（箱号）	Seal No.（封志号）	Pkgs.（件数）	Container No.（箱号）	Seal No.（封志号）	Pkgs.（件数）

Received（实收）	By Terminal Clerk/Tally Clerk（场站员/理货员签字）

Freight & Charges（运费与附加费）	Prepaid at（预付地点）	Payable at（到付地点）	Place of Issue（签发地点） Booking Approved by（订舱确认）
	Total Prepaid（预付总额）	No. of Original B(s)/L（正本提单份数）	Value of Goods（货值）

Service Type on Receiving（收货方式） □-CY, □-CFS, □-DOOR	Service Type on Delivery（交货方式） □-CY, □-CFS, □-DOOR	Reefer Temperature Required（冷藏温度） °F　　°C
Type of Goods（商品种类）	□Ordinary,（普通） □Reefer,（冷藏） □Dangerous,（危险品） □Auto.（裸装车辆） □Liquid,（液体） □Live Animal,（活动物） □Bulk,（散货） □ ________	危险品　Glass: Property: IMDG Code Page: UN NO.

发货人或代理人名称、地址：			联系人：	电话：
可否转船：	可否分批：	装　期：	备注	装箱场站名称：
效期：		制单日期：		
运费由　　　　支付，如预付运费托收承兑，请填准银行账号				

▽ Shipper（发货人）	委托号 Forwarding Agents（货运代理） B/L. No.（编号）
Consignee（收货人）	第三联 **场站收据副本** **（大副联）** COPY OF DOCK RECEIPT (FOR CHIEF OFFICER)
Notify Party（通知人）	Received by the Carrier the total number of containers or other packages or units stated below to be transported subject to the terms and conditions of the carrier's regular form of Bill of Lading (for combined transport or port to port shipment) which shall be deemed to be incorporated herein. Date（日期）：
Pre-carriage by（前程运输） Place of Receipt（收货地点）	
Ocean Vessel（船名） Voy. No.（航次） Port of Loading（装货港）	场站章
Port of Discharge（卸货港） Place of Delivery（交货地点）	Final Destination for Merchant's Reference（目的地）

Container No.（集装箱号）	Seal No.（封志号） Marks & Nos.（标记与号码）	No. of Containers Or P'kgs.（集装箱数或件数）	Kind of Packages: Description of Goods（包装种类与货名）	Gross Weight（kg）（毛重，千克）	Measurement（m^3）（尺码，立方米）

Total Number of Containers Or Packages (In Words)（集装箱数或件数合计，大写）	

Container No.（箱号）	Seal No.（封志号）	Pkgs.（件数）	Container No.（箱号）	Seal No.（封志号）	Pkgs.（件数）

Received（实收）	By Terminal Clerk/Tally Clerk（场站员/理货员签字）

Freight & Charges（运费与附加费）	Prepaid at（预付地点）	Payable at（到付地点）	Place of Issue（签发地点） Booking Approved by（订舱确认）
	Total Prepaid（预付总额）	No. of Original B(s)/L（正本提单份数）	Value of Goods（货值）

Service Type on Receiving（收货方式） □-CY, □-CFS, □-DOOR	Service Type on Delivery（交货方式） □-CY, □-CFS, □-DOOR	Reefer Temperature Required（冷藏温度） °F °C
Type of Goods（商品种类）	□Ordinary,（普通） □Reefer,（冷藏） □Dangerous,（危险品） □Auto.（裸装车辆） □Liquid,（液体） □Live Animal,（活动物） □Bulk,（散货） □ ______	危险品 Glass: Property: IMDG Code Page: UN NO.

发货人或代理人名称、地址：			联系人：	电话：
可否转船：	可否分批：	装 期：	备注	装箱场站名称：
效期：		制单日期：		
运费由 支付，如预付运费托收承兑，请填准银行账号				

▽ Shipper（发货人）	委托号 Forwarding Agents（货运代理） B/L. No.（编号）	第四联
Consignee（收货人）	**场站收据** **DOCK RECEIPT**	
Notify Party（通知人）	Received by the Carrier the total number of containers or other packages or units stated below to be transported subject to the terms and conditions of the carrier's regular form of Bill of Lading (for combined transport or port to port shipment) which shall be deemed to be incorporated herein. Date（日期）:	
Pre-carriage by（前程运输） Place of Receipt（收货地点）		
Ocean Vessel（船名） Voy. No.（航次） Port of Loading（装货港）	场 站 章	
Port of Discharge（卸货港） Place of Delivery（交货地点）	Final Destination for Merchant's Reference（目的地）	

Container No.（集装箱号）	Seal No.（封志号）Marks & Nos.（标记与号码）	No. of Containers Or P'kgs.（集装箱数或件数）	Kind of Packages: Description of Goods（包装种类与货名）	Gross Weight (kg)（毛重，千克）	Measurement (m^3)（尺码，立方米）
Total Number of Containers Or Packages (In Words)（集装箱数或件数合计，大写）					

Container No.（箱号）	Seal No.（封志号）	Pkgs.（件数）	Container No.（箱号）	Seal No.（封志号）	Pkgs.（件数）
			Received（实收）	By Terminal Clerk/Tally Clerk（场站员/理货员签字）	

Freight & Charges（运费与附加费）	Prepaid at（预付地点）	Payable at（到付地点）	Place of Issue（签发地点） Booking Approved by（订舱确认）
	Total Prepaid（预付总额）	No. of Original B(s)/L（正本提单份数）	Value of Goods（货值）

Service Type on Receiving（收货方式） □-CY, □-CFS, □-DOOR	Service Type on Delivery（交货方式） □-CY, □-CFS, □-DOOR	Reefer Temperature Required（冷藏温度） °F °C
Type of Goods（商品种类）	□Ordinary,（普通） □Reefer,（冷藏） □Dangerous,（危险品） □Auto.（裸装车辆） □Liquid,（液体） □Live Animal,（活动物） □Bulk,（散货） □ ________	危险品 Glass: Property: IMDG Code Page: UN NO.

发货人或代理人名称、地址：			联系人：	电话：
可否转船：	可否分批：	装 期：	备注	装箱场站名称：
效期：		制单日期：		
运费由 支付，如预付运费托收承兑，请填准银行账号				

附样 9－2 **报关单（关检合一）**

中华人民共和国海关出口货物报关单

预录入编号： 海关编号： 页码/页数：

境内发货人	出境关别	出口日期	申报日期	备案号
境外收货人	运输方式	运输工具名称及航次号	提运单号	
生产销售单位	监管方式	征免性质	许可证号	
合同协议号	贸易国（地区）	运抵国（地区）	指运港	离境口岸

包装种类	件数	毛重（千克）	净重（千克）	成交方式	运费	保费	杂费

随附单证 随附单证 1： 随附单证 2：
标记唛码及备注

项号	商品编号	商品名称及规格型号	数量及单位	单价/总价/币制	原产国（地区）	最终目的国（地区）	境内货源地	征免
1								
2								
3								
4								
5								
6								
7								

特殊关系确认： 价格影响确认： 支付特许权使用费确认： 自报自缴：	
申报人员 申报人员证号 电话 兹申明对以上内容承担如实申报、依法纳税之法律责任 申报单位 申报单位（签章）	海关批注及签章

三、制单结汇

（一）制作出口单据

单据的出具顺序为：商业发票，装箱单、重量单和尺码单，产地证，检验证书，提单，保险单，汇票，其他单据。

1. 商业发票

商业发票是出口商开立的发货价目清单，是装运货物的总说明，全面反映了合同的内容。商业发票日期一般不得迟于汇票日期和提单日期，如果实际装运数量发生变化，提单先出，发票后出，两者日期应一致。

商业发票的主要作用是作为进口商收货、支付货款、记账、报关纳税的凭据。在不使用汇票的情况下，以商业发票代替汇票作为付款依据。此外，针对跟单信用证与UCP 600而言，商业发票和发票两个称呼可以互换，关键特征是发票的内容必须看似满足所要求单据的功能。

值得注意的是使用贸易术语的正确方式。按照ISBP 821的规定，信用证规定贸易术语是货物描述的构成部分，发票应同样显示该贸易术语。如果信用证规定了贸易术语的出处，发票应同样显示贸易术语的相同出处。例如，信用证规定贸易术语为“CIF Singapore Incoterms 2010”，发票不可显示贸易术语为“CIF Singapore”或“CIF Singapore Incoterms”。而在信用证规定贸易术语为“CIF Singapore”或者“CIF Singapore Incoterms”时，发票可以显示贸易术语为“CIF Singapore Incoterms 2010”或“CIF Singapore Incoterms 2020”。另外，在以美元开立的信用证项下提交仅含“＄”符号的发票，且无进一步限制，不属于不符点；除非发票本身的数据信息显示“＄”符号可能指向美元以外的货币。此外，ISBP 821还规定开证申请人的姓名、地址和联系方式（如有）无须出现在发票上的特定方框、栏位或位置中，也无须使用开证申请人的称谓来识别其身份。因此，尽管UCP 600要求发票必须签发给开证申请人，受益人提交的发票应显示如“to××CO.，LTD.”，但若发票未显示开证申请人身份，仍符合相符交单。

启发思考

在什么情况下商业发票可作为付款依据？

商业发票没有统一的格式，应按合同规定制作。它是全套货运单据的中心单据，其他单据均须参照商业发票内容制作。

案例 9-3

某信用证在46A“文件要求”（Documents Required）里有如下规定：“＋Manually signed and duly dated beneficiary's commercial ... in 1 original and 1 copy.”在47A“附加条件”（Additional Conditions）里有如下规定：“＋All documents to be manually signed.”保兑行收到单据后进行了结算，而后将单据转交开证行。开证行以副本发票没有按照信用证条款 46A 和 47A 进行手签而提出拒付。请问：开证行拒付合理吗？

分析

开证行拒付不合理。ISBP 821 规定，尽管信用证规定所有单据都必须手签，但是单据副本不必手签和注明日期，同样规定发票无须手签和注明日期。开证行以副本发票没有手签为由拒付无效。如果开证行要求对副本文件进行手签，那么应该在信用证中明确表示，如“全部单据（包括副本）均须手签”（All documents，and also copies，are to be manually signed.）。

2. 装箱单、重量单和尺码单

装箱单（Packing Document）、重量单（Weight List）和尺码单（Measurement List）是记载或描述商品包装种类和规格情况的单据，是对商业发票的补充说明。按照 ISBP 821，如果信用证要求提交该类单据，则只要提交的单据表明信用证规定的名称或相似名称或没有名称，其功能由与货物包装有关的所有信息呈现，即满足要求。如信用证未规定出具人名称，则单据可由任何实体出具，但内容不得与信用证要求相矛盾。

案例 9-4

信用证的文件要求为：• Bills of Lading • Packing List。受益人提交的 Bills of Lading 上显示“SHIPPED ON BOARD DATE：14 SEP 2020”，Packing List 上显示“SHIPPING DATE 12.09.2020”。开证行提出不符点：装箱单显示的装运日期与提单显示的装船日期不一致。请问：该不符点是否有效？

分析

开证行所提不符点无效。信用证并未要求装箱单显示的装运日期与提单显示的装船日期一致。装箱单显示的装运日期与提单显示的装船日期是相对独立的，并具有各自的含义。按照 UCP 600 的规定，单据内容的描述只要不与该项单据中的内容、其他规定的单据或信用证矛盾即可。装箱单显示的装运日期并不一定与提单显示的装船日期有关，它可能是货物在出口商所在地的装运日期，也可能是承运人收到货物的日期，因此，装箱单显示的装运日期与提单显示的装船日期不一致不能被视为不符点。

3. 产地证

原产地证明书俗称产地证，是由特定机构出具的证明出口货物为该国家（或地区）原产的一种证明文件。其作用主要有：（1）确定产品的关税待遇，提高市场竞争力；

(2) 证明产品内在品质或结汇；(3) 进行贸易统计；(4) 便于货物进口国实行有差别的数量控制和进行贸易管理。目前部分国家规定某些货物的进口需提交产地证。当信用证要求受益人提交领事发票或海关发票时，大多不再要求提交产地证，因该类发票已含有产地证的内容。按照 ISBP 821 的规定，如果信用证要求提交产地证，则提交的单据必须看似与所开发票的货物相关联，并签署以证实货物原产地。产地证只能由跟单信用证规定的实体出具；如果信用证未规定具体出具人，则产地证可由任何实体出具。值得注意的是，如果信用证规定产地证由商会出具，则提交由行会、行业协会、经济协会、海关和贸易部门或类似机构出具的产地证亦满足要求。产地证如显示收货人信息，则不得与运输单据中的收货人信息存在矛盾。

中国出口货物产地证通常分为一般产地证（Certificate of Origin，CO）、普惠制产地证（FORM A/GSP）、中国-东盟自由贸易区优惠产地证（FORM E）、《亚太贸易协定》优惠产地证（FORM B）、《区域全面经济伙伴关系协定》优惠产地证（RCEP CO）以及各类双边自由贸易协定优惠产地证等。一般产地证用于明确商品的原产地，通常办理多数国家海关通关时可享受最惠国税率。普惠制产地证依据普惠制给惠国的原产地规则和要求签发，是货物享受给惠国普遍优惠关税待遇的关键凭证。自 2023 年 11 月 1 日起取消出口货物原产地企业备案事项，产地证申请人可直接通过国际贸易“单一窗口”、“互联网＋海关”、中国贸促会申报系统等申领产地证。一般情况下，产地证应在货物装运前或者装运时签发，如装运前申报不能确定离港日期、运输工具编号以及装卸货口岸等，可在该栏填写“＊＊＊”。产地证自签发之日起 1 年内有效。在实务中要注意产地证经常会出现以下不符点：(1) 产地证上的运输路径和方式与运输单据不一致（在出口商或发货人为受益人的情况下）。(2) 产地证收货人与提单收货人矛盾。(3) 产地证出具人错误。(4) 产地证没关联货物。(5) 产地证内容（如重量、唛头）与其他单据矛盾。(6) 产地证未证明产地。

特别需要注意的是，RCEP 要求产地证至少应当包括（关税差异）所指的 RCEP 原产国，即官方出具的产地证应明确显示货物原产国。这与 ISBP 821 要求产地证应证实货物原产地以履行其基本功能是一致的。但中国-澳大利亚自由贸易协定产地证没有单独标注原产国的栏位；中国-新西兰自由贸易协定产地证虽有相关栏位，但填写规则却声明：当新西兰向中国出口时，该栏位无须填写。因在实务中容易造成分歧，国际商会曾给出结论：在未显示原产地或未按规则填写产地的情况下，此类产地证应为不符。因此，各类双边自由贸易协定优惠产地证均应明确显示货物原产国。另外，产地证中的每一项货物都需填报 FOB 价值。RCEP 对 FOB 价值的定义是包括无论以何种运输方式将货物运抵最终出境口岸或地点的运输费用在内的船上交货价值。由此可见，FOB 虽然是一个国际贸易术语，但其实质含义在双边或多边自由贸易协定中仍需要“协商确定”。

案例 9-5

某信用证在 46A“文件要求”里有如下规定：“＋full set of charter party bill of lading in 3/3 originals issued or A Bank marked freight payable as per charter party, quoting this credit number, and notify only the applicant name and address exactly as mentioned in this letter of credit (field 50). +photocopy of EUR1 Certificate."受益人提交至保兑行的一套单据包括一份凭A银行指示（to order of A Bank）的提单以及一份收货人栏注明“凭指示”（to order）的EUR1证书。保兑行以产地证收货人信息与提单不一致为由拒付。请问：这两份单据的收货人信息是否构成矛盾？

分析

两份单据的收货人信息不构成矛盾。EUR1证书中的“收货人”一栏为选填项，即使填写，也不必与运输单据上的收货人相同。按UCP 600的规定，信用证要求提交除运输单据、保险单据和商业发票以外的单据，但并未具体规定出具人或单据的内容。因此，只要所提交单据的内容看来满足其功能需要并且与该项单据中的内容、其他规定的单据或信用证不存在矛盾即可。ISBP 821规定，产地证上显示的收货人信息，不应与运输单据中的收货人信息存在矛盾。如果信用证要求运输单据出具成“凭指示”等类似表述，产地证上的收货人可以显示为除受益人以外的其他具名实体。按上述条款解释，提交的提单抬头为“凭保兑行指示”，按惯例，在此情况下，作为与运输单据上显示的收货人信息相匹配的一种可选方案，产地证或其他证明可以将收货人做成信用证中除受益人以外的其他具名实体。一份注明收货人为“凭指示”的EUR1证书并不意味着收货人为受益人，也不与UCP 600的规定产生任何矛盾。

4. 检验证书

国际贸易涉及的检验证书种类很多，分别用于证明货物的品质、数量、重量和卫生条件等方面的情况，对贸易有关各方履行契约义务、处理索赔争议和仲裁、诉讼举证具有法律效力，也是海关验放、征收关税和减免关税的必要证明。检验证书出具日期不得晚于提单签发日期，但也不能早于装运日期过多，一般在30天内。

5. 提单

我国外贸运输方式以海运为主。海运提单是物权凭证，收货人在目的港提取货物时必须提交正本提单。承运人签发一式数份正本提单，向最先提交正本提单的人交付货物后，其他相同正本提单失效。承运人若因无正本提单交付货物造成正本提单持有人的损失，则应按照货物装船时的价值加运费和保险费计算赔偿金额；诉讼时效为一年，自承运人应当交付货物之日起计算。

案例9-6

某开证行以MT 700报文开出一份议付信用证，在47A“附加条件”里有如下规定：“+B/L presented in incomplete number of page is not acceptable.”（提单页数不完整不可接受。）议付行收到该信用证下的单据，包括一套租船提单（a full set of charter party bills of lading），审核相符后议付该信用证，付款给受益人，并将单据转寄开证行，等待偿付。开证行审单后认为提单页数不完整（B/L presented in incomplete number of page.），整套租船提单的反面显示了“page 01”，但提单正面没有显示“page 02”之类，据此予以拒付。请问：开证行拒付合理吗？

分析

开证行拒付不合理。“提单页数不完整不可接受”这一表述的意图并不明确，提单也并未显示有附页。不论提单的正面或反面是否印有页码，或两页都有页码，或两页都没有页码，提单的正面和反面都被视为同一份文件。在贸易实务中，大部分提单的页数仅指一面。因此，该提单可以接受，不符点无效。

6. 保险单

在国际贸易中是否使用保险单取决于信用证的规定，以 FOB、FCA、CFR、CPT 条件成交时，出口商无须提交保险单，而以 CIF、CIP 条件成交时，出口商必须提交保险单。保险单日期应早于提单日期或与其相同。

按照 UCP 600，保险单据，如保险单或预约保险项下的保险证明和保险声明，必须看似由保险公司或承保人或其代理人或代表出具并签署，代理人或代表的签字必须表明系代表保险公司或承保人签字。依据 ISBP 821，代表保险公司或承保人的代理人或代表签署保险单据时，不要求在保险单据中标明代理人或代表的名称。因此，提交的保险单据未指明该代理人或代表的名称也是相符的。另外，在实务中，即使信用证没有特别要求，如果被保险人是受益人、出口商、托运人或货运代理等，那么保险单据仍需要背书。

案例 9－7

在该信用证下提交一份保险单（Insurance Policy）：Sum insured：USD 100 000.00（110pct of the invoice value）；Co-insurance：Total Sum Insured ABC Insurance Ltd. 60％ USD 60 000.00；XYZ Insurance Ltd. 40％ USD 40 000.00；Total 100％ USD100 000.00。该份保险单上出现了两个保险人 ABC Insurance Ltd. 和 XYZ Insurance Ltd.，它们分别承保保险金额的 60％和 40％，但只有 ABC Insurance Ltd. 签署了。保险单提交开证行后遭拒付，理由为 XYZ Insurance Ltd. 作为共同保险人，没有签署保险单。请问：该不符点是否有效？

分析

不符点有效。UCP 600 规定，保险单必须由保险公司或承保人或其代理人或代表出具并且签署。ISBP 821 规定，保险单标明由一个以上的保险人承保时，则该保险单可以由一个代表所有保险人的代理人或代表签署，或由一个保险人代表所有共同保险人签署。在后一种情况下，例如，保险单由“AA Insurance Ltd. 作为牵头保险人，代表共同保险人”出具并签署。根据以上规定，一份保险单显示有两个或两个以上的保险人时，所有的保险人都必须签署，或由一个牵头保险人代表所有共同保险人出具并签署。

7. 汇票

在国际贸易中常用的汇票是跟单汇票，它是出口方要求付款的凭证。汇票金额应与发票一致，汇票日期应晚于其他单据。在信用证结算方式下，应按信用证要求出具汇票，除非另有规定一般付款人为开证行，收款人为议付行。在托收结算方式下，付款人为买方，收款人可以是托收行，也可以是卖方。值得关注的是，在现行的国际商会规则和实务中，除承兑信用证外，均未强制要求使用汇票，除非跟单信用证有特别要求。如果一份跟单信用证的汇票要求出现在 MT 700 格式报文的 42C 和 42A，同时 46A 或 47A 也出现同样的汇票要求，那么后者将被视为对 42C 和 42A 汇票要求的重复，可以不予理会，只需要提交一份汇票。目前银行汇票已实现无纸化操作，可通过银行网银系统发送、接收、转让和兑付。如果需表明纸质汇票仅有一张，则汇票上面应印有"this sole bill of exchange"，即一份汇票只有一张。

8. 其他单据

按不同交易情况，其他单据由合同或信用证规定，常见的有寄单证明（Beneficiary's Certificate for Dispatch of Documents）、寄样证明（Beneficiary's Certificate for Dispatch of Shipment Sample）、邮局收据（Post Receipt）、快递收据（Courier Receipt）、装运通知（Shipping Advice）以及有关运输和费用方面的证明。

附样 9-3 至附样 9-7 给出了其中几种单据的样本。

附样 9-3 **商业发票样本**

江西凯达进出口有限公司

JIANGXI KAIDA IMPORT & EXPORT CO., LTD.

商业发票

COMMERCIAL INVOICE

TO: ____________

INVOICE NO.: ____________

DATE OF INVOICE: ____________

L/C NO.: ____________

S/C NO.: ____________

SHIPPED BY: ____________ FROM: ____________ TO: ____________

MARKS & NUMBERS	DESCRIPTIONS OF GOODS	QUANTITIES	UNIT PRICE	AMOUNT

江西凯达进出口有限公司

JIANGXI KAIDA IMPORT & EXPORT CO., LTD.

附样 9-4　　**装箱单样本**

江西凯达进出口有限公司

JIANGXI KAIDA IMPORT & EXPORT CO., LTD.

MARKS & NOS

装　箱　单

PACKING LIST

TO: ______________

INVOICE NO.: ______________

DATE: ______________

TOTAL N. W.: ______________

TOTAL G. W.: ______________

Name of Article: ______________________

PACKAGE NO.	ARTICLE NO.	SIZE	DESCRIPTION	QUANTITY	WEIGHT IN KILOS		MEASUREMENT
					N. W.	G. W.	

江西凯达进出口有限公司

JIANGXI KAIDA IMPORT & EXPORT CO., LTD.

附样 9-5　　**普惠制产地证样本**

<table>
<tr><td colspan="2">1. Exporter</td><td colspan="3" rowspan="2">Certificate No.

CERTIFICATE OF ORIGIN
OF
THE PEOPLE'S REPUBLIC OF CHINA</td></tr>
<tr><td colspan="2">2. Consignee</td></tr>
<tr><td colspan="2">3. Means of Transport and Route</td><td colspan="3" rowspan="2">5. For Certifying Authority Use Only</td></tr>
<tr><td colspan="2">4. Country/Region of Destination</td></tr>
<tr><td>6. Marks and Numbers</td><td>7. Number and Kind of Packages; Description of Goods</td><td>8. H. S. Code</td><td>9. Quantity</td><td>10. Number and Date of Invoices</td></tr>
<tr><td colspan="2">11. Declaration by the Exporter
The undersigned hereby declares that the above details and statements are correct, that all the goods were produced in China and that they comply with the Rules of Origin of the People's Republic of China.

Place and Date, Signature and Stamp of Authorized Signatory</td><td colspan="3">12. Certification
It is hereby certified that the declaration by the exporter is correct.

Place and Date, Signature and Stamp of Certifying Authority</td></tr>
</table>

附样 9－6　　保险单样本

中国人民保险公司

The People's Insurance Company of China

总公司设于北京　　一九四九年创立

Head Office：BEIJING　Established in 1949

海洋货物运输保险单

MARINE CARGO TRANSPORTATION INSURANCE POLICY

发票号码：　　保险单号次

Invoice No.　　Policy No.

中国人民保险公司（以下简称本公司）根据＿＿＿＿＿＿＿＿（以下简称被保险人）的要求由被保险人向本公司缴付约定的保险费，按照本保险单承保险别和背面所载条款与下列特款承保下述货物运输，特立本保险单。

This policy of Insurance witnesses that the People's Insurance Company of China (hereinafter called "the Company"), at the request of ＿＿＿＿＿＿＿＿ (hereinafter called the "Insured") and in consideration of the agreed premium being paid to the Company by the Insured, undertakes to insure the undermentioned goods in transportation subject to the conditions of the policy as per the clauses printed overleaf and other special clauses attached hereon.

标记 Marks & Nos.	数量 Quantity	货物描述 Description of Goods	保险金额 Amount Insured

总保险金额

Total Amount Insured ＿＿＿＿＿＿＿＿

保费　　费率　　装载工具

Premium as arranged　　Rate as arranged　　Per Conveyance S. S. ＿＿＿＿

开航日期　　自　　至

Slg. on or abt ＿＿＿＿　From ＿＿＿＿　To ＿＿＿＿

承保险别：

Conditions ＿＿＿＿＿＿＿＿

所保货物，如出险，本公司凭本保险单及其他有关证件给付赔款。所保货物，如发生保险单项下负责赔偿的损失或事故，应立即通知本公司下述代理人查勘。

Claims, if any, payable on surrender of this Policy together with other relevant documents. In the event of accident whereby loss or damage may result in a claim under this Policy, immediate notice applying for survey must be given to the Company's Agent as mentioned hereunder.

中国人民保险公司

THE PEOPLE'S INSURANCE CO. OF CHINA

赔款偿付地点

Claim Payable at ＿＿＿＿＿＿＿＿

出单公司地址　　日期

Address of Issuing Office ＿＿＿＿＿＿＿＿　Date ＿＿＿＿＿＿＿＿

附样 9-7　　**提单样本**

<table>
<tr><td colspan="3">Shipper:</td><td colspan="2" rowspan="5">B/L No.:

ABC CO.
BILL OF LADING</td></tr>
<tr><td colspan="3">Consignee:</td></tr>
<tr><td colspan="3">Notify Party:</td></tr>
<tr><td colspan="3">Pre-carriage by　　Place of Receipt</td></tr>
<tr><td colspan="3">Ocean Vessel　Voy. No.　Port of Loading</td></tr>
<tr><td colspan="5">Port of Discharge　Place of Delivery　Final Destination (for the Merchants' Reference)</td></tr>
<tr><td colspan="5">Marks and Nos.　Number and Kind of Packages　Description of Goods　Gross Weight　Measurement</td></tr>
<tr><td colspan="5">Total Number of Containers or Packages (in words)</td></tr>
<tr><td>Freight and Charges</td><td>Revenue Tons</td><td>Rate Per</td><td>Prepaid</td><td>Collect</td></tr>
<tr><td>Prepaid at</td><td>Payable at</td><td></td><td colspan="2">Place and Date of Issue</td></tr>
<tr><td colspan="3">No. of Original B/L</td><td colspan="2" rowspan="2">As Carrier</td></tr>
<tr><td colspan="3"></td></tr>
</table>

(二) 交单、审单、结汇和出口退税

1. 交单

交单是指出口企业在规定时间内向银行提交信用证项下的全套出口单据，这些单据经过银行审核，银行根据信用证条款规定的不同付汇方式办理结汇。

交单的要求有三个：

(1) 单据的种类和份数与信用证的规定相符。

(2) 单据内容正确，不与信用证矛盾。

(3) 交单时间必须在信用证规定的交单期与有效期内。

在实务中值得注意的是，信用证项下的结算业务如出现分次交单，银行通常根据一套单据随附的面函指示处理单据，不同面函项下的单据很可能会被分配给不同的审单人员，容易产生如何判断单据是否为一次提交、是否可视为分批装运等问题。此外，信用证项下的每一次交单都被视为独立交单，不受之前是否承付或存在不符点等因素影响。

启发思考

信用证的交单期和装运期、有效期有什么关系?

2. 审单

在信用证结算业务中，当受益人依据信用证的规定向银行提交整套单据时，银行依据 UCP 600 以及 ISBP 821 的审单原则进行审核，指出是否存在违背相符交单原则的单据。依据 UCP 600 的规定，相符交单是指与信用证条款及条件、该惯例的相关适用条款以及 ISBP 821 一致的交单。其中除商业发票外，单据内容的描述不必与信用证、信用证对该项单据的描述以及 ISBP 821 完全一致，但不得与该项单据中的内容、其他规定的单据或信用证相冲突。当受益人和开证申请人的地址出现在任何规定的单据中时，无须与信用证或其他规定单据所载相同，但必须与信用证规定的相应地址同在一国。联络细节（传真、电话、电子邮件及类似细节）作为受益人和开证申请人地址的一部分时，可以不予理会。当联络细节作为规定的运输单据上收货人或通知方细节的一部分时，应与信用证规定相同。

值得注意的是，UCP 600 规定，银行自收到所交单据的翌日起，应在不超过五个银行工作日的时间内审核单据是否相符。“五个银行工作日的时间”是银行审核单据及发出拒付通知的时间，不是具体的付款时间。关于付款，若开证行确定交单相符，则必须予以兑付，但并未对具体付款时间作出规定。如果审核单据占用五个工作日，即使在第六个工作日付款也符合 UCP 600 的要求。

在遵守审单国际惯例如 UCP 600、ISBP 821 的同时，由行业惯例造成的一些单证非镜像相符，一般不应视为不符点。例如，行业惯例决定了不可转让海运单、航空运单及公路、铁路或内陆水路运输单据不是物权凭证，依据 ISBP 821 的规定，即使信用证要求提交以上运输单据，也不必注明“凭指示”或“凭××指示”。如果提单上未显示出前程运输工具，则无论收货地与装货港是否相同，只要提单预先印就“已装船”字样，就不必另加装船批注；但如果预先印就“收妥待运”字样，则该提单必须注明包括日期的装船批注，装船批注显示的日期将被视为装运日期。如果提单显示不同于装货港的收货地，且（在前程运输栏位或收货地栏位）显示前程运输工具，提单预先印就“已装船”或“收妥待运”字样，则该提单须载有注明日期的装船批注，必须包括船名和装货港，装船批注显示的日期将被视为装运日期。一般多式运输单据并不要求已装船批注；当信用证明确要求或规定首程为海运时，多式运输单据须载有注明日期的已装船批注。如果多式运输单据显示的收货地与信用证所规定的地点不同，且该地点是一个港口，则注明日期的已装船批注必须包含船名和装货港，除非运输单据表明装船批注或预先印就“已装船”字样适用该具名船只和装运港。

同一份单据使用了多种字体、字号或手写体并不表示更正。如果出现的拼写或打字错误不影响对单词或句子含义的理解，则不属于单据不符点。保险金额允许直接舍掉小数点后第三位，而不要求四舍五入，不能认为此构成不足额保险的不符点。保险单表明基于仓至仓条款或类似条款的保险已经生效，且出具日期晚于装运日期，并不表示保险生效日期不晚于装运日期。信用证规定提交由商会出具的产地证时，提交由行会、行业协会、经济协会、海关和贸易部门等类似机构出具的产地证也是满足要求的。

案例 9-8

某年5月8日出口商A收到进口商B委托开证行开立的付款期限为提单日后90天的远期自由议付信用证，规定提交全套正本清洁已装船提单，以“凭托运人指示”为抬头，空白背书。该年7月7日开证行收到信用证项下的单据，审核发现所交提单未由托运人背书，且未在任何位置标明货物已装船；同时，在“船只名称”一栏中写有“预期船只”，在“收货日期”和“日期”栏中填写的内容均为“10 JUNE 某年”，而在“装船日期”栏中填写的内容却为“* RFS-B/L *”(收妥待运)。同时，还提交了一份装船证明，证明相关提单下的货物已于“10 JUNE 某年”装上具名船只。此证明与所交提单均为同一承运人出具，并由同一代理人签字。开证行以因“提单未显示货物已装船且未空白背书”而存在不符点为由拒付，但交单行却认为所交单据已包含装船证明，可以证明货物已装船。请分析拒付是否合理。

分析

开证行的拒付合理。首先，信用证明确要求提交“已装船提单”，而所交提单的特殊戳记“* RFS-B/L *”表明其仅为待运提单。根据UCP 600的规定，提单必须通过预先印制文字或者注明货物装运日期的批注方式来表明货物已在信用证规定的装运港装上具名船舶。由此可见，所交提单与信用证要求不符。其次，提单必须由承运人或其具名代理人签署，或者由船长或其具名代理人签署。ISBP 821规定，以船公司名义(指承运人、船长中的任何一方，无论其是否签署)出具与运输单据有关的证明书或证明、声明书或声明。由此可见，有权出具或签署提单者也有权出具或签署装船证明。但装船证明并不能依此被视为装船批注。装船批注一般是提单的组成部分，印就或戳盖于提单上，装船证明则为独立单据，可见单独的装船证明也无法满足信用证要求。最后，ISBP 821规定，信用证要求单据涵盖不止一项功能，提交看似满足每项功能的单一单据或独立单据均可……只要每种单据均满足其功能，且提交了信用证所要求的正本与副本份数。同一人签署装船证明与待运提单的组合看似可以满足已装船提单的所有功能，但提单独有的物权性与其他单据有着本质的区别。按照《中华人民共和国海商法》等法律的规定，待运提单转换为已装船提单只有一种方式，即添加装船批注。如果待运提单与装船证明均有明显文字表明装船证明为待运提单的附件，则两者的组合才能满足信用证的要求。

启发思考

装船通知的副本被要求发送给保险公司，其显示的发票金额不正确，是一个明显的打印错误。该装船通知是否存在不符点？

案例 9-9

越南A银行开出一份信用证，44F卸货港栏位规定为“胡志明市的任何港口，越南”(ANY PORT IN HOCHIMINH CITY，VIETNAM)，受益人提交的提单卸货港显示为“胡志明市，越南”（PORT IN HOCHIMINH CITY，VIETNAM)。开证行提出不符点，认为越南胡志明市有多个港口（港区），以提单卸货港没有注明胡志明市的实际卸货港为由拒付单据。试分析不符点是否成立。

分析

不符点不成立。信用证表述的“胡志明市的任何港口，越南”不属于港口地理区域或港口范围。提交的海运提单卸货港栏位显示“胡志明市，越南”，说明提单下的货物运往胡志明市内港口（港区）。按照ISBP 821的要求，信用证规定港口城市内港口（港区）时，必须明确规定港口城市内港口（港区）名称。

3. 结汇

结汇是指出口商在货物装运后，将信用证项下的所有单据在交单期内送交银行审核无误后，进口商按信用证规定的付汇条件，向出口商支付货款。在我国出口业务中，通常指银行将外汇货款按当日人民币市场价折成人民币支付给出口商。

目前，在我国出口业务中，议付信用证使用得比较多。议付是指议付行以单据作为质押物，在扣除从议付之日到开证行或偿付行偿付之日的贷款利息以及相关费用后，先垫付汇票和发票金额给受益人的行为。如果开证行因为“单证不符”等原因拒绝向议付行偿付，议付行有权向受益人追回议付的货款。

在我国的信用证业务中，大多数银行办理出口结汇主要采用收妥结汇方式，即出口地议付行在收到出口商的单据并审核无误后，将该单据寄交国外付款行，索取货款，收到货款后按当日外汇牌价，将货款折成人民币付至受益人账户。

另外，有时还会采用出口押汇方式，即议付行在审单无误后，以全套议付单据作为质押物，向受益人发放与一定货款金额等值的本币货款，待信用证货款结汇后，再与受益人结算货款和利息以及费用。

启发思考

出口押汇和打包贷款有何不同？

如果在出口业务中由于种种原因造成单据存在不符点，受益人又因时间限制而无法在规定时间内更正，则可采用几种处理办法：

（1）凭保议付。

受益人出具保证书承认单据有瑕疵，声明如开证行拒付，由受益人偿还议付行所垫付的款项和费用，同时电请开证申请人授权开证行付款。

（2）表提。

议付行将不符点列在寄单函上，征求开证行的意见，由开证行接洽开证申请人是否同意付款。如同意即付款，不同意即退单给受益人。

（3）电提。

议付行暂不向开证行寄单，而是用电传或传真来通知开证行单据不符点。若开证行同意付款，再行议付寄单；若不同意，受益人可及早收回单据，设法更正。

（4）有证托收。

因单据有严重不符点或信用证有效期已过，无法利用手上的信用证，只能委托银行在向开证行的寄单函中注明“信用证项下的单据做托收处理”，以作为区别，称为“有证托收”。

4. 出口退税

出口退税是指对出口商品已征收的国内税部分或全部退还给出口商的一种政策措施。

企业首先需要在出口退税系统中对退税数据进行采集，并对采集到的数据进行配单、管理和自检申报的操作；在国际贸易“单一窗口”确认正式申报后，税务部门即可接收企业的正式申报数据，具体操作流程参阅《“单一窗口”标准版用户手册（出口退税外贸版或生产版）》。由出口商进入出口货物退（免）税申报系统进行退税申报（申报成功后另存入U盘），准备出口退税纸质材料（附盖有海关“验讫”章的出口报关单退税专用联、出口销售发票、出口货物收购增值税发票、结汇水单以及其他有关材料）并带U盘，报所在地的主管税务机关审核，办理退税。

启发思考

出口退税对出口业务的经济效益有何影响？

以上履约流程以海运、CIF、信用证为交易条件进行分析。在其他交易条件下，只要按照相关规则和国际惯例具体执行即可，总的流程基本一致。

案例 9-10

在某年4月的广交会上，A公司与科威特老客户B签订合同，客户B欲购买A公司的玻璃餐具（品名：GLASS WARES）。A公司报价FOB WENZHOU，从温州出运到科威特，海运费到付。合同金额为USD 25 064.24，共1×40英尺高柜，支付条件为全额信用证。客户B回国后开信用证到A公司，要求6月出运货物。

A 公司按照合同与信用证的规定在 6 月按期出运了货物，并向银行交单议付，但银行在审核过程中发现两个不符点：(1) 发票上的 GLASS WARES 错写成 GLASS-WARES，即没有空格；(2) 提单上的提货人一栏，“TO THE ORDER OF BURGAN BANK，KUWAIT”错写成“TO THE ORDER OF BURGAN BANK”，即漏写 KUWAIT。A 公司认为这两点是极小的不符点，根本不影响提货，又认为客户 B 是老客户，于是针对单据不符点出具担保书，将整套单据交银行议付。但 A 公司很快就接到由议付行转来的拒付通知，银行以上述两个不符点为由拒绝付款。A 公司立即与客户 B 取得联系，得知原因是客户 B 认为到付运费（USD 2 275.00）太贵（原来 A 公司报给客户 B 的是 5 月的海运费，到付价大约是 USD 1 950.00，6 月海运费上涨，但客户 B 并不知晓）而拒绝付运费，因此货物滞留在码头，A 公司也无法收到货款。

后来 A 公司进行各方面协调后与船公司联系要求降低海运费，船公司将运费降到 USD 2 100.00，客户 B 才勉强接受并到银行付款赎单，但 A 公司被扣了不符点费用。整个纠纷解决过程使得 A 公司推迟收汇大约 20 天。

分析

不符点没有大小之分。在本案中，A 公司在事先知道单据存在不符点的情况下还是出单，存在潜在的风险。A 公司认为十分微小的不符点却恰恰成为银行拒付的正当理由，因此，在已知不符点的情况下，最好对单据进行修改。运费的上涨与 A 公司并无关系，因此客户 B 主要是借不符点进行讨价还价。

第二节 进口合同的履行

一、进口合同的履行流程

1. 海运进口代理流程

海运进口代理流程包括签订进口代理协议、收货人备齐进口单据、换单、报检、报关、办理货物交接、提箱、提货等环节。

(1) 收货人与货代签订进口代理协议。

(2) 收货人向货代提供进口全套单据；货代据此查询船公司、船代操作人、换取提货单（小提单）具体地点。进口单据包括进口许可证、背书的正本提单或电放副本、装箱单、发票、合同（一般贸易）等。

(3) 货代提前联系场站并确认提箱费、掏箱费、装车费、回空费。

(4) 货代向指定船代或船公司确认货船到港时间、地点，如需转船，必须确认二程船名。凭背书的正本提单（如果是电放，可带电放传真件与保函）去船公司或船代换取提货单（小提单）。“背书的正本提单”有两种形式：若提单上收货人栏显示“订舱人”，则由发货人背书；若提单上收货人栏显示真正的收货人，则由收货人背书。

（5）根据进出口商品目录监管条件或合同等要求，确认是否需要申报商检。

（6）办理清关，报关资料包括进口许可证、背书的正本提单/电放副本、装箱单、发票、合同、小提单等。

（7）海关查验货物，收货人缴纳税费。

2. 进口合同履行流程

进口合同履行流程包括申领进口许可证、开立信用证、订舱投保、审单和付汇、报关和纳税、商品报检、收货验收、索赔等环节

进口合同的履行流程如图 9-4 所示。

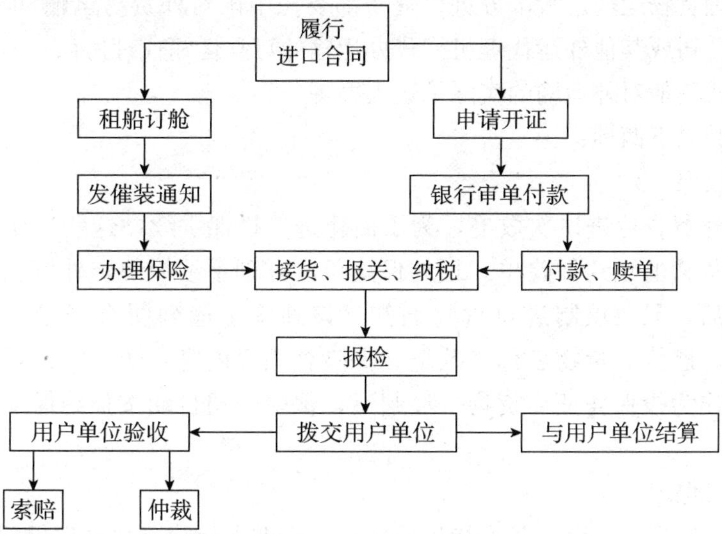

图 9-4　进口合同的履行流程

二、进口合同履行的主要环节

1. 申领进口许可证

按照我国有关法律法规，凡进口实行许可证管理的商品，不分进口方式、外汇来源、进口渠道都必须按照国家规定的审批权限，报主管部门和进口审查部门审核批准，由订货单位凭批准件申领进口许可证。申领程序为：申请→审核→填表发证。

参考《“单一窗口”标准版用户手册（进口许可证申请）》，具体操作流程如下：由进口单位或需要进口产品的单位向发放许可证的机关提交申请报告。发证机关收到上述申请报告和有关证件及材料后进行审核。如果审核通过，则由申请人按照规定的要求填写《中华人民共和国进口许可证申请表》，并在表上加盖申请单位公章。发证机关收到申请表后，经审核无误，在 3 个工作日内签发进口许可证。

2. 开立信用证

签订进口合同后，进口商应在合同规定的期限内填写开证申请书并向银行办理开证手续，银行审核开证申请人的资信情况以及外汇来源情况，并根据不同情况要求开证申请人交付全部或部分开证押金，或免交押金，但都要提供担保文件。在进口业务中，信用证开证申请书是进口商自行缮制的一项重要文件。开证申请人与开证行之间的关系是以开证申请书的形式建立起来的一种合同关系，双方的权利义务关系是根据该开证申请书确定的。开证申请书一经银行承诺，即成为开证申请人与开证行之间的契约，具有法律效力。

3. 订舱投保

进口货物一般按 FOB 贸易条件成交，采用海运的方式运输，应由进口商负责办理租船订舱手续，并办理投保手续。进口商在接到出口商的备妥待运通知后，即可委托船公司或船代办理货物运输。大部分进口货物都委托中国对外贸易运输（集团）总公司、中国租船有限公司或其他外运代理机构代办运输并订立运输代理协议，有时也委托中国远洋运输公司或其他对外运输的实际承运人办理。

投保可分为以下两种：

（1）预约投保。

我国部分外贸企业进口次数多，为了简化进口投保手续，这些外贸企业会和保险公司签订海运货物的预约保险单。预约保险单的办理手续简便，外贸企业接到外商的备妥待运通知后，只要填制进口货物通知（该通知上应列明合同号、起运口岸、船名、起运日期、航线、货物名称与数量、保险金额等内容）送保险公司，经保险公司审核签章即可作为投保凭证。货物一经起运，保险公司自动按预约保险单所订的条款承保。

（2）逐笔投保。

外贸企业在接到出口商的备妥待运通知后，立即向保险公司办理保险手续。一般情况下，外贸企业填写装货通知代替投保单交保险公司。装货通知中必须注明合同号、起运港、运输工具、起运日期、目的地、估计到达日期、货物名称与数量、保险金额等内容。保险公司承保后，再签发一份正式的保险单。

启发思考

两种投保方式对投保人有条件要求吗？

4. 审单和付汇

（1）银行的审单责任。

UCP 600 明确规定，银行仅基于单据本身确定其是否在表面上构成相符交单。UCP 600 进一步规定，信用证未要求提交的单据，银行可以不予理会。如果收到此类单据，可以退还交单人。也就是说，信用证没有规定的单据，银行无须审核。如果银行收到此类单据，应退还交单人或将其照转，但对此不承担责任。

（2）银行的审单时间。

UCP 600 规定，银行在不超过 5 个银行工作日的时间内审核是否为相符交单。该期限不会因在单据提示日适逢信用证有效期或最迟提示日或在其之后而被缩减或受到其他影响。

即使开证行认为单据与信用证的规定相符，在付款前也要交进口企业复审。按照我国的习惯，如果进口企业在 3 个工作日内没有提出异议，开证行即按信用证的规定履行付款义务。

（3）银行对不符点的处理。

UCP 600 规定，如果开证行审单后发现单据不符点，应于收到单据次日起 5 个工作日内，以电信方式通知寄单银行，也就是要求的通知必须以电信方式发出，如果不可能以电信方式通知，则以其他快捷方式通知，但不得迟于单据提示日翌日起第 5 个银行工作日，并且要在通知中说明单据的所有不符点以及是否保留单据以待交单人处理或退还交单人。

如果开证行（保兑行或其他指定银行）未能按照上述规定行事，则无权宣称交单不符。

5. 报关和纳税

进口报关是指进口货物的收货人或其代理人向海关交验有关单证，办理进口货物申报手续的法律行为。进口报关必须由海关准予注册登记的报关企业或有权经营进口业务的企业负责办理，报关员必须参与海关培训和经考核认可。

进出口货物一律按照我国相关法律规定缴纳税费，减免税费必须按照我国规定程序申请，并申办相关证明文件。进出口商按照商品编码查找当年的关税税率，向海关缴纳进出口关税、增值税、消费税（部分商品征收）等税费。纳税金额的计算基础是完税价格，完税价格是我国海关在对实行从价税的进出口货物征收关税时，必须依法确定的货物应缴纳税款的价格，是凭以计征进出口货物关税及进口环节税的基础。

办理报关的程序为：填写进口货物报关单→查验→纳税→放行。

6. 商品报检

列入必须实施检验的进出口商品目录的进口商品以及法律、行政法规规定必须经商检机构检验的其他进口商品（即法定检验的进口商品）的收货人应当持合同、发票、装箱单、提单等必要的凭证和相关批准文件，向海关商检机构报检。如果报检人申请复验，应当自收到海关的检验结果之日起 15 日内向海关提出复验的申请。进口商品经检验合格，并符合合同的规定，进口商就应接收货物，否则进口商有权拒收货物，并要求损害赔偿。

7. 进口索赔

在进口业务中，有时会发生卖方不按时交货或所交货物的品质、数量、包装与合同规定不符的情况，也可能由于装运保管不当或自然灾害、意外事故等致使货物受损或短缺，进口商可因此向有关责任方索赔。

进口索赔应注意的问题如下：

（1）索赔依据。

索赔时应提交索赔清单和有关货运单据，如发票、提单（副本）、装箱单。在向卖方索赔时，应提交合同及往来函电和商检机构出具的检验证书；在向承运人索赔时，应提交理货报告和货差证明；在向保险公司索赔时，除上述各项证明外，还应附加保险公司出具的检验报告。

（2）索赔期限。

向卖方索赔应在合同规定的索赔期限内提出，如果商检工作确有困难可能需要较长时间，可在合同规定的索赔有效期内向对方要求延长索赔期限，或在合同规定的索赔有效期内向对方提出保留索赔权。按《联合国国际货物销售合同公约》的规定，在合同未明确索赔期限的情况下，索赔期限最长不得超过 2 年。

（3）双方责任。

买方在向有关责任方索赔时，应采取适当措施保持货物原状并妥善保管。按国际惯例，如果买方不能按实际收到货物的原状归还货物，就丧失宣告合同无效或要求卖方交付替代货物的权利；按保险公司的规定，被保险人必须按保险公司的要求，采取措施避免损失进一步扩大，否则不予理赔。

三、进口业务核算

进口业务核算涉及进口商品成本、进口税负、进口商品盈亏率等的计算。进口商品成本核算是指进口商对进口商品的进口价格、进口关税和各项费用的核算，目的是确定合理的利润留成，制定正确的销售价格。

（一）进口商品成本

所谓进口商品成本，是指进口合同价加上各项进口税费，用公式表示为：

进口商品成本＝进口合同价＋进口税费

1. 进口合同价

进口合同价在进口合同成立前是一种估计，是买卖双方通过交易磋商可能取得一致意见的合同价格，有时也是进口商争取以此为基础达成交易的价格。

2. 进口税费

进口税费包括的内容较多，就每一笔具体的进口业务而言，进口商承担的税费是不同的。通常我国进口采用 FOB 条件，进口税费包含以下几项：

（1）从国外装运港到我国卸货港的国外运输费用。

（2）运输途中货物的保险费。

（3）卸货费、驳船费、码头建设费、码头仓租费等费用。

（4）根据我国法律法规按进口货物的品种分类征收的税款，一般有进口关税、消费税、增值税。

（5）进口商品的检验费和其他公证费用。

（6）银行费用。

(7) 报关提货费用。

(8) 国内运输费和仓储费。

(9) 从开证付款到收回货款之间所发生的利息支出。

(10) 其他费用。

(二) 进口税负

1. 进口关税

进口关税是一国海关对进口货物和物品征收的关税。

进口关税大都采用从价计征方式，计算公式为：

$$进口关税=关税完税价格\times进口关税税率$$

我国进口商品一般以 CIF 价作为完税价格，以 FOB 价成交，即

$$关税完税价格=FOB价+国外运费+保险费$$

或者

$$关税完税价格=\frac{FOB价+国外运费}{1-(1+投保加成率)\times保险费率}$$

2. 消费税

消费税是以消费品或消费行为的流转额作为课税对象而征收的一种流转税。消费税通常由税务机关征收，但进口环节的消费税由海关征收，如对进口的烟、酒、化妆品、护肤护发品、贵重首饰等商品征收的关税。计算公式为：

$$消费税计税价格=\frac{关税完税价格+关税}{1-消费税税率}$$

$$应纳消费税税额=消费税计税价格\times消费税税率$$

3. 增值税

增值税是以商品的生产、流通和劳务的提供等环节所创造的新增价值为课税对象的一种流转税。增值税通常由税务机关征收，但进口环节的增值税由海关征收。

现行增值税的计税价格和应纳税额的计算公式为：

$$增值税计税价格=关税完税价格+进口关税+消费税$$

$$应纳增值税税额=增值税计税价格\times增值税税率$$

启发思考

增值税为什么会由税务机关和海关两个部门征收？

例题 9-1

某进出口公司计划从美国进口摩托车 2 台，每台价格是 3 000 美元 FOB 纽约，海运费估计为 2 500 美元，保险费为 300 美元，进口关税税率为 15%，增值税税率为 13%，

进口的其他杂费如领证费、报关费、商检费和国内运输费等总计为 1 800 元，消费税税率为 10%。如果该公司期望的利润率为 20%，则国内销售价格应至少定为多少元？（假设外汇牌价为每 100 美元折合 714 元。）

解：(1) 计算关税完税价格和进口关税：

关税完税价格＝FOB 价＋国外运费＋保险费
＝(3 000×2＋2 500＋300)×7.14
＝62 832(元)

进口关税＝关税完税价格×进口关税税率
＝62 832×15%
＝9 424.80(元)

(2) 计算消费税和增值税：

$$消费税计税价格=\frac{关税完税价格+关税}{1-消费税税率}$$
$$=\frac{62\,832+9\,424.80}{1-10\%}$$
＝80 285.33(元)

应纳消费税税额＝消费税计税价格×消费税税率
＝80 285.33×10%
＝8 028.53(元)

增值税计税价格＝关税完税价格＋进口关税＋消费税
＝62 832＋9 424.80＋8 028.53
＝80 285.33(元)

应纳增值税税额＝增值税计税价格×增值税税率
＝80 285.33×13%
＝10 437.09(元)

(3) 计算进口商品成本：

进口商品成本＝FOB 价＋国外运费＋保险费＋进口关税＋消费税＋增值税＋杂费
＝3 000×7.14×2＋2 500×7.14＋300×7.14＋9 424.80
＋8 028.53＋10 437.09＋1 800
＝92 522.42(元)

(4) 计算国内销售价格：

国内销售价格＝进口商品成本×(1＋利润率)
＝92 522.42×1/2×(1＋20%)
＝46 261.21×(1＋20%)
＝55 513.45(元)

即每台的国内销售价格为 55 513.45 元。

(三) 进口商品盈亏率

进口商品盈亏率是指进口盈亏额和进口商品成本的比率。用公式表示为：

$$进口商品盈亏率=\frac{进口盈亏额}{进口商品成本}\times100\%$$

$$进口盈亏额=进口销售收入-进口商品成本$$

例题 9-2

某外贸公司进口面料，共 10 000 码，进口价格为每码 6 美元 CIF 上海，进口税率为 6%，其他国内费用以人民币计，包括报关费 200 元，货物检验费 900 元，国内运费 1 000 元，杂费 1 000 元。进口面料经国内加工成成衣出口总计可获收入 80 000 美元。假设外汇牌价为每 100 美元折合 714 元，计算该批商品的盈亏率。

解：根据题意，有

$$\begin{aligned}进口商品成本&=进口原料价格+各种费用\\&=10\,000\times6\times(1+6\%)+(200+900+1\,000+1\,000)/7.14\\&=63\,600+434.17\\&=64\,034.17(美元)\end{aligned}$$

$$进口销售收入=80\,000(美元)$$

$$\begin{aligned}进口盈亏额&=进口销售收入-进口商品成本\\&=80\,000-64\,034.17\\&=15\,965.83(美元)\end{aligned}$$

$$\begin{aligned}进口商品盈亏率&=\frac{进口盈亏额}{进口商品成本}\times100\%\\&=\frac{15\,965.83}{64\,034.17}\times100\%\\&=24.93\%\end{aligned}$$

第三节 数字化新外贸

一、数字贸易的概念

《中共中央关于进一步全面深化改革 推进中国式现代化的决定》提出："创新发展数字贸易，推进跨境电商综合试验区建设。"数字贸易是以数据资源作为关键生产要素、以现代信息网络作为重要载体、以信息通信技术的有效使用促进效率提升和结构优化的一系列对外贸易活动。数字贸易既是国际经贸规则竞争的新前沿，也是中国加快贸易强国建设的新引擎，推进高水平制度型开放的新高地。RCEP 电子商务条款、申请加入 CPTPP 和 DEPA 等协议，对标国际高标准数字贸易规则，以及区域协作中的“一带一路”共建国家间合作、“丝路电商”合作先行区等模式，推动我国数字贸易开放发展。2020 年，OECD、WTO、IMF 发布《数字贸易测度手册》，将数字贸易定义为“所有通过数字订购和/或数字支付的贸易”。按照交易性质，OECD－WTO－IMF 框架将数字贸易分割成三个组成部分：

（1）数字订购贸易。强调通过专门用于接受或下达订单的方法在计算机网络上进行的买卖。数字订购贸易分为跨境电商交易的货物和服务。

（2）数字支付贸易。强调通过 ICT 网络以电子可下载格式远程交付的所有跨境交易。

（3）数字中介平台赋能贸易。主要指为买卖双方提供交易平台和中介服务的行为，如通过阿里巴巴等数字交易平台进行交易。

2023 年，OECD、WTO 和 IMF 共同发布了新版《数字贸易测度手册》，在 2020 年版的基础上，全面总结数字贸易统计涉及的各方面问题，以“最小化统计成本，最简化统计过程，最大化统计数据”为基本框架，依托现有的国际贸易及电子商务的分类体系、统计制度、统计数据、统计方法，为如何衡量数字贸易提供了框架和实用指南。根据数字贸易标的来分类，数字贸易被进一步细分为数字技术贸易、数字产品贸易、数字服务贸易、数据贸易四大领域。

（1）数字技术贸易：通过信息通信网络交付应用于智能生产的信息技术服务，包括计算机软件服务、通信技术服务、大数据服务、云计算技术服务、区块链技术服务、工业互联网服务等。

（2）数字产品贸易：以数字形式通过信息通信网络传播和收发的数字产品贸易，包括数字游戏、数字动漫、数字内容出版、数字广告、数字音乐、数字影视等。

（3）数字服务贸易：全部或部分通过数字形式交付的跨境服务贸易，包括互联网平台服务、数字金融与保险、远程教育、远程医疗以及管理与咨询等传统服务的数字交付部分。

（4）数据贸易：目前跨境数据流动相关业务内嵌在数字技术贸易、数字产品贸易、数字服务贸易中。随着数据产权、数据确权、数据治理等相关法律法规的发展和完善，未来数据贸易或将分离，成为独立的贸易形态。数字化新外贸是以全链路跨境贸易平台为核心，衔接生产商、供应商、批发商、分销商、零售商、消费者、物流企业、金融机构、信息机构及政府监管部门的生态系统。生态型平台的基础职能是促成交易，但是在为供需双方提供商品信息、广告宣传及在线交易服务的基础上，将更多交易服务外的相关产业，如仓储物流、推广营销、供应链金融等增值创新服务整合到以平台为核心的贸易活动中。一方面，平台内部各事业群对接上下游与第三方服务商；另一方面，事业群之间进行业务打通和数据共享，并通过内外部协同与跨场景协作，链接与赋能生态各环节及参与方，共同实现降本增效与业务增长。生态型平台为新兴技术提供了丰富的应用场景，大数据、人工智能、区块链、云计算、物联网/传感器、5G等技术充分集成后，可借助生态型平台加速对各产业链环节的渗透迭代，例如阿里巴巴国际站、敦煌网、速卖通等生态型平台。图9-5展示了全产业链跨境电商生态系统。

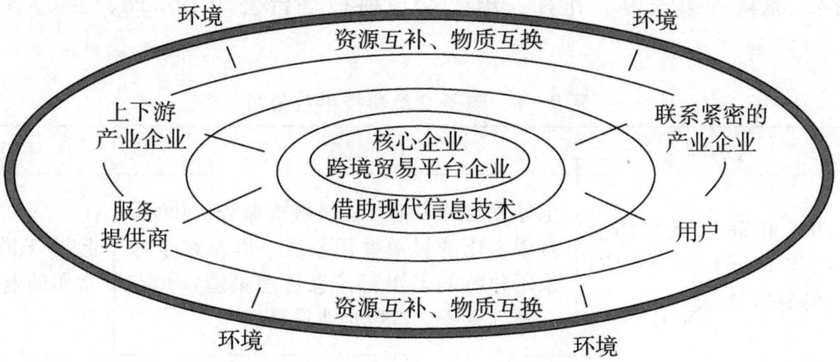

图9-5　全产业链跨境电商生态系统

二、数字贸易的特征

数字服务平台正成为连接国际贸易的重要枢纽，以及助力企业深度融入全球供应链的重要载体。数字金融和支付结算、数字营销、航运数字化、跨境数字信用服务、短视频服务等较快发展。数字技术创新将推动软件和信息服务、云服务、大数据服务、人工智能服务等加快发展。数字贸易的特征具体体现为：

（1）数字化。交易标的包括大量数字产品、服务及数字化信息，且交易全流程高度数字化。

（2）平台化。跨境贸易平台是协调和配置资源的基本经济组织，不仅是汇集各方数据的中枢，而且是实现价值创造的核心。

（3）普惠化。全链路跨境贸易平台大幅降低了贸易门槛，中小企业、个体商户都可以通过该平台面向全球消费者达成交易，在传统贸易中处于弱势地位的群体能够积极参与其中并获利。

（4）个性化。基于人工智能、大数据、云计算、区块链等数字技术，跨境贸易平台为买卖双方提供智能化的精准营销、交易履约和信用资产服务。

（5）生态化。平台、企业、海陆空快等服务商及消费者遵循共同的契约精神，共享数据资源、共同价值，形成一个互利共赢的生态系统。

（6）服务全球化。借助数字技术搭建的全球网络空间使来自各国的产品和服务内容都能面向全球市场提供，且效益递增几乎没有边界，使服务的供给方、消费方和相关生产要素均成为服务业全球化的内在动力，推动服务生产全球化、消费全球化、投资全球化不断加速发展。

在实际业务流程中，电子交单与纸质交单一样需要相应的国际贸易规则与惯例来对其适用进行规定与约束。国际商会近年来推出或修订eUCP（《信用证电子交单规则》）、

eUCP2.1（《跟单信用证统一惯例关于电子交单的附则》）、eURC（跟单托收电子交单规则）、URDTT（数字化贸易交易统一规则）等。电子交单业务成功办理，除了适用国际规则外，还需支持办理业务的操作平台，除利用银行自身系统外，还需一个可实现电子数据交换或流转的第三方。比如：电子交单科技平台公司 Bolero、essDOCS、IQAX eBL、TradeGo 等。

表 9-1　电子交单科技平台公司

公司名称	投资人	概况	主要特征
Bolero	1998 年联运保赔协会（TT Club）与 SWIFT 共同投资组建	全球领先的多银行贸易融资服务提供商，有中心化的提单登记系统，以及在全球采用独特的多银行信息传递渠道，并有一系列解决方案供企业选择。	起源于欧洲，银行常用的电子系统。
essDOCS	2022 年被美国洲际交易所（ICE）收购	基于软件即服务（Software as of Service，SaaS）的中心化产品系统，致力于促进无纸化贸易。公司平台实现了贸易操作和电子原始文件（如提单、仓单、产地证、商业发票等）数字化、自动化，并可数字化签名、盖章和收回正本证明，确保出口、贸易和物流行业风险降低，提高单据可见度和控制力。	第一个被国际保赔协会集团批准的无纸化/电子贸易系统。
IQAX eBL	2020 年 IQAX（和易孚）初始股东为东方海外（国际）有限公司，后被中国远洋海运集团收购	IQAX eBL 为首个采用 GSBN（全球航运商业网络，Global Shipping Business Network）区块链网络的电子提单系统。基于区块链平台的 IQAX eBL 有别于既有旧系统，为文件的真实性、数据隐私及安全性和可追溯性提供单一来源。它允许所有参与运输的相关方完全在线管理提单，实现了提单的线上签发、流转、交付和可见性，用户还可以查看贸易及货物运输的实时状态，简化了操作，降低了成本，提高了效率。	2022 年 6 月被批准，使用 GSBN 区块链技术，为文件的真实性、安全性和可追溯性提供单一来源。
TradeGo	2022 年中化、联油、中行、麦格理、建行、三井、中远海运、招行、沙特阿美、万向共同投资组建	采用分布式区块链账本技术：该系统得到中国政府和海关的支持。交易相关方以点对点方式传输，没有中心服务器来记录交易信息，保障客户隐私，确保交易中商业秘密的安全；同时以核心单据传输为起点，不断扩大客户网络并陆续解锁开发新的产品，连同其他开放平台携手打造经市场检验的电子应用系统。	

三、数字化新外贸的实现路径

阿里巴巴国际站基于生态化、智能化和数字化的开放理念，推出了新一代数字化外贸操作系统（数字化新外贸的实现路径见图 9－6）。该操作系统是以“数字化人、货、场”为内环、以“数字化交易履约”为外环、以“数字化信用资产”为纽带的新外贸操作系统，围绕着资金流、货物流、订单流、信息流提供与外贸履约相关的多种服务。例如，为卖家提供信用保障服务、e 收汇服务、一达通通关/退税/外汇外贸综合服务、海陆空快等国际物流服务、超级信用证、财税服务等多种服务和产品，为海外买家提供 Pay Later、“无忧赊”、验货等服务，使所提供的一站式外贸服务更加完善，覆盖贸易全链路的数据与服务，超出了一般跨境电商平台的服务范围。

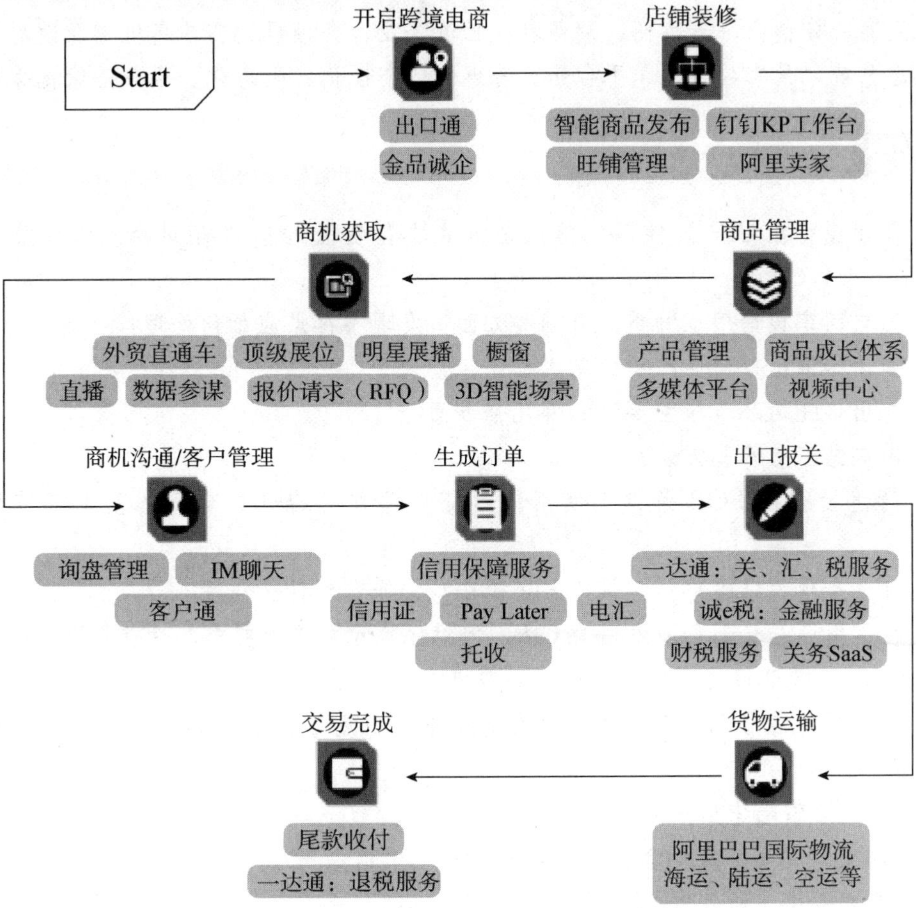

图 9－6　数字化新外贸的实现路径示意

电商平台是数字化新外贸发生的场所和载体，快速增长的全球数字贸易造就了一些大型电商平台。特别是以阿里巴巴国际站为代表的电商平台，因品种丰富、展示直观、交易便捷，可以将电商货物贸易和数字化服务有机结合而成为全球数字化新外贸的重要载体。

本章小结

出口合同的履行主要包括货（备货、报检）、证（催证、审证、改证）、运（托运、投保、报关）、款（制单结汇）四个基本环节。备货就是出口方根据合同按时、按质、按量准备好应交货物，并做好报检和领证工作。审证、改证是出口方履行合同的重要步骤，直接关系到交易的顺利完成。货运涉及各部门、各环节的配合、协调，力求做到“货、证、船”三方面有效衔接。制单结汇、外汇核销和出口退税是保证出口企业取得预期经济效益的关键，要求出口企业和有关部门配合，共同把工作做好。进口合同的履行主要包括申请进口许可证、开立信用证、订舱投保以及审单和付汇、报关和纳税、商品报检、进口索赔。数字化新外贸是以全链路跨境贸易平台为核心，衔接生产商、供应商、批发商、分销商、零售商、消费者、物流企业、金融机构、信息机构及政府监管部门的生态系统，具有数字化、平台化、普惠化、个性化、生态化、服务全球化等特征。

复习思考

1. 简述履行在CIF条件下以信用证方式支付货款的出口合同的基本环节及主要内容。

2. 出口商审核信用证的重点有哪些方面？发现不符点应如何处理？

3. 简述申请出口商品检验的基本程序。

4. 在出口托运环节应主要注意哪几个方面？

5. 出口结汇有哪些方法？

6. 简述履行在FOB条件下使用信用证支付方式的进口合同的基本环节及主要内容。

7. 什么是预约保险单？它具体怎么操作？它能起到什么作用？

8. 在信用证结算下贸易术语为CIP，但对保险险别未做要求，受益人提交的保险单涵盖ICC(C)，开证行是否可以以此为不符点？

9. 一份跟单信用证要求受益人提交的提单上引用了错误的信用证号码，开证行能否据此拒付？

10. 在进口索赔中应注意哪些问题？

11. 简述数字贸易的概念及主要特征。

12. 概述数字化新外贸的实现路径。

案例分析

1. B出口公司与外商A公司签订了户外用品销售合同，金额为18万美元。合同约定A公司向E银行申请开具两份以B出口公司为受益人、金额分别为9万美元的远期90天信用证。B出口公司按合同项下的信用证要求，第一批货物检验合格后发货，并向交单行D银行交单，顺利获得开证行E银行的承兑；随即B出口公司向A公司发出第二批检验合格的货物，同样通过D银行交单，要求E银行承兑，E银行拒绝。E银行来电称，该票单据存在不符点“B/L was not issued by ABC Logistics Ltd. as L/C required”（提单未按信用证要求由ABC公司出具）。D银行审阅留底的单证资料后发现，信用证对B/L的规定为“Full set of bill of lading made out to order and ... issued by ABC Logistics Ltd.”（全套提单由ABC公司出具），而B出口公司提交的B/L则显示“DEF Logistics Ltd.”抬头，同时签章处显示“signed by ABC Logistics Ltd. as agent for DEF Logistics Ltd. as carrier”（由ABC公司作为承运人DEF公司的代理）。B出口公司在收到该拒绝通知后深感疑惑：同样出单，为何第二份信用证却被开证行拒绝？仔细比对单证资料后发现，两份信用证对B/L条款的规定是有差别的。第一份信用证对B/L的规定为“Full set of bill of lading made out to order and ... signed by ABC Logistics Ltd.”（全套提单由ABC公司签发），而第二份信用证对提单的要求将“signed”（签发）改为了“issued”（开具）。请分析E银行拒付的原因。

2. 我方某公司与国外某客商订立了一份农产品出口合同，合同规定以不可撤销即期信用证为付款方式。买方在合同规定的时间内将信用证开抵通知行，并经通知行转交我方公司。我方审核后发现，信用证上有关装运期的规定与双方协商的不一致，为争取时间尽快将信用证修改完毕，以便办理货物的装运，我方立即电告开证行修改信用证，并要求开证行修改完信用证后直接将信用证修改通知书寄交我方。问：(1) 我方的做法可能会产生什么后果？(2) 正确的信用证修改方式是怎样的？

3. 天津M公司出售一批货物给香港G商，价格条件为CIF香港，付款条件为D/P见票30天付款。M公司同意G商指定香港汇丰银行为代收行。M公司在合同规定的装船期限内将货物装船，取得清洁提单，随即出具汇票，连同提单和商业发票等委托中国银行通过香港汇丰银行向G商收取货款。5天后，所装货物安全运抵香港，因当时该货物的行情看好，G商凭信托收据向香港汇丰银行借取提单，提取货物，并将部分货物出售。不料，因到货过于集中，货物价格迅即下跌，G商遂以缺少保险单为由，在汇票到期时拒绝付款。你认为M公司应如何处理此事？请说明理由。

4. 出口商H公司收到开证行L银行开来的信用证，其中46A场仅规定提交两份清洁已装船海运提单，收货人为凭开证行L银行的指示，通知方为申请人P公司；注明运费预付，并且在提单上显示信用证号码。出货完成后，出口商H公司向交单行R银行提交单据，其中包括两份正本提单，提单上印就签发三份正本；同日，R银行审核全套单据，询问出口商H公司第三份提单的去处，并要求确认是否提交第三份提单。出口商H公司确认不予提交。次日，R银行将单据寄往开证行L银行。一周后R银行收到了L银行的MT 734拒付电文，不符点如下：提单上显示签发三份正本，只提交了两份正本（B/L shows 3 originals but submitted 2 originals instead of 3）。该不符点是否成立？

5. 江西顺达公司收到的信用证SWIFT MT 700报文在45A DESCRIPTION GOODS AND/OR SERVICES（货物/服务描述）中规定：4月装运100公吨芸豆、5月装运100

公吨绿豆、6 月装运 100 公吨红豆。由于货源紧张，江西顺达公司 4 月没有装运芸豆，5 月装运了 100 公吨绿豆。江西顺达公司按信用证要求向银行交单结汇，开证行以第一期没有装运芸豆为由拒付。该拒付合理吗？

延伸学习

阿里巴巴国际站

附录1

出口业务流程示意图(以CIF、L/C为例)

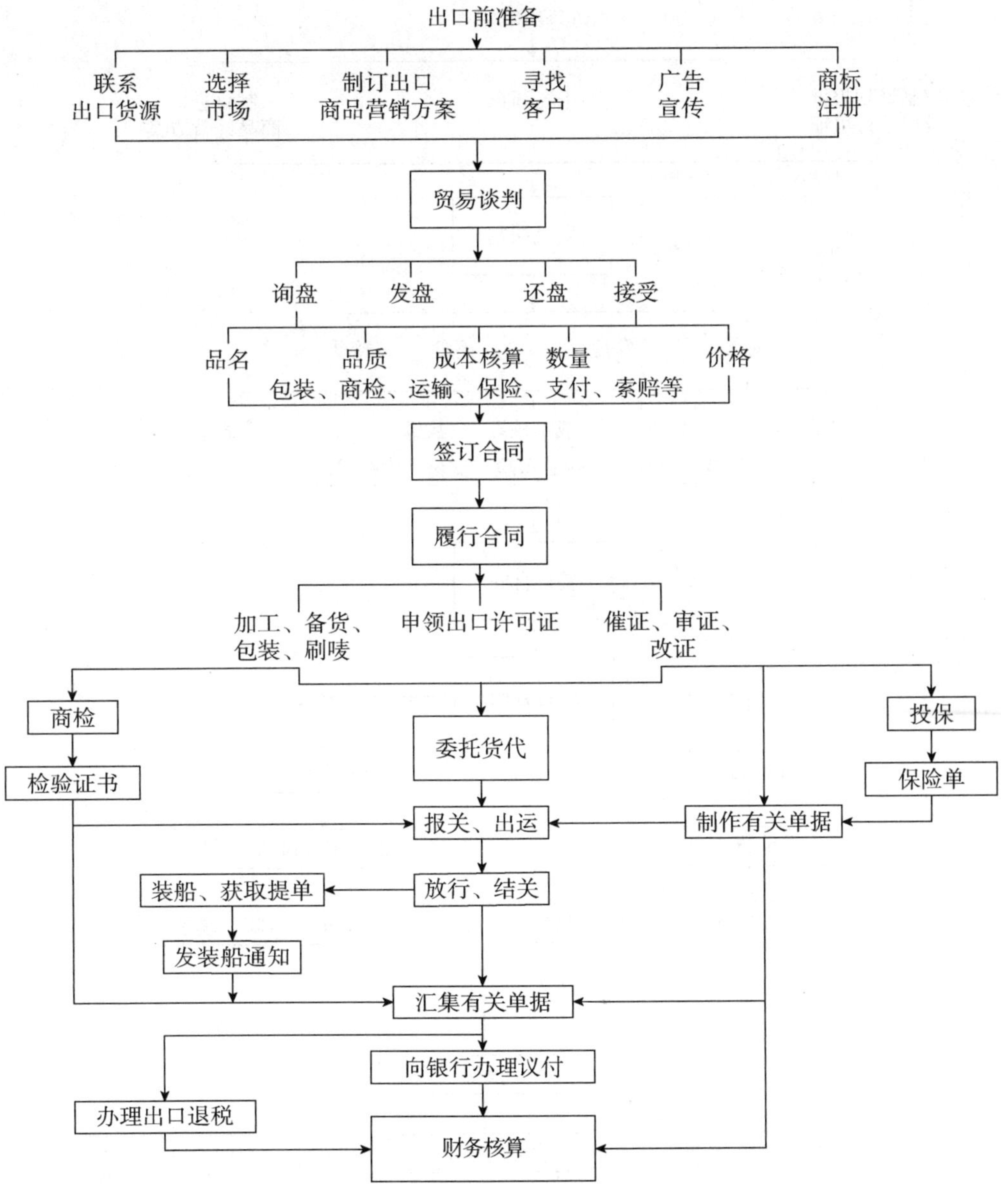

附录2 进口业务流程示意图(以FOB、L/C为例)

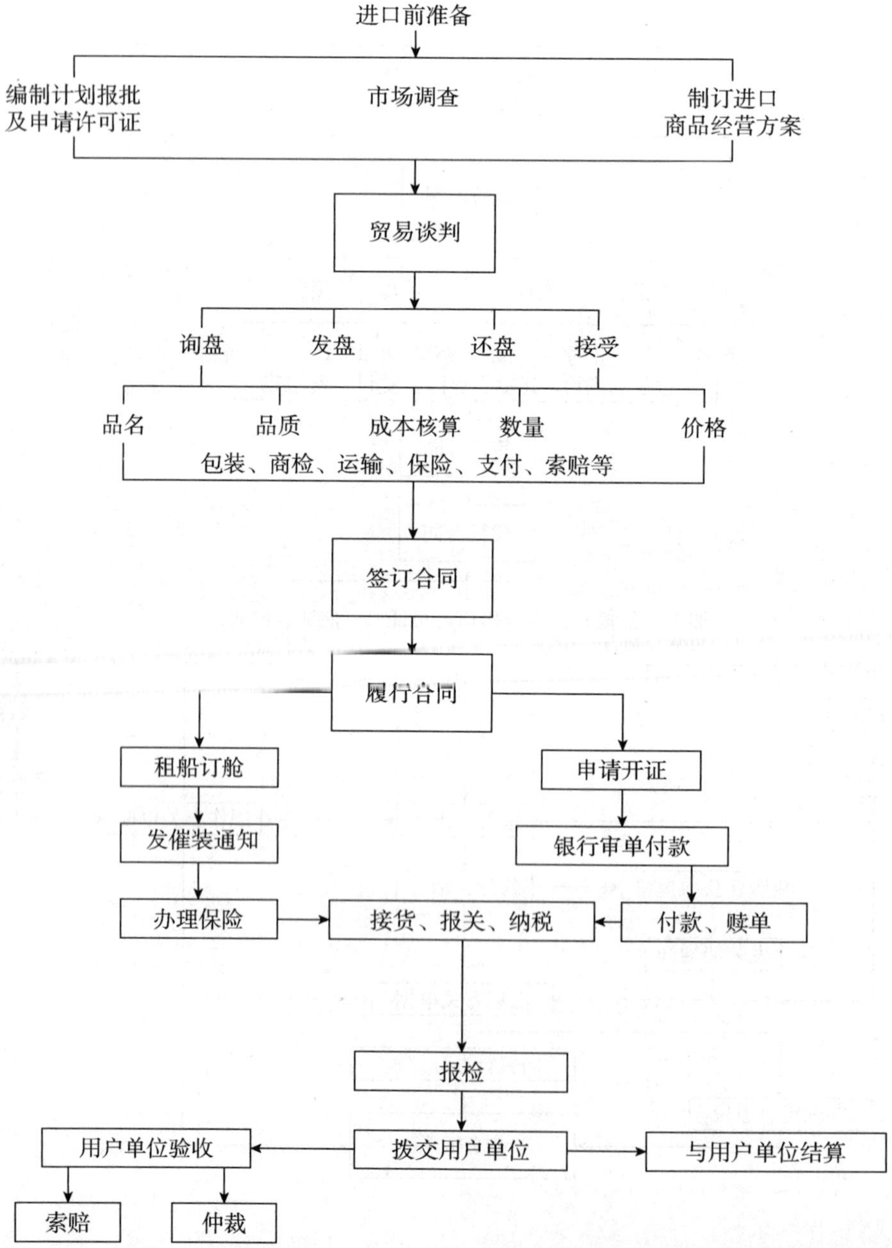

附录3 SWIFT 信用证样本

Mensaje SWIFT emitido
Oficina
0533 EL PRAT DE LLOBREGAT-MAS BLAU
Referencia operación Fecha de emisión
053331458810017/12/2024
Sequencial Swift OSN
842888
Emisor Receptor
BSABESBBXXX ABOCCNBJ410
BANCO DE SABADELL，S. A. AGRICULTURAL BANK OF CHINA，THE
Texto
MT：700 ISSUE OF A DOCUMENTARY CREDIT
:27/ SEQUENCE OF TOTAL：1/1
:40A/ FORM OF DOCUMENTARY CREDIT：IRREVOCABLE
:20/ DOCUMENTARY CREDIT NUMBER：0533314588100
:31C/ DATE OF ISSUE：241217
:40E/ APPLICABLE RULES：UCP LATEST VERSION
:31D/ DATE AND PLACE OF EXPIRY：250205 BARCELONA (SPAIN)
:50/ APPLICANT：XXXXX S. A.
PASAJE ARAL，XXXXX.
14040BARCELONA
SPAIN
:59/ BENEFICIARY：/ACC. 635 840 048 210 010 071
XXXXXXXXXXXXXX ELECTRONICS
CO.，LTD. – 3RD INDUSTRIAL DISTRICT
LUO TIAN VILLAGE，SONG GANG TOWN，XXXXX
DISTRICT，XXXXXX，CHINA
:32B/ CURRENCY CODE，AMOUNT：USD 9 750

:39A/ PERCENTAGE CREDIT AMOUNT TOLERANCE: 00/00

:41A/ AVAILABLE WITH... BY... BSABESBBXXX

BY PAYMENT

:43P/ PARTIAL SHIPMENTS: NOT ALLOWED

:43T/ TRANSSHIPMENT: NOT ALLOWED

:44E/ PORT OF LOADING/AIRPORT OF DEP: SHENZHEN, CHINA

:44F/ PORT OF DISCHARGE/AIRPORT OF D: BARCELONA, SPAIN

:44C/ LATEST DATE OF SHIPMENT: 250120

:45A/ DESCRIPTION OF GOODS AND/OR SE: 5 000 PCS OF UNIVERSAL REMOTE CONTROL PC-1355/1526 AT USD 1.95/PC

ACCORDING TO PROFORMA INVOICE NO. T161126A DATED NOV 26, 2024

DELIVERY TERMS: FOB SHENZHEN, CHINA (INCOTERMS 2020)

:46A/ DOCUMENTS REQUIRED:

1.—COMMERCIAL INVOICE IN FIVE FOLDS DULY ISSUED AND SIGNED BY THE BENEFICIARY

2.— PACKING LIST IN FIVE FOLDS

3.— OCEAN BILL OF LADING, FORWARDING AGENT BOFILL AND ARNAN

WORLDWIDE LOGISTICS, MADE OUT TO THE ORDER OF APPLICANT (FULL NAME AND ADDRESS) MARKED FREIGHT COLLECT AND NOTIFY APPLICANT

4.— COPY OF APPLICANT'S E-MAIL SENT TO THE BENEFICIARY, BEFORE SHIPMENT, AS THEIR CONFORMITY OF SAMPLES RECEIVED, STATING RELATED REFERENCES OF GOODS

5.— COPY OF ROHS CONFORMITY DECLARATION

:47A/ ADDITIONAL CONDITIONS: + PLS. DO NOT SEND ANY DRAFT

+ PLS. SEND DOCUMENTS BY COURIER AT BENEFICIARY'S ACCOUNT TO:

XNC0101

www.sabadellatlantico.com

SabadellAtlántico es una marca registrada de Banco deSabadell, S. A. Banco de Sabadell, S. A.-Pl. de Sant Roc, 20 (Sabadell) -Ins. R. M. Barcelona, Tomo 20093, Folio 1, Hoja B-1561-CIF A08000143

BANCO DESABADELL, CANUDES 5-7 POL. IND. MAS BLAU

08820 EL PRAT DE LLOBREGAT, BARCELONA, SPAIN

+ A CHARGE OF EUR 95.00 (IN THE CURRENCY OF THE CREDIT) WILL BE DEDUCTED FOR EACH PRESENTATION BEARING DISCREPANCIES.

:71B/ CHARGES: ALL BANKING CHARGES OUTSIDE THE ISSUING BANK, INCLUDING REIMBURSEMENT CHARGES ARE FOR BENEFICIARY'S ACCOUNT.

:48/ PERIOD FOR PRESENTATION (DOCUMENTS TO BE PRESENTED NOT LATER THAN 21 DAYS FROM SHIPMENT DATE, BUT WITHIN VALIDITY OF THE DOCUMENTARY CREDIT).

:49/ CONFIRMATION INSTRUCTIONS: WITHOUT.

:78/ INSTRUCTIONS TO THE PAYING/ACC: UPON RECEPTION OF DOCUMENTS STRICTLY IN ACCORDANCE WITH CREDIT TERMS WE SHALL CREDIT YOU AS PER YOUR INSTRUCTIONS.

:72/ SENDER TO RECEIVER INFORMATION: PLEASE ADVISE URGENTLY TO BEN.

参考文献

[1] 冷柏军. 国际贸易实务. 4版. 北京：中国人民大学出版社，2023.

[2] 罗芳，王永联. 国际贸易实务. 北京：电子工业出版社，2023.

[3] 胡跃. 国际贸易实务（新形态版）. 北京：机械工业出版社，2020.

[4] 黎孝先，王健. 国际贸易实务. 7版. 北京：对外经济贸易大学出版社，2020.

[5] 王秋红. 国际贸易实务. 2版. 北京：清华大学出版社，2022.

[6] 胡丹婷，成蓉. 国际贸易实务. 4版. 北京：机械工业出版社，2022.

[7] 李贺. 国际贸易实务：应用·技能·案例·实训. 2版. 上海：上海财经大学出版社，2020.

[8] 金鑫. 国际贸易实务. 北京：北京大学出版社，2015.

[9] 赵慧娥. 国际贸易实务. 3版. 北京：中国人民大学出版社，2023.

[10] 余庆瑜. 国际贸易实务：原理与案例. 3版. 北京：中国人民大学出版社，2021.

[11] 华欣，张雪莹. 新编国际贸易实务. 3版. 北京：清华大学出版社，2020.

[12] 刘红. 国际贸易实务. 北京：机械工业出版社，2021.

[13] 曾莉婷，李勤昌，白雪. 国际贸易实务教学案例. 大连：东北财经大学出版社，2024.

[14] 盛洪昌. 国际贸易实务. 6版. 北京：清华大学出版社，2023.

[15] 韩晶玉，李辉. 国际贸易实务实训教程. 5版. 大连：东北财经大学出版社，2022.

[16] 黄海东. 国际贸易实务. 4版. 大连：东北财经大学出版社，2021.

[17] 张晓明，汪荣. 国际贸易实务. 北京：清华大学出版社，2022.

[18] 莫莎. 国际贸易实务. 北京：高等教育出版社，2024.

[19] 傅龙海. 国际贸易实务. 4版. 北京：对外经济贸易大学出版社，2021.

[20] 中国国际商会/国际商会中国国家委员会. 国际贸易术语解释通则2020. 北京：对外经济贸易大学出版社，2020.

[21] 姚新超. 国际贸易实务. 4版. 北京：对外经济贸易大学出版社，2023.

[22] 夏合群，夏菲菲. 国际贸易实务模拟操作教程. 4版. 北京：对外经济贸易大学出版社，2020.

[23] 中国国际商会/国际商会中国国家委员会. 关于审核UCP600下单据的国际标准银行实务（ISBP 821）. 北京：对外经济贸易大学出版社，2023.

图书在版编目（CIP）数据

国际贸易实务 / 陈平主编. -- 5 版. --北京 : 中国人民大学出版社，2025. 8. --（普通高等学校应用型教材）. -- ISBN 978-7-300-33831-6

Ⅰ. F740. 4

中国国家版本馆 CIP 数据核字第 2025N1U065 号

普通高等学校应用型教材·国际贸易

国际贸易实务（第五版）

主 编 陈 平

Guoji Maoyi Shiwu

出版发行	中国人民大学出版社		
社　　址	北京中关村大街 31 号	**邮政编码**	100080
电　　话	010 − 62511242（总编室）		010 − 62511770（质管部）
	010 − 82501766（邮购部）		010 − 62514148（门市部）
	010 − 62511173（发行公司）		010 − 62515275（盗版举报）
网　　址	http://www. crup. com. cn		
经　　销	新华书店		
印　　刷	天津中印联印务有限公司	**版　　次**	2013 年 9 月第 1 版
开　　本	787 mm×1092 mm　1/16		2025 年 8 月第 5 版
印　　张	18 插页 1	**印　　次**	2025 年 8 月第 1 次印刷
字　　数	396 000	**定　　价**	49.00 元

教学支持说明

1. 教辅资源获取方式

为秉承中国人民大学出版社对教材类产品一贯的教学支持，我们将向采纳本书作为教材的教师免费提供丰富的教辅资源。您可直接到中国人民大学出版社官网的教师服务中心注册下载——http://www.crup.com.cn/Teacher。

如遇到注册、搜索等技术问题，可咨询网页右下角在线 QQ 客服，周一到周五工作时间有专人负责处理。

注册成为我社教师会员后，您可长期根据您所属的课程类别申请纸质样书、电子样书和教辅资源，自行完成免费下载。您也可登录我社官网的“教师服务中心”，我们经常举办赠送纸质样书、赠送电子样书、线上直播、资源下载、全国各专业培训及会议信息共享等网上教材进校园活动，期待您的积极参与！

2. 高校教师可加入下述学科教师 QQ 交流群，获取更多教学服务

经济类教师交流群：809471792

财政金融教师交流群：766895628

国际贸易教师交流群：162921240

税收教师交流群：119667851

3. 购书联系方式

网上书店咨询电话：010－82501766

邮购咨询电话：010－62515351

团购咨询电话：010－62513136

中国人民大学出版社经济分社

地址：北京市海淀区中关村大街甲 59 号文化大厦 1506 室　100872

电话：010－62515803　010－62516948

传真：010－62514775

E-mail：jjfs@crup.com.cn